U0721746

职业能力培养的高职英语教学模式研究

程 诚 吕晓慧 陈 玉 ◎著

中国出版集团 | 全国百佳图书
中国民主法制出版社 | 出版单位

图书在版编目（CIP）数据

职业能力培养的高职英语教学模式研究 ／ 程诚，吕晓慧，陈玉著. — 北京：中国民主法制出版社，2023.9
ISBN 978-7-5162-3417-4

Ⅰ. ①职… Ⅱ. ①程… ②吕… ③陈… Ⅲ. ①英语－教学模式－教学研究－高等职业教育 Ⅳ. ①H319.3

中国国家版本馆 CIP 数据核字(2023)第 186224 号

图书出品人：刘海涛
出 版 统 筹：石　松
责 任 编 辑：刘险涛　吴若楠

书　　　名／职业能力培养的高职英语教学模式研究
作　　　者／程　诚　吕晓慧　陈　玉　著
出版·发行／中国民主法制出版社
地址／北京市丰台区右安门外玉林里 7 号（100069）
电话／(010)63055259（总编室）　　63058068　63057714（营销中心）
传真／(010)63055259
http://www.npcpub.com
E-mail:mzfz@npcpub.com
经销／新华书店
开本／16 开　787 毫米×1092 毫米
印张／13.5　字数／210 千字
版本／2023 年 9 月第 1 版　2023 年 9 月第 1 次印刷
印刷／廊坊市源鹏印务有限公司

书号／978-7-5162-3417-4
定价／68.00 元
出版声明／版权所有，侵权必究。

前　言

　　高职英语是我国高职院校中的一门基本课程，是我国高等教育体系中的重要构成要素，它在培养学生的英语能力提高全民的英语素质、向社会输出英语人才等方面发挥着重要的作用。

　　进入 21 世纪以来，随着我国国际交往的日益频繁、经济全球化不断深入带来的社会发展需求，以及高等教育国际化所带来的学科发展需求的变化，都要求高职英语的教学内容和教学目标做出相应调整。然而，受传统教学模式的影响，高职英语教学面临很多问题，如学生的语言综合应用能力不足（甚至到大学毕业很多学生都不能达到社会对英语这门世界性通用语言的要求）、自主学习英语的能力未得到充分培养、教师的知识结构单一等，不能很好地满足复合型人才的培养需要；在进入电子传媒、网络时代后，新的学习方式对单一的大学英语教学方式提出了挑战。因此，大学英语教学的深入改革与创新势在必行。

　　高等职业技术教育的改革决定了高职教育的本质在于培养学生的职业能力，这也为高职公共英语教学指明了发展方向。新的高职教育改革提出高职英语需要面向职业教育目标，要把英语教学与专业教育结合起来，注重提高学生的职业素养和职业能力。本书主要研究职业能力培养的高职英语教学模式，本书从高职英语教育基础介绍入手，针对高职英语教学与职业能力培养、职业能力培养的高职英语教学模式的改革进行了分析研究；另外，对高职英语教学模式、高职英语任务型教学法做了一定的介绍；还对职业能力培养教育在高职英语教学中的应用和高职英语教学中教师队伍的建设与高职英语教育的发展提出了一些建议。我们只有很好地将高职的英语教学和职业之间的能力两者进行紧密的联系，才能更好地培养学生拥有一个较强的英语运用能力，进而满足社会的需求。

　　在本书写作过程中，参考了大量文献和专著，并引用了部分专家和学者的观点，在此一并表示感谢。但由于水平有限，书中难免存有疏漏和不当之处，还望广大读者批评指正。

目录

第一章 高职英语教育概述

第一节 高职英语教育

一、现代高职英语专业教育现状分析

（一）高职英语专业基础教育现状

1.高职英语专业设置

高职高专教育目的是培养具有必要的理论知识和较强的实践能力，并且在生产、服务和管理第一线从事实际工作的高级技术型人才。这类人才应具备较强的社会适应能力、宽广的知识面、全面的职业技能、一定的创造性实施任务的工作能力、较强应用和发展能力、积极的职业态度等素质特点。正确的专业设置是保证良好素质实现的前提。

总体来看，我国高等教育的专业是按学科分类和职业岗位（群）来设置的，它反映出社会、经济和科技对人才的需要。专业设置主要遵循以下几个基本原则：

一是适应社会主义现代化建设的人才需要；

二是适应科学技术发展的趋势；

三是符合人才培养的规律。

作为高等教育组成部分的高职教育，无疑应该遵循这些基本原则。但是，高职教育是高等教育中独具特色的组成部分，因此在专业设置方面，它应该有自己的特点，必须根据自身特点去探索新的途径。高职教育主要面向生产、服务和管理第一线，培养应用型、复合型技术人才和管理人才。这类人才与理论型、研究型人才相比，与一定地区的市场、职业、技术等方面有更直接、要紧密的联系。因此，高等职业教育的专业应从市场、职业、技术三个坐标

轴来考虑设置，即用一种立体交叉的思维或视角来研究高职专业的设置。

从众多高职院校近年来的专业设置来看，它们的基本思路可概括为：以市场需求为导向、以职业岗位（群）为依据、以技术含量为参数来综合研究专业设置。以市场需求为导向，就是说市场需要什么样的职业技术人才，就要想方设法去开设相应的专业。高职专业设置应具备以下三个特点：

一是主动适应，灵活多样。高职教育应该面向市场，按照职业岗位（群）或技术领域的需要来设置专业，以体现它的针对性和适应性。

二是宽窄并举，可宽可窄。一般来说，专业应该是"宽""窄"并存。按照职业岗位（群）需要开设的专业，专业口径应相对"窄"一些；而按技术领域设置的专业，专业口径相对较宽，侧重强调它的适应性。

三是交叉复合，分合有序。目前，我国许多行业的生产、管理第一线急需的是大批既懂理论又懂技术，或既懂操作又会经营的复合型、智能型人才。

2.高职英语专业的培养目标和社会意义

高等职业技术教育作为我国高等教育的重要组成部分，与普通高等教育构成我国高等教育的两支大军。它们具有很多的相同点，如教育层次基本相同、教育的政治取向一致、教育教学的基本原则相同、教师的基本要求相同、学校管理原则基本相同等。但是，它们的培养目标不同。普通高等教育培养的是学术型、理论型、工程设计型等学科专业人才，而高职教育培养的是技术型、智能型、复合型等实用人才。

虽然学术型、工程型和技术型或应用型人才都处于高等教育的文化背景和素质平台之上，同属于高层次的人才，且都在自己的专业领域具有较强的创新能力，但高职英语专业培养的技术型或应用型人才，相对普通高校英语专业培养的学术型人才而言，他们程序性知识娴熟，操作性技能高超；他们擅长于实践，动手能力强；他们能把课程中学到的理论知识应用到工作实践中。而且高职英语专业培养的应用型人才在听、说方面的能力尤为突出，同时，他们还具有一定的其他专业知识，如商务、旅游、交际、外贸、文秘等，能更快地适应工作岗位的需求。

3.高职英语专业与普通英语专业的区别

几乎所有的普通高等院校和高等职业技术院校都开设有英语专业。高职英语专业与普通高校英语专业有着密切的关联，但是它们又各具特色，不尽相同。

高职英语专业与普通高校英语专业在教学目的上不相同。对国内十余所高校所开设的"英语专业"调研发现，它们的专业培养目标大同小异，基本上都是"培养通晓英语语言及英美国家文学、社会、历史，能在外事、文化、新闻出版、教育、科研、经贸、旅游等部门从事翻译研究、教学、管理工作的英语高级专门人才"。由以上目标不难看出，常规的本科英语专业培养的是通用型外语人才，并没有针对社会某些相对固定的岗位（群）需要而设定人才的规格，英语对于毕业生将来从事的工作岗位来说仍然只是一门工具。

在课程设置上，以学科的理论体系为框架设置课程、组织教学，强调知识的系统性、完整性。普通院校的本科英语专业沿袭着传统的"公共基础课英语语言课"的套路，语言类课程主要有：英语精读、口语、英语语法、英语写作、西方文化、笔译、口译、英美文学、跨文化交际、英国文学、美国文学、英语语言学、英语词汇学、英语修辞学、英美诗歌赏析等。而高职高专英语专业中设立的"应用英语""商务英语""旅游英语"和"英语教育"四个英语专业与普通本科院校的"英语专业"在培养目标、人才培养模式、社会就业等方面有很大的差别。

经过调查发现，大部分高职英语专业的培养目标是："培养较高层次，德、智、体、美全面发展，具有较扎实的英语语言功底和较强的英语交际能力，具备一定的专业基础知识和业务能力，能运用英语从事商务活动、外事活动、旅游接待、英语教育等工作的高等应用型专业人才。"从该培养目标可以看出：高职英语专业培养的人才已经将商务、外事（应用）、旅游、教育等专业与英语有机结合，故其培养的人才具有较强的岗位针对性。高职英语人才由原来的"通用型"人才，变成了目前的"应用型"人才。在课程设置上，以职业综合能力为中心，以岗位（群）所必备的知识、能力和品格为依据开发课程，课程内容突出适合性和针对性。英语基础课以"必需、够用"为度，强调教学以技能实践和实用训练为主。大部分高职英语专业课程都是采用综合的形式，课程主要由英语、专业和综合实训三部分构成。且为了突出专业和英语两个强项，在课程构成上英语课程和专业课程都占了相当的比例，让学生在这两方面达到"了解总体、掌握基本、简单操作"的水平。

高职英语专业学生对于所学知识的要求是"实用为主、够用"。在教学方法上，大部分高职院校的英语专业都注重学生英语交际技能、专业应用和业务能力的培养。因此，课堂上除了传授知识外，还加强了课堂的互动。课堂教学的主体由原来的教师变成了现在的学生，教、学、做合一，手、脑、机并用。同时，学生的教学实践得到了加强，无论在课堂教学中还是在实训室，学生都有大量的机会开展操练和实训。除此之外，大部分高职院校还安排学生定期到企业实习、到交易会等场所进行业务实习，以加强学生的动口、动手能力。从目前的就业状况看，高职英语专业培养定位主要是：涉外型或外资型公司的文员、秘书、外贸业务人员等。同时，高职英语专业学生除了毕业证（学历证）以外，还持有各类职业资格证书，资格证书和学历文凭并重。这样学生就业心态较好，社会需求旺盛，因此，即高职英语专业的毕业生供不应求。

从以上的分析可以看出，高职英语专业和普通高校英语专业在某些方面有共同之处，如开设的某些课程。但是从培养目标、课程设置、教学方法和教学安排等多个方面，高职英语专业突破了传统本科英语专业课程单一的不足，为学生拓宽了知识领域和发展空间，同时针对学生的技能培养增加了大量的实训，其有利于学生所学知识的融会贯通；有利于学生应用能力、实用能力的培养与提高；有利于培养基础扎实、机智灵活、求实创新的新时代复合型、应用型人才。

（二）高职英语专业社会需求

互联网上大多用英语进行对话。国际电话中的交谈，有85%是用英语进行的；全球3/4的邮件、电传和电报用的也是英语。英语更是国际商务活动中使用的通用语言。由于外企大量涌进中国市场，同样中国企业也将走向世界。本来就很走俏的英语专业人才，必然备受青睐。因此，国际贸易、外语类专业需求趋热，增幅较大。经济活动的频繁让很多企业急需大批精通外语、贸易、法律的复合型谈判人才，这也是外语专业毕业生普遍看好的发展方向。从社会需求上看，许多政府部门、国际组织、外企和跨国公司以及大型国有企业与高科技公司对复合型英语人才的需求量非常大。中国加入WTO后对外语人才的需求在数量、质量、种类及层次等方面均提出了更高、更多的要求，尤其具有深厚的语言文化基础、纯正的英语语音语调、系统的相关专业知识，具有用英语流利地进行国际交流和在对外贸易活动中的笔译能力，并能独立从事对外贸易、外事、交际、旅游等业务工作的人才。单一的阅读型和语言技能型人才，已远远不能满足社会的需求。

（三）高职英语教师现状分析

1.教师最后毕业院校：师范类和非师范类

教师的最后毕业院校是否是师范院校反映在师资队伍建设中一个突出的问题。多为非师范类院校本科或者研究生毕业生，在学校读书期间没有接受任何形式的教学方法培训，没有进行系统的教育心理学课程和教育理论的学习，也没有教育实习经验，毕业后就到职业技术院校任教。他们到了英语教学岗位，教学活动大多凭自己感觉，一切凭自己摸索，进行实施教学。在和这类教师交谈时，多数教师反映说，"我的老师是怎么教我的，我也怎么教学生"。因此，职业技术院校在师资队伍建设中面临一个重要的任务，就是建立针对年轻教师"传、帮、带"机制，帮助年轻教师熟悉并掌握英语教学规律和特点。

2.入职前工作经验：教学经验丰富，实践经验较欠缺

从企事业单位引进有实践经验的英语人才，是职业技术院校英语专业建设"双师型"英语教师队伍的有效措施。随着教师职业准入制度进一步的完善和深化，这部分教师的数量必将越来越多。

高等教育大众化和社会对应用型复合人才的需求必然导致我国高等职业技术教育的快速增长，故职业技术学院英语教育也将会高速发展。伴随着英语教育规模的进一步扩大，师资队伍建设问题也日益突出。从目前职业技术院校英语教师的来源上看，主要是招聘普通高等院校毕业的本科生、研究生和企业、事业单位具有实际工作经验的英语专业人员。有一些经济实力比较强的院校通过特殊政策吸引博士研究生，还有就是通过聘请的兼职教师。加强英语师资队伍建设，提高他们的职称、学历、教学水平和科研水平以及实践能力，从而使他们快速适应职业技术英语教育需要和教学要求是当务之急。

二、现代高职英语专业教学模式分析

进入21世纪以来，中国高等职业教育迎来了飞速发展的机遇，但同时也面临越来越多的问题和挑战。在短短几年时间内，高职教育界出现了从课堂教学实践经验到理论体系建构等百家争鸣，为繁荣高职教育的理论、促进高职教育的更大发展做出了巨大贡献。作为高职教育的重要组成部分，高职

英语学科教育在这种繁荣昌盛中迅速壮大起来。高职院校英语的教学方法探讨也如雨后春笋般不断涌现，涉及高职大学英语的目标定位、教学方法、教材编写和选用、学习策略研究等多个方面。然而，在高职英语界理论与实践百花齐放的同时也出现了一些令人困惑的现象，归纳起来有以下几种。

高职英语专业研究的力度较弱：在英语教学理论探讨中，教学模式与教学方法等术语有混用的趋势。

（一）教学模式定义

"模式"一词源于"模型"，最初指实物模型，后发展为指非实物模型。非实物模型的最初应用是在数学领域，即数学模型，指用数学符号抽象地表达实际问题。"数学建模"如今已经发展成为一种专门学科非实物模型拓展应用于人文社科领域后，即成为人们常说的各种"模式"，如"文化模式""教育模式""经济模式"等，指用文字或图解对非实物现象进行一种抽象的说明或描述。

因此教学模式是"对学习环境（包括模式使用时教师行为）的描述，可用于设计课程、教案、教材（包括多媒体材料）等诸多方面"。

（二）中国英语教学的特殊背景

具体到我国英语学科教育，对教学模式的理解在教学理论探讨中同样存在一定的混乱现象。

我国英语教学的学科归属争议已非一日，并且是有其世界背景的。研究表明，早在20世纪70年代末和80年代初国内外就已开始讨论语言教学与语言学的关系问题。一部分国外研究者从跨学科的角度对外语教学进行了大量的理论探索，反对将外语教学划归为语言学，并在此基础上提出了各种跨学科性的语言教育模式。

而相对于国外的研究而言，"中国英语教学有一种深沉的语言学情结"，具体来说，是20世纪80年代开始，一批应用语言学研究者将外语教学划归语言学的分支——应用语言学的范畴。

当然，对此也不乏反对意见。国内研究者综合国外的理论，结合我国语言教育的实践，提出语言教育的完整体系是由宏观的教育政策及其跨学科的基础理论、中观的语言教育理论与应用和微观的语言教育实践三个层面构成。在论及外语教学的学科属性时也认为，"不宜把外语教学划归于语言学。

至少语言学不是外语教学的唯一归属学科，这个结论应是可以成立的"。这种对语言教学跨学科性质的关注无疑是有利于我国外语教学的理论建设与实践发展。

（三）高职英语专业教学模式的定位

探究我国高职英语专业教学模式前必须首先辨析几个概念，或者说理顺几个关系，即普通高校本科英语专业与高职英语专业的关系、通用英语（English for General Purposes，EGP）与专门用途英语（English for Specific Purposes，ESP）的关系、教学方法与教学模式的关系等。

1. 本科英语专业——高职英语专业

相对于本科英语专业的成熟经验，高职教育整体的起步太晚，故目前仍处于摸索阶段。近几年随着经济全球化的需要，我国加大了培养针对一线岗位群的实用型高等人才的力度，高职教育获得了前所未有的发展。然而，总体来看，除了主要面向非英语专业的《高职高专教育英语课程教学基本要求》（以下简称《基本要求》）之外，我国还没有颁布专门针对高职英语专业的指导性大纲，而我国本科英语专业已经在长期发展的成熟经验基础上，开始按照"英语＋专业知识""英语＋专业方向""英语＋专业"等新模式进行改革，以适应新时代对复合型人才的需求。

2. 通用英语——专门用途英语

我国高等职业教育目前仍处于探索期，并且关于高职英语教育的国家指导性文件只有教育部高教司颁布的《基本要求》。由于高职院校培养的是技术、生产、管理、服务等领域的高等应用型人才，所以高职英语的课程教学目的被确定为"使学生掌握一定的英语基础知识和技能，具有一定的听、说、读、写、译的能力，从而能借助词典阅读和翻译有关英语业务资料，在涉外交际的日常活动和业务活动中进行简单的口头和书面交流，并为今后进一步提高英语的交际能力打下基础"。

3. 教学方法——教学模式

结合高职英语教育的实际情况，笔者将高职英语专业教学模式界定为由一定数量的子模式群体分层次构建的一个开放式、发展性的体系。它以一种简化的方式反映高职英语专业建设的方方面面，其中既包含教学各要素及其关系，又体现教学各阶段、各过程的特点。故高职英语专业人才培养的一种综合模式，又可具体分为宏观的能力结构子模式、中观的教学过程子模式群和微观的课堂教学子模式群（即课堂教学方法）。

三、现代高职英语教育的实用性分析

如果说应用性主要讨论高职英语教育的教学目标，则实践性焦点在于高职英语教育的教学过程和方法，而实用性主要涉及的就是高职英语教育的教学内容以及与特定的教学内容相关的一些教学特征。这样，高职英语教育的整体特征便呈现出来。

（一）高职英语的两个转变

ESP 是与（职业的）活动领域相关的，它代表了学习者的期望。教学法之力量在于语言学习与专业学习方法的结合，因为它不仅给以语言学习为驱动的课程设置和零乱无章、由下而上的教学方法带来了变化，而且还完成了两个重要转折：①教学重点从文本为语言目标 TALO 文本作为信息载体 TAVI 的转移。②注重过程和实际结果，由语法—功能—意念法到任务法。

1.TALO 与 TAVI 之差异

TALO 与 TAVI 在选材、准备活动、文本处理、教学活动以及课外活动方面之差异（表 1-1）。

表 1-1 TALO 与 TAVI 之差异

	TALO	TAVI
选材原则	旨在阐述句子结构；一般性话题；专门写的或修改或重写的；生词受到控制；课文短且划分容易，课文由教师选定	旨在满足学生需求的价值；一定范围的原版课文；通过任务和支持划分难度；课文长短不一，逐渐加长；课文由教师，也可由学生和其他人来选
预习	几乎无某些词汇翻译	总有和发现者指南一样重要，可唤起兴趣，树立目标
课文处理	焦点是语言和新知识；焦点是细节和理解；所有句子和词；句法问题	焦点是信息和旧知识；猜生词；焦点在意义、功能和形式词之间的联系
交际类型	教师一言堂；教师为中心:教师问、学生答；教师评价	学生协同实践；角色转换:学生互相疑问、评价；自学模式；学习、学习者为中心

显然，TAVI 在培养学生交际能力、完成高职英语教育目标方面具有很大优势。成功的学习者注重整篇大意，用猜想和快读方式学习语言和信息。同时，TAVI 摒弃了由下而上的旧法，而代之以由上而下的学习方法，即先以整篇文本为主要信息，后课文结构，再段落，最后才触及句子和词。因为准确、迅速地吸收信息比语言细节更有意义，所以理解文本的宏观结构先于语言研究，以及文本中信息的摄入至关重要。

TAVI 的另一特色是突出学生作用。这主要因为与学习者有关的两个因素：（1）专业知识。（2）与专业领域有关的认知和学习过程。除去语言学习活动，高职英语还大量涉及反映学习者专业领域的活动。

2.任务法的特点

高职英语教育与任务法有千丝万缕的联系。任务法有如下特点：教学以语言意义为出发点；教学旨在解决一些交际问题；教学活动存在与真实世界的直接关系；优先考虑完成任务；评估标准是结果。

任务教学法要求学生专注于意义而非形式。其区分了教学任务和真实世界的任务，前者指正式的语言学习，如按照教师的指令画一幅画；后者更加实在，如填工作申请表，它与学生将来要使用语言去做的事有关。可以使用三种不同的任务来刺激学生进行互动：①信息差，如找出两幅画中不见的部分。②推理差，如找出一幅画的缺陷。③观点差，如列出你最喜欢的，并说出原因。任务法与高职英语教育已成功地在英语作为二语和外语教学中相融合，促使学生可以交换信息并解决问题，理解意义。

（二）高职英语教育三大焦点

高职英语教育过去 10 年在教学理念、教学模式等方面都有所创新。它目前关注的四大焦点问题是：以话题为核心；使用原版语言；满足学习需求；培养学生交际能力。

1.以话题为中心

高职英语教育主张以话题，而非语法项作为基准选用教学材料，这使学习者更易学，从而激发其兴趣，使学习者具有使用新的语言去成功做事的自信和惊喜。课堂实践是一些打破语法系统的、以话题为中心的阅读和实践活动，话题内容不再是对基于语法内容的课程的点缀和补充，且语法学习须与话题相关联，并且由话题决定。

2.使用原版语言

慎重、有效地将原版材料引入课堂，这是高职英语近年来的发展趋势之一。有人担心使用原版语言会给学生增加学习难度，平添畏难情绪；也有人认为，有些词汇和语法项本来就难学，所以应该先学。而实际上，分级课文比原版课文给学生带来更多的麻烦，因为人工语言课文并不能给学生提供真实的英语交际模式，它缺乏自然的语言冗余，剥夺了学生理解的多重暗示。

故分级语言和人工语言很难有效地提高学生的语言能力。

3. 满足学习需求

高职英语教育考虑到学习者的语言、认知和情感差异，故帮助他们作出相应调整。同时，也满足了其职业和个人兴趣要求。

（1）语言差异

由于学生个体之间知识的差异，不同学生在语言特征、词汇、语法学习方面存在学习顺序以及内容取舍等方面的差异。此外，有些学生习惯于使用图式知识去推断意义，即猜测；而有些对模糊的容忍程度低，对陌生语言的处理策略少，更习惯于求助教师、语法书和词典去证实自己的假设，更喜欢记忆法。

（2）认知差异

在认知层面上，学生有不同的学习风格，如有些视觉信息接受能力强，有些听觉学习效果好；有些善于演绎，有些长于归纳；有些注重整体，有些偏好局部；有些善于发现共通点，有些善于比较不同点；有些按顺序处理信息，有些平行处理信息等。因此一个课堂上的认知差异是无穷的，每一种学习风格都和学习策略有关，每个学生对任何一种教学策略的反应都是不同的。

（3）情感差异

大多数学生在学习原版材料和真实案例取得成功时都会激发出极大的热情，个别则不然；有些习惯于独自学习，有些是付出努力就希望表扬；有些不喜欢教师的明显纠正，有些得不到纠正则不悦；等等。

第二节 高职英语专业建设

一、概述

专业是高职院校人才培养工作具体实施的载体，而学生的专业知识和能力的构建是通过专业学习来完成的。专业建设在学校发展中具有举足轻重的地位，其核心内容包括专业设置、人才培养、基地建设、课程改革、工学结合等方面。因此，一所高职院校要想办出特色就必须把教学条件建设、人才培养模式和教学模式的改革与创新落实在专业建设上。

教育部启动的高职高专人才培养工作水平评估工作，有力地推动了高职院校的办学条件建设和教学内涵建设，使高等职业教育迈上了一个新台阶，也将继续引领高职教育向纵深发展，因为其发展的主线就是加强内涵建设。

（一）高职专业建设的主要内容

1. 师资队伍建设专业建设的核心

师资力量是衡量一个学校办学水平高低的决定性因素之一。我国高等职业教育经过多年的探索与发展已经粗具规模，且办学质量也是稳步提高。然而，师资的严重缺乏已成为制约我国高职教育发展的瓶颈。高等职业教育师资队伍建设不能照搬普通高等教育的模式，也不能简单地把中专学校的教师自然"升格"成高职院校教师。教育主管部门和高职院校应当结合高职教育的特点和教学规律与要求，制定出师资队伍发展规划，有步骤、分批次地培养、培训适应高职教学需求的合格教师。

2. 课程体系与教材建设——专业建设的基础

课程体系是专业知识和职业能力培养要求的全面体现，课程设置、课时数量及授课顺序等方面是否科学、合理直接关系到专业培养目标能否顺利实现。课程体系是专业设置时必须首先确定的内容。同时，课程体系的确立要建立在对各个专业所对应的工作岗位群所需要的知识和技能进行充分调研的基础之上。

3. 办学条件建设——专业建设的保障

重视实习实训是高职教育的办学特色之一，也是提高高职教育质量的重要环节。实践教学条件的好坏直接关系到学生专业技能培训的质量。因此高职院校应不断加强实践条件建设，不仅要建设高质量的校内实践基地，还要推行"走出去"战略，设法和企业合作共建校外实习实训基地，从而增强高职毕业生的社会适应性。

4. 实践教学体系建设——专业建设的重点

强化实践教学是高等职业教育与普通高等教育的主要区别之一。实践教学体系的建设和完善制约着教学活动的组织与安排，进而影响到专业人才的素质和职业技能的培养。故实践教学体系建设在职业教育人才培养系统中具有不可替代的作用。积极探索改革实践教学的方法与内容，完善实践教学设计构建体现职业教育特色的实践教学体系是值得深入探讨和思考的重要问题。因此，要以建立和优化创新人才培养模式为前提，把实践教学改革融入整体教学改革之中，不断加强对学生进行知识、能力、素质的综合培养。

（二）高职院校专业建设的要素

1.专业设置要面向区域经济，融入产业要素

所谓的专业设置融入产业要素，从宏观层面上看，就是教育主管部门在审批专业和调整专业结构时要充分考虑区域主导产业、重点产业、特色产业的发展现状和趋势，合理规划与布局学校专业结构；从微观层面上看，就是学校走进产业规划部门，学校中干部和专业带头人要赴地方的有关部门挂职，参与产业的调研和规划制定，开展产业活动分析和课题研究，全面了解产业转型升级的态势与战略趋势，从而确定与产业发展相适应的重点专业发展规划。

2.人才培养要针对市场需求，融入行业要素

学校利益要服从国家利益，建立人才培养模式动态调整机制，对于不适应社会需求发展的专业要及时停办。由于区域经济转型升级带来结构、布局和支柱产业的变化引发了行业、企业对不同类型的高素质技能型人才的需求。社会需求是人才培养的立足点和结合点，因此"专业—产业"的关系是建立在"专业—行业"关系之上的。同时在课程开发中，要注重体现行业发展的要求。

3.基地建设要构筑工作场景，融入企业要素

高职院校实训中心的建设应在设备选择、物质环境、教学项目设计等方面，体现企业的典型工作任务、体现训练项目的技术含量、体现新技术的发展方向、体现企业的职业氛围，既要不同于研究型大学的实验基地，又要区别于中职教育的操作性实训基地。同时，基地的建设既要考虑教学功能，又要兼顾培训、职业技能鉴定和应用技术研发等多种社会服务功能。

4.课程建设要贴近工作任务，融入职业要素

课程建设的重点是开发以工作任务为导向的项目课程。传统的高职教育课程沿袭了本科教育学科型课程模式，实际上这种模式已经不能满足现代职业教育的要求。从"以知识为中心"的课程体系到"以工作任务为导向"的课程体系转换并非是线性的演绎过程，而是要打破学科型课程结构。新结构课程体系来源于职业岗位，通过工作任务分析并按照岗位主要工作内容以及工作的主次和相关性，确定专业核心和专业课程。

5.工学结合要对接职业岗位，融入实践要素

工学结合是一种将学习与工作相结合的教育模式。工学结合融入实践要素就是要求学校在产业、行业、企业的合作框架下，对接企业职业岗位。高职院校要根据专业特点，加强与企业的合作，共建实习实训基地。顶岗实习是高职院校培养学生专业技能的重要环节，学生的实习岗位必须和职业岗位全面对接。还要建立教师到企业锻炼制度，形成对接机制：一是结合岗位开展企业调研，形成产业转型意识，把握产业发展的新技术要求，并结合课程教学，搜集工作案例，丰富教学内容。二是参加企业岗位实践活动，丰富工作经历，提升教学能力。三是教师带项目到企业或参与企业技术改造和新项目开发，提升科研能力。

（三）高职英语专业的人才培养目标及专业特色

1.高职英语专业的人才培养目标

高职教育英语专业的培养目标是：培养具有较强的英语听、说、读、写、译等综合技能，以及具有较广泛的跨文化知识、较实用的专业知识和熟练的电脑运用技能，并能在外事、经贸、文化、教育、旅游等部门从事翻译、外贸实务、导游、办公室管理和涉外文秘等工作的高技能型人才。

2.高职英语专业的专业特色

高职英语专业有别于普通高校的英语专业，专业面向和职业岗位的联系密切，课程内容和职业资格证书全面接轨，具有明显的职业性特征。在具体教学中，要突出实践教学，以满足涉外管理和服务领域对人才的特殊需求，强调"宽基础、强能力、广适应"是高职英语专业办学方向。

二、商务英语专业

（一）商务英语专业定位

商务英语专业是一个复合型专业，涉及内容非常广泛。商务是个宽泛的概念，它是指围绕贸易、投资等开展的各类经济、公务和社会活动，具体的包括贸易、金融、管理、营销、旅游、法律、物流、海事等很多方面。高职商务英语专业不可能面面俱到，所以商务英语专业设定一个具体的方向非常有必要，不同的学校可根据社会需要和自身特点设立不同的专业方向（如空中乘务、国际贸易、国际金融、国际营销、电子商务等）。

（二）高职商务英语专业的现状与问题

在全球经济大潮的推动下，商务英语越来越受到重视，人们渐渐认识到在经济贸易领域与各国企业、客户进行有效的沟通和交往，仅仅依靠通用英语是远远不够的。因此顺应这一需求，商务英语开始"独立"，并逐渐发展成为一门新兴的学科。在我国，随着经济的发展，越来越多的外国大企业来中国设立分公司，中国企业参与国际交往活动日益频繁，故对于商务英语专业毕业生的需求量呈递增态势，这给商务英语专业的发展创造了良好的外部环境。

全国多所高校开办了商务英语专业。然而，对众多高职院校来说，商务英语专业仍处于起步和探索阶段，对这一"新生儿"的认识还存在许多不足。目前，在我国高职商务英语专业的教学实践中普遍存在以下问题：

1.专业性质不明确

关于高职商务英语专业的性质，教育部目前还没有作出明确定性；对商务英语教学内容也没有统一的规定，并且在开课条件、课程设置、教学目的、教学大纲、考核等方面都没有具体的标准。这就使得开设这一专业的院校各行其是，按照自己的理解和各自学校的现有办学条件去组织教学。对于专业发展的基本问题还没有达成共识——在教学中到底是以英语为主，还是以商务为主？要么偏向英语，要么偏向商务，还是没能将两者有机地结合起来。

2.专业特色不明显

由于受传统的英语语言文学专业办学模式的影响，加之有些教学管理工作者和任课教师对高职商务英语的教学指导思想和教学实践仍然存在着认识上的偏差，致使商务英语专业的职业特色不突出，故而不能很好地体现职业教育的办学理念。主要表现在：①人才培养目标定位不确，培养规格不明确；②人才培养方案沿袭普通高校英语专业教学模式；③对实践教学重视不够，缺乏健全的实践教学体系和实习实训场所；④教学内容不符合高职高专"实用为主、够用为度"的基本要求，过分强调学科性；⑤缺乏与企业的有效合作及区域针对性，因此在调整和设置专业时，不能准确把握市场及不同地区经济环境对商务英语人才的需求差异。

（三）高职商务英语专业建设思路

1. 加快师资队伍建设，提高教学水平

促进商务英语专业的发展必须要有一支具有扎实英语语言功底、丰富的商务知识、一定的商务实践经验和较强的实践指导能力稳定的教师队伍。

2. 更新教学理念，加强对学生综合能力的培养

针对商务英语目的性和实践性强的特点，在注重对学生英语言能力培养的同时，要强化学生对商务知识系统掌握和灵活运用，同时不能忽视对学生综合素质的培养。

3. 确立正确的教学目标，优化课程设置

培养具有较为扎实的英语语言基础英语应用能力、拥有丰富的商务知识和各种商务实战技能的复合型人才是当前商务英语教学的核心目标。因此，既要强调英语语言课程的设置，又要重视商务知识课程的设置和拓展，以增强学生对实际工作的适应能力。

4. 探索新的教学方法，建立新的教学模

为了适应经济社会发展对商务英语人才需求的变化，商务英语的教学模式必须由"以教师为中心"转向"以学生为中心"。

5. 选用优秀教材，提升教学层次

教材是体现教学理念、内容、方式的载体，选用优秀的教材在商务英语教学中至关重要。教师在选择教材时，应注意教材的内容要富有时代性紧跟现代商务活动发展的步伐。

三、应用英语专业

（一）高职应用英语专业现状分析

在高职英语类的四个专业中，"应用英语"这一名称是最为贴近高职教育的办学特点。但就目前开设应用英语专业的高职院校来看，专业方向可谓"名目繁多"，有的学校甚至开设应用英语（商务方向）、应用英语（旅游方向）与商务英语专业和旅游英语专业"不分彼此"。照此来看，高职英语类专业只要统称应用英语就行了。显然，有些高职院校对英语类专业的类别划分还没有完全界定清楚。

与本科院校选拔高考英语成绩优秀的学生进入英语专业学习不同，大多数的专科院校对应用英语专业学生的英语基础并未做特殊要求，因此许多学

生在入学时英语并不占优势，有些甚至英语基础很差，缺乏学习英语的兴趣和信心。另外，高职学生在校学习时间短，除了提高语言技能外，还要学习其他如旅游商务、文秘等专业知识，学习负担重很容易导致英语基本功不扎实、专业知识薄弱、造成就业困难，找不到对口工作的后果。随着生源质量的下滑，在高职院校，英语专业的地位迅速下降，甚至成了"弃之可惜、食之无味"的鸡肋。开设应用英语专业虽然适应了市场需求，但教学效能低的现状仍旧存在，并且盲目招收学生只会造成人力资源的巨大浪费，违背了发展高等职业教育的初衷。高职应用英语专业乃至高职所有英语类专业如何走出困境、持续发展是目前摆在高职院校面前的一个亟待解决的现实问题。

（二）应用英语专业建设实施途径

1. 师资优化

目前，高职应用英语专业教师大都是英语语言文学专业出身，知识结构单一，不能满足人才培养的需要。因此，为了弥补现有师资力量的不足，高职院校应积极聘请行业、企业专家来校上课或定期举办讲座；有计划地安排专职英语教师到企业锻炼，在真实环境体验、了解和熟悉工作岗位知识技能的需求情况；创造条件与企业专家一起开发企业所需课程，共同制定教学大纲和确定教学内容。

2. 课程融合

将英语语言课程与外事、酒店（管理）、行政办公及商务文员方面所需要的知识技能模块课程进行融合。基础阶段是以培养英语基本技能为目标，而在此阶段主要的课程是英语听、说、读、写四项技能，然后逐渐融合不同岗位的职业技能。

3. 基地建设

应用英语专业的学生应具有某行业的实际操作能力，高职院校必须走校企合作之路，为培养学生的"实战"能力提供支撑。由于应用英语专业毕业生的社会需求面广而分散以及学生的就业意向多元性的特点，所以校外实习实训基地的建设至关重要，而且要有一定的数量和不同的行业并满足顶岗实习的需要。

4. 分向选课

从大二开始，根据应用英语专业学生的就业意向，在教师指导下，跨专业选择有关职业领域的知识性课程和专业技能实训。经过与其他系部协商，把学生嵌入到其他班级跟班听课学习。在第二学年结束后根据学生的就业意向，再安排他们到星级酒店、外贸企业等单位进行分流顶岗实习。

5. 项目学

项目教学（Project-learning）是指师生通过共同实施一个完整的项目而进行的教学活动。就应用英语专业而言，是以学习小组为单位让学生对涉外企事业工作活动展开调查，对其活动性质、内容、目标进行考察并对涉外事务的中英文资料进行采集。而教师应不断地进行教学改革探索，倡导师生之间的积极互助、合作探究与共同发展。

四、旅游英语专业

有着"朝阳产业"美誉的旅游业在我国国民经济发展中发挥着非常重要的作用，也是21世纪最有前途的产业之一。虽然高职旅游英语专业是这类人才培养的重要阵地，但是目前高职院校旅游英语专业的建设还很难适应涉外旅游市场的需要。因此要加大改革的力度，特别是要加强实践环节的教学，以体现职业院校的特色，使高职旅游英语专业的人才能具备扎实的外语语言基本功和合格的职业技能并具有一定的创新意识，为我国经济的发展做出必要的贡献。

（一）高职旅游英语专业的人才培养目标和特点

旅游英语专业是培养具有较高英语水平及旅游管理专业知识，并熟悉中外历史文化，了解旅游经济规律、市场营销策略和旅游法规，具有良好沟通能力和组织能力，能以英语为工具从事旅游工作且具有一定实践能力和创新精神的实用型、技能型人才。

高职旅游英语专业的目标就是培养具有扎实英语语言基本功和合格的涉外旅游技能的高技能型人才，包括英语导游、涉外旅游接待人员等。由于服务的对象包括外国友人，因此该专业的毕业生需要有较高的政治素养和国家、民族意识，还要有一定的跨文化意识，了解客源地国家的风俗文化。另外，毕业生还具备创新意识，能灵活地处理突发事件和应对外国客人提出的各种要求。旅游服务业本身就充满变化，而涉外旅游工作中更是有许多可变的因素。旅游服务人员必须具备较高的综合素质和较强的应变能力才能适应工作的需要。

（二）高职旅游英语专业存在的问题

1. 培养目标不具体，订单式培养难以落实

高职院校开设的旅游英语专业培养方向主要是英语导游和涉外旅游服务。但是对于究竟要把学生培养成具有哪种素质、哪种能力的人才，目前还缺乏统一的标准。另外，体现高职院校办学特色的"订单式"培养方案难以真正落实到实处，故学校和企业在合作的过程中难以达成默契，这往往导致企业需要人才学校没有培养出来，而学校培养的人才不能零距离对接企业岗位需求。

2. 课程体系重理论轻实践，不能学以致用

根据研究者调查，高职旅游英语专业的课程体系中重理论轻实践的现象十分严重。教学重点还是放在提高学生英语语言能力方面，过于强调学生语言的规范性且缺乏足够的外语语言实践。课程体系中虽然也安排了一些实训课，但迫于条件限制，往往是走走过场，流于形式。即便开展了英语实践活动，也很围绕旅游业务话题而展开，这就使得学生在校期间难以学到适应涉外旅游岗位需要的技能。

3. 忽视学生非智力因素的培养

旅游服务行业的从业人员必须具有良好的人际交往、沟通能力，尤其涉外旅游，服务的对象为外国友人，故更需要从业人员有较高的情商。在高职教育阶段，学生都已成年，高职院校往往忽视了对学生非智力因素的培养，错误地认为这些非智力因素的培养是中小学阶段的任务，课程教学中在对学生的非智力因素培养的方面往往关注较少。

4. 忽视学生创新意识和创新能力的培养

日常教学中，多年沿用一成不变的教学方法和手段，遵从传统的教育理念，传授传统知识。对学生的评价标准也是采用比较单一的模式，很少关注学生创新意识和创新能力的培养以至于学生毕业后走上工作岗位时很难适应千变万化的市场需求。

（三）高职旅游英语专业人才的培养途径

高职院校的培养是从事生产、服务、管理等工作第一线的应用型人才，这就决定了高职旅游英语专业就是要把学生培养成"用得上，吃得开"的英语导游和涉外旅游服务人员。基于这样的要求，目前旅游英语专业教学中存

在的问题应该从以下几个方面来进行改革。

1. 合理设置课程，优化课堂教学

高职旅游英语专业的课程体系和内容有其自身特点，因此课程内容要具有职业导向性。高职旅游英语专业的目标应定位在培养掌握旅游专业知识，并具备英语听、说、读、写、译综合技能，尤其口语交际能力的旅游英语人才。其课程设置应该在重视对学生语言运用能力培养的基础上，确立以旅游职业岗位知识技能为重点、以培养应用型人才为目标的原则。从旅游市场的需求以及毕业生的反馈信息来看，相当一部分学生的英语口语水平无法达到涉外旅游企业的要求。因此应加大听、说技能的培训力度，且口语课必须贯穿于整个培养过程的始终；尽可能聘请来自英、美等国的外教担任口语课教师，让学生能够接受到纯正的英语口语训练；在课堂教学方面要坚持把理论知识把握在"够用"的范围之内，强化英语导游、旅游服务等课程的情景模拟训练。

2. 加强实践教学，落实培养目标

旅游英语专业要突出岗位技能的培养，改变传统的教学模式，把课堂教学和实践教学有机结合，尽可能突出学习者的参与性、教学内容的实用性、教师作用的指导性以及教学方式的实践性，其核心是发挥学生的主体作用。通过组织有效的校内外活动来调动学习的主动性和积极性，并增强教与学的互动。校内实践活动包括英语角、英语沙龙、英语演讲比赛、英语辩论赛、校园模拟英语导游等活动；校外实践就是和涉外旅游企业合作，让学生跟随外国旅游团并在资深英语导游的指导下亲身体验英语导游活动，或到涉外旅游服务机构实习，与外国客人面对面地沟通，锻炼和培养学生的外语能力和职业意识。

3. 强化学生服务意识的培养

高职旅游英语专业培养的人才服务于第一线，直接面对外国游客，故他们也是外国朋友了解中国、认识中华民族的一扇窗口。因此，毕业生除了要有扎实的业务功底和熟练的工作技能外还需要具备较高的情商。非智力因素在其所从事的涉外导游和旅游服务工作中非常重要，因此它要求工作中必须诚实守信、热情大方、乐于助人、吃苦耐劳。

4. 重视学生创新能力的培养

旅游服务业是一个充满活力、充满挑战的行业。游客来自五湖四海，文化背景多种多样，旅游业呼唤创新型人才。创新能力潜在每个学生身上，只有在适宜的条件和环境下创新能力才会被激活。

5.注重"双师型"教师队伍建设

旅游英语专业的特点要求教师不仅要有扎实的外语语言功底，而且要具备与行业有关的业务知识与基本技能，即"旅游英语"的复合能力，也就是"双师素质"。

6.结合地方特色，开发校本教材

结合地方旅游资源的特色，开发校本教材，这是职业教育服务地方经济的体现。校本教材能激发学生学习的热情和求知欲望，也能为实习实训工作提供便利。且校本教材应该与时俱进、动态建设，在使用过程中不断的丰富和完善。

五、英语教育专业

随着教育理念的更新和现代教育教学技术的发展，基础外语教育迅速发展给承担小学英语师资培养任务的师范院校英语教育专业带来了极大挑战。

（一）基础英语教学的发展趋势

1.教学目标多元化

传统的英语学习只是"为了学语言而学语言"，割裂了语言学习与知识建构以及情商培养之间的关系，并且没有充分注重学生的身心特点，结果会导致学生各项能力的畸形发展。

2.教学模式多样化

以往的教学模式以单一的"传授接受式"为主且该模式过于程式化，把知识和语言的学习分离与高职生特点脱节，也与学生发展的整体性相背离，因而不利于有效地发展学生的语言能力。

3.课程评价多元化

从单一的针对语言知识掌握程度的知识性测试向关注学生综合运用语言能力的多样评价方式转变；从单一的终结性评价向与形成性评价相结合的评价方式转变，并关注学生在学习过程中的态度、参与的积极性、努力的程度、交流的能力以及合作的精神等。

4.课堂教学英语化

外语教学中应尽量避免母语在学习中产生的"负迁移"作用，在英语课堂组织教学中尽可能的使用英语，做到课堂英语化，这有利于排除对母语的依赖和来自母语的干扰。使用全英语教学可以培养学生的语感，增强学生对英语这门语言的敏感程度。

5.教学资源多样化

新的英语课程观强调多样性课程资源对于英语学习的意义，强调通过开发和利用课程资源使学生尽可能多地从不同渠道、以不同形式接触和学习英语；积极的利用和开发其他课程资源，且为学生自主学习创造条件，从而促进学生的有效学习。

（二）英语教育专业建设思路

1.制定切实可行的专业建设目标

相对于本科院校的英语专业（教育方向），高职高专院校的英语教育专业建设有其自身的特点。而英语教育专业是为了培养适应小学英语教学活动需求的高技能型教育工作者，专业建设目标必须体现出"学术性""专科性""职业性"三大特点，专业建设内容必须涵盖培养方案、课程建设、师资队伍、评价考核机制、实践教学体系等涉及人才培养的所有环节。

2.完善实践教学模式

英语教育是一个实践性很强的专业。实践教学是教师培养体系中极其重要的一个环节，要定期安排学生到小学和幼儿园进行教育教学见习与实践，验证所学的教育理论，并在实践中训练和提高教育教学技能，以解决所学的教育理论与教育实践之间的脱节、从教后教学经验不足以及教学成效不佳等问题。

3.重建课程体系

从目前的形势来看，在高职英语类专业中英语教育专业的就业形势是最为严峻的。如何扬长避短使得高职英语教育专业在激烈的职场竞争中赢得一席之地，重建英语教育专业的课程体系显得尤为必要，其关键是强化学生的教学实践能力。

4.改革教学方法与教学模式

课堂教学应以学生为主体、老师为主导，并彻底改变过去以教师为中心的教学模式。教师的作用主要在于成为学生学习过程中的引导者、合作者、鼓励者和咨询者。且教师应当尽可能多地给学生足够的思考时间、活动空间及表现机会，让学生大胆尝试，最大限度地激发学生的学习动机，调动学生学习的积极性，让学生自始至终都参与知识掌握和能力形成的全过程。

第三节 高职英语课程设置

一、高职课程设置概论

（一）什么是课程设置

课程设置是高职院校培养高技能型人才的总体规划，也是达到培养目标所要求的教学科目及其目的、内容、进度和实现方式等在总体规划中集中的体现。高职教育的课程体系应以就业为导向、以市场需求为基础，根据企业、行业、职业、岗位的要求设计课程结构体系，要始终围绕学生的工作岗位定位和职业能力的有机衔接，确定能力培养目标，并使学生获得职业经验，最终达到就业目的。

（二）高职课程设置的理念与原则

1.理念

（1）动态性

由于高职院校受经济发展、产业结构和社会需求的影响较大，其能否生存和发展取决于教学的内容是否能随社会、经济和技术的发展作出相应的调整，而课程设置直接影响高职教育的内容。因此，课程设置不能一成不变，应在保持相对稳定的前提下根据市场发展的动态，预测市场该行业人才知识、能力和素质结构要求的变化，"与时俱进"地作出相应调整使课程设置能够适应市场的需求。

（2）整合性

专业课的设置要立足于市场经济条件下人才的职业流动性和多岗位就业的实际，着眼于培养学生具有较宽的专业知识和技能，并拓宽专业口径，扩大专业的知识覆盖面力求"复合"。课程设置要做到科学合理、有机整合、删繁就简，实行模块组合，释放更多的学习空间。

（3）创新性

高职教育要为社会经济服务，适应职业活动特点，满足学生创业立业的要求，就必须在课程设置上有所创新，走"专""特""新"的路子，并以职业为导向，根据社会经济、劳动力市场、岗位职能等对课程的需求，努力开发新的课程体系，实现以创新求发展的思路。

（4）超前性

紧跟时代步伐、贴近市场办学，正确处理现代知识与传统知识的关系、现代技术和传统技术的关系，把握相关专业的最新理论与发展动态，及时更新课程内容，并增开新的课程和新的实训项目。要努力使课程设置跟上时代步伐和技术发展，充分体现专业的新知识、新技术、新工艺、新方法，打破陈旧的课程内容的束缚。

2.原则

（1）开放性

要求课程体系的设置要具有一定的弹性和灵活的调整机制，并能对整个社会的经济、科技的发展与市场需要快速的反应，及时反映社会需求的变化、及时进行课程的更新。

（2）适用性

高等职业教育课程的开设方向与职业岗位密切相关，其专业定向贴近社会生产实际和职业分工，以就业岗位需要的技能参照，力求"按岗定课""岗课一致"，以培养技能型应用人才。

（3）个性化

由于高职院校生源复杂、层次不齐，学生在学习过程中表现出较大的个性差异。故高职课程设置应充分考虑受教育者当前学习水平的差异和将来多次就业、转岗的需要，根据学生的不同层次、不同爱好设置课程使其能够按照不同的职业方向个性化成才。

（4）实践性

高职教育的实践性具有智力性和创性特点，这就要求高职课程设置坚持职业性和应用性、突出职业性技能培养，高度关注认知性实习、专业技能训练、毕业设计、顶岗实习等实践环节，以便全面增强学生的职业能力和岗位适应性。

（三）高职课程设置的特点

1.定向性

首先，职业教育的培养目标是生产第一线去从事操作、服务、管理的应用性人才，且必须根据各个职业领域基本职业活动确立课程目标；其次，高职课程体系需要体现地区、行业特色并具有地区、行业定向性。

2. 应用性

课程内容强调直接经验的获得，是强调职业技能训练和课程所传授的重点能在生产服务中直接应用的知识、技能和态度。

3. 整体性

现代职业教育力图构建一个由课程实施和评价组成的完整的教学活动体系，而这种整体性特征实际上是指职业活动系统（包括计划、实施、评价）整体性的反映。

高职教育具有很强的职业导向性：人才培养的层次明确——培养实用型、技能型应用人才；毕业生今后的工作方向明确——面向基层、面向生产和服务第一线。但由于多重原因，目前高职院校培养的学生能力和知识结构还不尽合理，这导致部分学生就业能力弱，不能适应社会发展的需要。因此如何设置符合现代社会需求的高职专业课程，对于提高高职院校人才培养水平具有重要的现实意义。

（四）高职课程设置的要求和依据

高职课程设置的要求是："教学内容主要是成熟的技术和管理规范，但教学计划、课程设置不是按学科要求来安排，而是按适应职业岗位群的职业能力来确定。基础课可按专业学习要求，以必需和够用为度""实践教学课时一般应占教学计划总课时的 50% 左右，实训课的开出率在 90% 以上"。

高职教育的特点在于面向职业岗位培养人才，人才的知识与能力结构要与行业、企业要求及相关的职业岗位技术标准相适应。因此高职院校所培养的人才知识结构除了本专业的基本知识、基础理论之外，更为重要的是，能够满足岗位的技能需求。

二、高职公共英语课程设置

（一）课程设置的理念

高职英语课程设置应该树立以人为本、以能力为本的理念，注重实践技能培养、为专业服务、面向专业需求；要促进学生在教师指导下主动地学习，使学生成为知识的主动建构者具有终身学习的能力。

1. 以人为本，因材施教

高职英语课程应本着"以人为本、承认差异、发展个性、着眼未来"的原则，根据学生的英语基础因材施教，并且在目标设定、教学过程、课程评价和教学资源的开发等方面都突出以学生为主体的思想、尊重学生个体差异、教学活动有的放矢，真正达到激发学生的学习兴趣、高职学生语言能力的目的。

2. "实用为主、够用为度"

根据《高职高专教育英语课程教学基本要求》英语课程本着"实用为主、够用为度"的原则，在教学中正确处理听、说、读、写、译之间的关系，克服高职学生羞于开口的心理障碍，并培养学生的语言实际运用能力，为社会培养高素质、高技能的应用型人才。

3. 推行"项目化"与"任务型"

职业能力为主线、以工作过程为导向、以具体项目为载体，将任务训练贯穿于教学全过程。英语课程以培养学生的英语实际应用能力为目标，将职业能力所要求的应知应会内容融入课程中，倡导任务型教学模式，让学生在教师的指导下，可以通过感知、体验、实践合作等方式参与课堂活动，调动教师和学生两个方面的积极性，真正体现学生的主体地位，以发挥教师的主导作用，改善高职英语课程的教学效果。

4. 培养自主学习与终身学习能力

课堂讲练与自主学习相结合，培养学生的自主学习能力和终身学习的能力。高职英语课程必须重视语言学习的规律，并强调语言基本技能的训练和培养实际从事涉外交际活动的语言应用能力并重；鼓励学生充分利用有限的业余时间进行自主学习形成适合自己的英语学习方法，培养自主学习和终身学习的理念能力，为将来的可持续发展提供保障。

（二）课程设置的思路

课程设置的思路：体现高职英语的基础作用为学生的专业学习提供必要的支撑和保障；满足不同的专业对英语知识和能力的特殊需求，为学生的专业学习服务；促进学生英语应用能力的提高，满足学生的个性发展。具体来说，分为下面五个方面。

1. 在课程目标方面

要改变过于注重语言知识传授倾向，并强调在帮助学生获得语言知识、语言技能和综合运用语言能力的同时，发展学生的心智与情感形成正确的人生态度与价值观，以提高学生的综合人文素养。

2. 在课程模式方面

要改变过于注重应试和结构单一的倾向，强调满足不同学生就业选择、升学深造及个人兴趣和发展的需要，这体现英语课程结构的基础性、多样性和选择性。

3. 在课程内容方面

要改变过于注重书本知识的倾向，强调英语课程内容与学生生活、现代社会和科技发展的密切联系，关注学生的学习兴趣和经验，精选终身学习所必备的基础知识和基本技能。

4. 在课程实施方面

要改变过于注重接受性学习和机械性训练的倾向，强调引导学生形成主动参与、乐于探究、勤于动手的学习方式，并着重培养学生用英语搜集和处理信息的能力、获取新知识的能力、分析和解决问题的能力。

5. 在课程评价方面

要改变过于注重学业成绩的倾向，强调科学性、鼓励性和发展性等原则，发挥课程评价在促进学生全面发展方面的功能。

这五个改变，归根到底就是要促进学生知识、能力、态度和情感的和谐发展，使他们成为兼备高尚品德与聪明才干、创新精神与实践能力具有个性鲜明且善于合作的一代新人。

（三）课程定位

1. 课程性质

高职英语是高等职业教育体系中一门重要的基础课程。英语课程传授必要的语言知识，且培养学生使用英语进行人际交往和对外技术交流的能力。同时也指导学生掌握英语自主学习方法，培养他们的逻辑思维能力以及主动学习的意识和合作精神，为培养适应社会需要的高等技术应用型人才服务。同时，学生完成学习任务后，也应具备一定的英语知识和技能，具有较强的阅读能力，能够翻译一般技术性资料、写作常用应用文，并为今后进一步的学习和运用英语打下较为扎实的基础。

2. 课程作用

作为高等职业教育的一门公共基础课和专业基础课，高职英语课程的作用是：

（1）培养学生的语言能力

如何结合各专业特点让英语能力成为"一专多能"中的"一专"或者"多能"中的"一能"，这是英语课程改革的方向。高职英语课程的教学改革要努力促进学生英语综合能力特别是交流能力的形成，以便为学生发展打好基础。

（2）服务学生的专业学习

使学生在原有英语水平的基础上进一步提高英语应用能力，掌握本专业和相关专业技术领域职业岗位所必需的英语技能，强化听、说、阅读和翻译等方面的基本能力，使其有效地服务于专业课程的学习。

（3）面向学生的终身发展

从英语课程的基础性出发，提升学生的人文素养并向学生传授思考和处理实际问题的思想和方法，为学生适应未来社会发展提供素质和能力基础，能促进学生自主学习、交流表达、自我提高、与人合作、解决问题等核心能力的持续发展。

（四）课程教学内容

1. 课程的内容与基本要求

高职英语课程教学应根据学生入学时的英语水平，尊重个体差异，实施分层次教学、差异教学，而对基础较差的学生可适当增加语法语音等方面的基础教学内容。在实施教育教学的过程中教师要始终贯彻"培养应用型人才"的教育方针，明确"以应用为目的，实用为主，够用为度"的教学方向，秉承"打好语言基础，培养应用能力"相结合的教学宗旨。

2. 课程的重难点及应对办法

高职英语课程是一门语言基础知识和技能并重的公共基础课，教学的主要目标在于培养学生的英语综合应用能力，特别是听说能力，可以使他们在今后的工作和社会交往中能用英语有效地进行口头和书面的信息交流。母语环境下所有外语教学的重点和难点就是要将难以完全系统化、明晰化的语言知识转化为语言技能。因此，高职英语教学的重点和难点就是促进语言知识向语言技能的迁移，主要要从以下几个方面进行探索和实践。

（1）转变教学观念

倡导"以学生为中心，以培养能力为重点，全面提高学生的文化素质"的教学思想，以突出学生的参与性、教学内容的实用性和教学方式的实践性。且以学生为主体，在关注群体发展目标的同时，重视个体差异，为学生提供个性化的学业帮助。

（2）改革教学模式和方法

通过了解、分析高职学生学习英语的心理特点和学习规律，以加强学习方法指导。课堂上积极调动学生的积极性并鼓励他们参与课堂活动。采用以"学生为中心"的教学模式和方法，安排形式多样的课堂活动使学生在听、说、读、写、译等多方面综合发展。同时，鼓励学生掌握学习方法，转变学习角色，由被动学习为主动学习，参与课内、课外英语学习活动。

（3）改革教学手段

将现代信息技术、多媒体技术和网络技术引入外语教学可以极大地促进高职英语教学在教学思想、内容、过程和方式等方面的根本变革，也有助于培养信息社会所要求的、具有高水平的外语语言运用能力的人才。更重要的是，运用多媒体教学手段能增加课堂信息量和学生接触声音、图像的机会，使语言学习更直观，既能拓宽学生视野和知识面，还有利于克服目前存在的应试教育的不良倾向；而利用网络学习平台可以加强师生、学生之间的交流互动，增加学生的语言输出量以及提高语言使用能力。

（4）建立有利于英语学习的校园环境

努力创建一种全方位的英语学习环境，在这种环境和氛围中，从大一开始就让学生有计划、有安排、有指导地参与语言学习和语言实践的自主学习和第二课堂活动，可以使他们有目的地进行语言技能的训练，注意发展自身的某一种或多种技能，把学习过程变成在教师指导下的自我发展过程，为以后进一步的语言运用打下坚实的基础。

3. 实践教学的设计思想与效果

高职英语的主要教学目标是培养学生运用英语进行交际的能力，它是一门以语言知识习得为基础、以语言能力培养为目标的实践性很强的课程。

但由于课时有限，仅仅依靠课堂教学来实现语言知识转化为语言技能的目标显然是不现实的，而且难以得到全面的巩固、消化和吸收。因此，高职英语实践教学体系的建立非常重要。

（1）实践教学的设计思想

实践教学的设计要基于学生英语的综合应用能力的培养，特别是听、说、译等能力。实践教学的目标在于培养学生的自主学习能力以及提高综合文化素养，以适应我国社会发展和国际交流的需要。实践教学的设计始终突出学生的主体地位，因此灵活运用多种先进的教学方法和教学手段能有效地调动学生的学习积极性，促进学生的积极思考，激发学生的潜能，注重对学生知识运用能力的考查。

（2）实践教学的组织形式

如英语演讲、角色扮演、短剧表演、网上英语讨论、导游实践、英语读书报告会、英语演讲比赛、英语晚会、英语角、英语讲座以及社会调查等。

（3）实践教学的效果

丰富多彩的实践教学活动能为学生创造更多的互动交流的机会，营造良好的英语学习环境与气氛，激发学生学习英语的积极性。通过参加各种实践活动，学生的自主学习能力可以得到明显加强，且语言实际应用能力得到明显提高，还可以培养发现问题、分析问题和解决问题的能力。

4.对学生能力培养的要求

掌握实际使用语言的基本技能，特别是使用英语处理日常和涉外业务活动的能力，还能正确处理听、说、读、写、译之间的关系和各项语言能力协调发展。

在具体教学中，教师可参照以下内容对学生提出不同的要求。

（1）词汇

A级：认知3400个英语单词（包括入学要求掌握的1600个词）以及这些词构成的常用词组，其中，对3000个左右的单词能正确拼写、英汉互译。学生还应结合专业英语学习，认知400个专业英语词汇。

B级：认知2500个英语单词（包括入学时要求掌握的1000个词）及由这些词构成的常用词组，其中对1500个左右的单词能正确拼写、英汉互译。

（2）语法

掌握基本英语语法规则，且在听、说、读、写、译中能正确运用所学语法知识。

（3）听力

A级：能听懂日常和涉外业务活动中使用的结构简单、发音清楚、语速较慢（每分钟120词左右）的英语对话和不太复杂的陈述，且理解基本正确。

B级：能听懂涉及日常交际的结构简单、发音清楚、语速较慢（每分钟110词左右）的英语简短对话和陈述，理解基本正确。

（4）口语

A级：能用英进行一般的课堂交际，并能在日常和涉外业务活动中进行简单的交流。

B级：掌握一般的课堂用语，并能在日常和涉外业务活动中进行简单的交流。

（5）阅读

A级：能阅读中等难度的一般题材的简短英文资料，理解正确。在阅读生词不超过总词数3%的英文资料时，阅读速度低于每分70词。能读懂通用的简短实用文字材料，如信函、技术说明书、合同等，理解正确。

B级：能阅读中等难度的一般题材的简短英文资料，理解正确。在阅读生词不超过总词数3%的英文资料时，阅读速度不低于每分钟50词。能读懂通用的简短实用文字材料，如信函、产品说明等，理解基本正确。

（6）写作

A级：能就一般性的题材，在30分钟内写出80—100词的命题作文；能填写和模拟套写简短的英语应用文，如填写表格与单证，套写简历、通知、信函等，词句基本正确，无重大语法错误，格式恰当，表达清楚。

B级：能运用所学词汇和语法写出简单的短文；能用英语填写表格，套写便函、简历等，词句基本正确，无重大语法错误，格式基本恰当，表达清楚。

（7）翻译

A级：能借助词典将中等难度的一般题材的文字材料和对外交往中的一般业务文字材料译成汉语，理解正确，译文达意，格式恰当。在翻译生词不超过总词数5%的实用文字材料时，笔译速度每小时250个英语词。

B 级：能借助词典将中等偏下难度的一般题材的文字材料译成汉语。且理解正确，译文达意。

5. 教学方法

高职公共英语课程以课堂教学为主，教师在教学过程中应注重听、说、读、写、译等的结合，并根据实际情况采用多种教学方法，使教学生动有趣。

在教学过程中应注意如下方面：

（1）处理好基础和能力的关系

虽然打好语言基础是教学的重要目标，但打好基础要遵循"用为主、够用为度"的原则，强调语言基础和语言应用能力并重。并且在教学过程中要注意将语言知识的讲授与实践相结合，根据循序渐进的原则，在不同阶段对听、说、读、写、译进行有针对性的训练。

（2）处理好教学和测试的关系

语言测试应着重考核学生实际运用语言的能力，为教学改革和语言学习提供积极的反馈、为提高教学质量提供必要的保证。

（3）关注个体差异

不同专业和不同班级学生的英语基础存在较大差异。由职业高中或中专升入高职院校的学生，基础普遍比高中毕业生弱，工科专业学生的英语基础相对比文科生弱，而艺术类专业的学生基础更为薄弱。在教学中，教师应根据不同班级学生的英语水平因材施教，适当增减教学内容，以避免教学中出现"一刀切"的现象，以求达到最佳教学效果。

（4）突出学生的主体地位

在教学过程中，发挥教师指导作用的同时，应重视学生的主体地位，形成师生互动的双向交流。要调动学生参与课堂活动的积极性和主动性，提高他们学习的自觉性和自信心；要注意面向全体学生，以人为本，因材施教，同时结合语言教学的规律，加强对学生进行素质教育。

（5）采用现代化的教学手

为了打好语言基础，培养语言运用能力，提高文化素养，在教学过程中应以教材为纲，并积极采用现代化的教学手段，如录音、录像以及多媒体教学光盘、课件等，形象直观地向学生展示英语在实际交际中的运用，以营造良好的英语学习氛围，开展双向或多向交流，进行大量的语言实践训练，提高学生的综合运用英语语言的能力。

三、高职英语专业课程设置

（一）商务英语

1. 人才培养目标

培养较为熟练地能掌握英语听、说、读、写、译等基本技能，且具有一定的跨文化交际能力，能够在涉外商务领域从事管理或服务工作的高技能型人才。为了达到商务英语专业的人才培养目标和满足培养要求，故商务英语课程必须科学合理地规划，尤其要注重课程的模块化设置。

2. 课程模块

每一模块都着重培养的学生不同侧面的能力与素质，以下是一种最为常见的模块划分方式。

（1）语言知识与技能模块

旨在使学生具备一个英语专业学生必备的听、说、读、写、译等综合语言运用能力，奠定良好的语言基础是体现专业优势的关键。

（2）商务知识与技能模块

旨在使学生熟悉与商务有关的基础知识与技能，并帮助他们了解在某一领域处理涉外商务活动的具体流程，掌握处理基本业务的处理方法。

（3）跨文化交际模块

旨在帮助学生具备全球意识和国际视野，通晓国际惯例，对本国文化、西方文化加深了解，熟悉对外交往礼仪，增强国际理解力，以提高学生按国际惯例从事商务活动并处理各种关系，用英语沟通和完成工作任务的能力。

（4）人文素养模块

旨在帮助学生具备良好的政治思想素质，培养高尚的思想道德情操，熟悉中外各国的政治、经济、地理、历史、文化传统、人文知识、风俗习惯和其他相关知识，具备较扎实的汉语基本功和文字表达能力以及较强的创新意识和一定的创新能力。

3. 具体课程的目标

①具有较强的英语听、说、读、写、译能力。

②熟悉对外商务活动中各个重要环节的基本知识和进出口贸易的操作流程；熟练掌握对外商贸函电的撰写和翻译方法，且具有直接参与涉外商务

交际的能力和处理涉外商务问题的能力。

③熟悉现代化办公软件的应用与操作，具备处理涉外日常工作能力。

④初步具备合乎礼仪地进行涉外交际活动的能力。

4. 目前存在的主要问题

①课程体系的构建基本沿用本科教育的内容，以追求学科知识体系的系统性、完整性和科学性。

②课程设置基本上仍停留在简单的"英语＋商务"模式上，而理论课和实践课缺乏必然的内在联系。

③在课程内容选取上没能摆脱学科体系，缺乏针对性和实用性；在内容的组织与安排上过分强调课程体系系统性和完整性，缺乏专业覆盖到的岗位（群）所涉及的知识点。

④与职业领域实际的联系不够广泛，对学生的应用专业知识解决问题的意识和能力培养不够。

⑤课程的开发与实施主体单一，主要是由高职院校教师来承担，企业参与度较低。

⑥课程内容陈旧，与行业最新发展要求相脱节，无法保证教学内容的先进性、与行业发展的同步性，也无法实现学生毕业即能上岗的目标。

5. 课程建设重点

①根据职业岗位（群）要求，构建高职商务英语专业课程体系。依托行业（企业），校企合作共同开发课程；依托企业专家与专业团队，共同确定职业岗位能力，并对职业活动进行分析与归纳，以就业能力为导向，根据岗位要求设置课程，构建高职商务英语专业课程体系，处理职业素质、核心能力、英语能力、拓展能力与课程设置的关系。

②基于工作过程，构建工学结合核心课程，以"课证融通"为目标，以工作过程为主线，构建"工学结合"核心课程内容。同时，将工作过程中的岗位技能要求、行业标准与职业规范、职业资格技能要求和职业素质要求融入课程内容，以实现职业技能资格证书与课程教学内容的全面融合。

③构建语言与商务、理论与实践有机结合有效衔接，满足综合应用能力和素质培养要求，体现"厚外语、强外贸、高素质"人才培养目标的课程体系。

④明确各门课程在人才培养中的作用并以此为依据，设定具体教学目标，选择学习内容，设计课堂教学及实践环节，优化教学方法和教学手段。

（二）旅游英语

1.课程体系

旅游英语专业应该随社会市场的需求和学生个人志趣的变化来设置课程。既不能重英语轻旅游，也不能重旅游轻英语。在提高学生基本素质的同时，针对涉外旅游企业的具体岗位要求，重点倾向于专业知识技能的传授、训练与实践，使培养出的学生既懂一定旅游专业知识又精通英语，以便毕业后能直接投身于一线工作。

2.课程模块

坚持以英语教育为基础、以专业能力为主体，旨在构建以职业能力为核心的模块式高职旅游英语专业的课程体系，其中所有课程分为四大模块。

（1）专业基础课（英语类课程）

旨在全面提高学生的外语水平，使他们在听、说、读、写、译方面都能达到基本要求。其开设的课程有：英语语音综合英语、旅游英语、导游英语、酒店英语、英语口语、英语听力、英语语法、英文翻译、英语阅读、旅游阅读、英语国家概况、英语实用写作和英语报刊阅读等课程。

（2）旅游专业课程

旨在使学生掌握全面旅游业的宏观理论、营销策略以及旅行社管理和导游的具体实务。开设的课程有：经济合同与旅游法规、旅游概论、导游原理与实务、旅游地理与文化、旅游基础知识、口才艺术、旅游市场营销学、旅行社经营管理、旅游人力资源管理、旅游公共关系学、旅游资源开发与规划等课程。

（3）综合技能课

旨在培养学生广泛的兴趣，培养多种技能，并指导学生将所学理论运用于实践中，通过实践掌握导游及旅游业管理的行业规范。

（4）文化基础课

旨在全面提高学生综合素质，培养其遵纪守法、爱岗敬业精神，使其树立正确的人生观和价值观。开设的课程有：思想道德与法律基础、体育、大学语文、计算机应用基础、就业指导与创业技能、形势与任务等课程。

3.目前课程设置存在的主要问题

①课程体系与工作体系脱节。

②公共课程与专业课程脱节。

③学习内容与工作内容脱节。

（三）应用英语

应用英语是高职英语类的专业中课程设置最为灵活的专业，可以根据区域经济发展的需求和高职院校自身的优势确定专业方向、设置专业课程。就目前高职院校的应用英语专业方向的选择来看主要有空乘方向、酒店方向、物流方向、外事方向、法律方向、服务外包方向等。同时，应用英语专业课程设置的确定应该建立在广泛调研的基础上，切忌盲目行事，以免造成教育资源的浪费和人才培养模式的失误。

1.公共课

思想道德修养与法律基础，毛泽东思想、邓小平理论和"三个代表"重要思想概论，形势与政策教育，军事理论教育，心理健康教育，大学语文，体育和计算机基础知识等。

2.主要基础课程

综合英语、英语听力、英语口语、英语阅读、英语写作、翻译、英语语法、英美概况等。

3 主要专业课

（英语教育方向）教育学、心理学、英语教学法、英语课件制作和英语教学技能实训等；

（涉外事务管理方向）公共关系与礼仪、秘书英语、商务英语、秘书实务、英语口译、会展实务、会英语、办公自动化、酒店管理实务、酒店英语、秘书实务实训、会展实务实训、酒店管理务实训等。

第二章 以职业能力培养为目标的高职教育

第一节 职业能力体系概念

我国高职教育正在不断地壮大为国家培养了大批的服务于生产第一线的技能人才。目前，由于企业对技能型人才的素质要求不断提高，需要大量的具有实践能力和专业能力的技能型人才，从而对高职院校的人才培养提出了更高的要求。因此，高职院校应该关注社会的实际需求，以高职学生职业技能培养为根本出发点，构建出了高职学生职业技能人才培养体系。最近一段时间，高职学生职业能力的研究已经得到了国内外学者的广泛关注，并且取得了较好的成果。

一、职业能力的相关概念界定

（一）能力

能力一词是概括性的术语，从语义上进行分析有很强的拓展性，对于能力的研究始于心理学，随后在管理学、社会学等各个学科领域对能力进行了相继的研究，故能力的概念能从多个学科角度进行分析。心理学关于能力的定义是人在特定环境中所表现的不同行为；教育学中对能力的理解是在能够用知识、技能与理能力完成与一系列作业相关的活动。根据我国对能力本位教育的总结，能力被定义为由知识、技能以及根据标准有效地从事某项工作职业的能力，即可视为完成一项工作任务可以观察到的、可度量的活动或行为。英国教育家认为，能力不仅要有在职业活动中的知识、态度与技能，还要有在具体情境中能自由发挥的理解力和判断力。

通过上述对能力的定义可以看出，能力与职业活动密切相关，且能力的内涵也在不断丰富。本书对能力的定义是从整合的角度出发，认为能力是人在工作环境中所表现的知识、技能与态度的整合。

（二）职业能力

职业能力是由职业和能力这两个词汇组成，职业能力是指在完成一系列职业活动时应有的本领，是在进行职业活动时知识、态度和个性心理特征的整合。职业能力分为性质定义、条件定义、结构定义和过程定义。性质定义，认为职业能力是直接影响职业活动效率和使职业活动顺利进行的一种个体心理特征；条件定义，认为职业能力是完成某一任务应有的知识、态度与技能；结构定义，认为职业能力是由完成某一职业活动任务所需的全部能力单元构成，其主要包括思想品质、职业道德、身心素质、知识和技能；过程定义，认为职业能力是相对一般能力而言的特殊能力，也是在特定职业活动中，通过对已有知识、技能的类化迁移，而不断发展和整合形成的一种较为稳定的综合能力，故对于职业能力定义是多角度的。综上所述，高职教育中的职业能力有别于潜在能力，也有别于普通的智力。

（三）职业能力标准

职业能力标准是由职业能力和标准这两个复合词组成的，但目前对于职业能力标准尚没有一个统一的界定，因此需要根据实际的状况来对其进行解释。界定职业能力标准，首先要明确标准是什么。标准概念定义的内容为，"为了在一定的范围内获得最佳秩序，经协商一致制定并由公认机构批准，共同使用的和重复使用的一种规范性文件"。通过对概念的界定可以看出，标准是统 的能被公认的且具备科学性和规范性，通俗来说，标准是一种在某领域里要遵循的准则。根据对标准和职业能力的界定，职业能力标准是对可迁移的综合职业能力进行，且能够被行业领域公认且具备同一执行力的准则，这就意味着职业能力标准是可以拿来被直接使用的，并具备规范性和科学性的特质。

二、高职院校学生职业能力的构成

社会岗位对人才职业能力的要求不断提高，其在聘任员工的过程中主要从职业知识、职业技能以及职业品质这三个方面进行考核，这三个方面也就成为高职学生的主要职业能力。

（一）职业知识

职业知识主要有两个组成部分，分别是基本知识以及专业知识。高职院校大学生应该具备的基础知识有人文知识、自然科学、艺术、英语等，通过基础知识可以提高高职院校大学生的思维能力，扩大他们的知识面，并且提高他们的人文素质，进而能够有利于高职大学生价值观、世界观以及人生观的形成。高职院校大学生学习基础知识的最终目的是能够形成自身的个性，建立完善的人格和培养较强的社会责任感。若高职院校学生在以上方面的提升有利于在进入工作岗位后充分地发挥自身的职业技能。目前，社会经济发展对高职院校大学生的专业知识也有了比较明确的要求。高职院校大学生应该掌握的专业知识有以下几个方面：和本专业相关的专业知识、交叉学科知识以及信息技术知识等。

（二）职业技能

职业技能是高职院校大学生能够适应工作岗位的实际能力；是高职院校学生对所学的职业知识进行消化吸收、交叉融合、拓展创新的能力；是高职院校大学生素质的外在表现。近年来，社会经济发展要求高职院校大学生应该具备以下几个方面的能力：不断学习的能力、知识描述的能力、职业规划的能力、知识运用的能力、职业转换能力以及核心竞争能力。因此，高职院校大学生不仅应该关注上述能力的培养，而且应该加强高职院校大学生实践操作能力的提高。因为高职院校大学生实践操作能力的提高，能够有利于学生的职业能力的提升。高职院可以为大学生提供进行实践操作的平台，故在生产实践的过程中高职院校大学生可以不断提高自身的创新意识和探索精神，进而能够适应社会发展而产生的新工作环境，从而能够使自身的潜能得到充分的发挥，再通过生产实践过程中的相互协作可以有效地提高高职院校大学生的健康人格。因此，高职院校不仅应该提高实训课程的比例，而且应该积极地和企业进行合作，从而能够为高职院校大学生的职业技能培养提供一个完善的平台，将职业技能的培养引入到高职院校的教学体系中。

（三）职业品质

职业品质主要主要包括以下三方面的内容，分别是职业道德、职业行为以及职业价值。职业道德主要体现在：遵纪守法、具备较强的社会责任感、关心社会公益，具有终身学习的理念等。职业品格是职业能力的基础，并且对于高职院校大学生的其他能力有着比较深远的影响。并通过逐步地形成良好的职业品格能够有利于高职院校大学生对社会职业岗位的深刻理解，同时可以依据社会以及社会岗位的利益对自身的职业进行有效的判断，从而能够胜任工作的岗位。高职院校大学生应该意识到职业品质和职业技能是同等重要的，由于职业道德的缺陷将导致许多不良的职业行为，使社会利益遭受巨大的损失。为了能够促进社会经济的可持续发展，要树立良好的职业岗位形象，高职院校大学生应该保持良好的职业品质，遵守法律法规，保持职业的责任感，从而能够不断地提高自身的综合素质。

综上所述，职业能力属于一个非常复杂的系统工程。高职院校应该对当前的实际情况有充分了解，并且不断地转变教育观念，设置合理的专业体系和课程体系，这能够使学生职业能力培养与职业教育紧密地结合起来，从而有利于高职院校学生就业竞争力的提升，并促进高职院校教学质量不断发展。

第二节　职业能力培养教育的内涵

近年来高等职业技术教育在社会需求的直接推动下，正逐步得到发展，同时职业教育功能也得到体现。职业能力是职业教育培养目标的重要内涵，也是职业教育培养目标区别于其他各类教育的本质特点。提升受教育者的职业能力、构建新的教学课程是"以服务为宗旨，以就业为导向"的职业教育的核心任务。对职业能力内涵的理解以及教学课程的构建，直接影响着职业教育培养目标和办学方针的贯彻落实。

一、发达国家职教界对职业能力的认识

随着现代工业和职业教育理论的发展，许多发达国家对职业能力的理解已不再局限在单纯的操作技能、专业能力上，其突破了职业指导对能力理解的框架，不再把与职业相关的能力局限为眼手协调、手指灵活等9种能力。关键能力指专业能力以外的能力，是从事任何职业都应具备的能力。强调劳动者在职业变更后所具有的这方面能力，依然能在新的岗位上起作用，因此又被称为跨职业的能力或可携带的能力。德国理论界对关键能力具体内涵的解释虽有争论，但较趋于一致的看法为，主要指组织和执行任务的能力、交往与合作能力、学习能力、解决问题和判断能力、承受能力、创造性和适应能力、独立性与参与能力、反省能力以及责任感，以及获取和使用信息的能力、学习能力、思维能力等内容。

英国爱德克斯国际教育基金会（Edexcel Foun-dation）的BTEC证书课程，建立了专业能力与通用能力并重的教学目标。通用能力分为7个领域共18个方面，7个领域为自我管理和自我发展、与他人合作共事、交往与联系、安排任务和解决问题、数字运用、科技应用、设计和创新，与其关键能力所包括的内容大同小异。英国其他体系的职业资格标准，也大多使用"通用能力"的称谓。而其他国家职业教育也十分重视上述能力的训练，只不过称谓上有区别。世界各国形形色色地对职业能力的理解可以归纳为三种能力观，即任务本位或行为主义的能力观、整体主义或一般素质导向的能力观、将一般素质与具体情景联系起来的整合能力观。任务本位或行为主义的能力观，是"把能力等同于完成一项项孤立的工作任务的行为"，"适合于对学徒和技术工人进行职业任务技能的培训"。整体主义或一般素质导向的能力观，也是"一般素质是掌握那些特定的、具体的任务技能的基础，也是促进个体能力迁移的基础"，"注重普适性的一般素质"。将一般素质与具体情景联系起来的整合能力观，是"需要将一般素质与应用这种素质的具体情景联系起来，需要将一般能力与个体所处的职位或工作角色联系起来。所谓的能力就是个体在现实的职业工作中所体现出来的才智、知识、技能和态度的整合"。整合能力观在能力分析的操作中，侧重于"从就业环境对工作角色期望的角度"，着力于"职业能力的非技术方面"。这三种能力观在我国职教课程改革实践的不同倾向和学者倡导的不同导向中，都有所反映。就"宽基础、活模块"课程模式而言，因为其开发的理念是多元整合，强调兼收并蓄，因此，其能力观从课程开发的整体上倡导"一般素质与具体情景联系起来的整合能力观"，在"宽基础"职业群专业类板块中更是如此；在"宽基础"的德育文化课板块开发过程中，力推"整体主义或一般素质导向的能力观"；在开发"活模块"时着重体现"任务本位或行为主义的能力观"。

总之，职教界对能力的认识已不再是早期心理学对能力的狭隘解读，而是根据职业教育的特点予以理解和使用。

二、职业能力培养教育的内涵

职业能力是职业教育培养目标的核心内容，对职业能力的理解直接关系到培养目标的落实。而职业能力是人们在职业活动中表现出来的实践能力，即从业者在职业活动中表现出来的能动地改造自然和改造社会的能力。

以职业对从业者从事职业活动必备的能力为依据，故职业能力由专业能力、方法能力、社会能力构成；专业能力指职业活动中运用专业知识、技能的能力，强调应用性、针对性；方法能力指从事职业活动所需要的工作方法、学习方法方面的能力，强调合理性、逻辑性、创新性；社会能力指从业者在从事职业活动时适应社会、融入社会的能力，即所需要的社会行为能力，强调对社会的适应性和积极的人生态度。对职业能力内涵的上述界定，具有浓厚的中国特色。

（一）职业能力的内涵源自实践能力

实践指人类能动地改造自然和社会的全部活动而实践能力是人们在改造自然和改造社会的有意识的活动中体现出来的能力，强调其能动性和实际作用。把职业能力界定为在职业活动中表现出来的实践能力，即人们在职业活动中表现出来的能动的改造自然和改造社会的能力，其突出了职业活动在职业能力内涵中的地位。

（二）职业能力培养教育的内涵，与"以服务为宗旨，以就业为导向"的办学方针一致

在市场经济以及与市场经济相联系的社会分工条件下，从业者的实践活动往往通过职业活动来实现。职业活动是实践活动的主要组成部分，有作为生活主要来源的稳定收入，也是职业活动区别于其他实践活动的主要特点。换言之，职业能力不但关系到为社会做贡献、实现人生价值的落实，更与作为生活主要来源的稳定收入相联系。就业是民生之本，就业指找到一份职业。职业教育"以服务为宗旨，以就业为导向"最本质的要素是"职业教育要为提高劳动者的素质特别是职业能力服务"，要让受教育者具有能得到生活主要来源稳定收入的能力，以便能找到一份工作。

（三）职业能力培养教育的构成，与素质教育的要求对应

职业能力由专业能力、方法能力、社会能力构成，与素质教育的相关要求对应。职业学校应鼓励学生在实践中掌握职业技能，而且要重视培养学生收集处理信息的能力、获取新知识的能力、分析和解决问题的能力、语言文字表达能力以及团结协作和社会活动的能力。前者对应专业能力，后者对应方法能力和社会能力。

（四）职业能力培养教育强调从业者的效率和主观能动性

实践讲究人的"能动"，实践能力强调"有意识的活动"，而能力与效率有关，即能力直接影响活动效率。职业能力培养教育的内涵，不但突出了"能动"，而且在对专业能力、方法能力、社会能力内涵的界定中，明确了应用性、针对性、合理性、逻辑性、创新性、适应性和积极的人生态度，强调了从业者在职业活动中改造自然和改造社会应有的效率和主观能动作用。中国特色职业能力的内涵，不仅在来源上与实践能力密切相关，而且在构成、表述上突出了职业教育的特点。

（五）职业能力是创新能力的基础

创新精神是素质教育的两个重点之一。"产生新想法、解决新问题"的创新能力，绝大多数来自职业实践。在某一方面创新离不开两条：一是该领域的大量实践；二是对实践的思索。即要想在某一职业活动中创新，必须熟悉这种职业活动，掌握有关知识，了解有关信息。创新能力实质上是把职业能力与创新精神以及创新思维、创新方法相结合，并能付之于实践的改造世界的能力，也是职业能力的升华；职业能力既是创新能力形成的基础，也是创新精神付诸实现的载体。

（六）职业能力培养教育强调职业能力能够在实践活动特别是职业活动中提高

能力总是和人完成一定活动相联系，离开了具体活动，既不能表现人的能力也不能发展人的能力。职业能力是人们在职业活动中运用智能、知识、技能，在认识、改造世界的过程中表现出来的，而职业能力是在实践活动特别是职业活动中经过反复训练而获得的。

第三节 当下职业能力的培养教育现状

当下高职院校教学队伍职业教育意识的现状，教育意识是指教育主体在教育实践及教育思维活动中形成的对"教育应然"的理性认识和主观要求。由此，职业教育意识可做如下定义：它是指对职业教育的理性认识、理想追求及其所持的教育思想，是一种观念，也是一个导向，更是一种境界。职业教育意识的构成一般包括：专业特色意识、职业资格意识、职业素养意识、核心能力意识、实习实训意识、双师队伍意识、产学结合意识、体验学习意识、就业指导意识、创业教育意识和市场导向意识等。

一、当下我国高职院校的教育现状

通过对全国各大高职院校教学队伍状况的抽样调查，发现当前存在着一个普遍问题，即职业教育意识欠缺，主要体现在以下两个方面。

（一）职业指导专业知识的缺失

在职业院校中，存在一个较为普遍的现状，就是职业指导教师大多担任过两门或两门以上的课程，可能是政治、德育甚至语文等。而且多数职业指导教师在本科或研究生阶段也没有就读过相关课程，尽管部分老师主动进修了教育学和心理学，但大多只是表面理论和概念性较强的内容，缺乏实践检验以及很强的指导意义。而职业指导是对学生全面、立体的指导与服务，需要老师具备综合性的知识与能力，指心理学、哲学、社会学、法律等方面的知识和能力都是必不可少的。在教学中，职业指导教师也往往存在理论不能结合实际的状况。这对书本上的知识以及教学大纲的要求不能完全解读，授课过程中缺少真实案例的融入，所用的授课资料多数集中在名人事例以及网络热门案例上。因此，短时间的职业指导课程可能适用，但一学期甚至一学年都沿用一种教法是远远不够的，也是对学生缺少信服力的。

（二）教师的实践能力缺失

在职业院校中，因为很多职业指导教师本身的职业经历就是"从校门到校门"，即毕业之后就来到学校任教，根本没有深入企业的机会，而指导的对象往往可能是将来的一线员工、技术人员，所以在教师实践能力上的缺失就更为凸显。

二、构建高职院校大学生职业能力培养体系的重要性

（一）高职学生就业竞争力的提高离不开职业能力培养

高职院校进行人才培养最根本的目标就是能够使大学生的核心竞争力得到提高，从而使高职大学生能够实现顺利就业。因此，职业能力的培养也就成为高职院校人才培养的关键组成部分。目前，高职院校大学生在就业道路上步履维艰，同时社会企业也存在较大的高技能人才的缺口，这种矛盾形成的主要原因在于高职院校大学生的职业能力不强，故不能够较好地满足企业的用人标准。

（二）市场对高职院校大学生的要求和职业能力培养是密切相关的

高职院校通过各种的培养方式使大学生的职业能力得到相应的提高，从而能够使高职大学生适应未来的就业岗位。高职院校大学生在具备了扎实的职业知识以后，关键就是能够使自身的职业技能得到提高，从而能够成为社会所需要的应用型人才，进而可以使高职院校的学生能够更好地适应地区经济发展的实际要求。因此高职院校应该把高职大学生职业能力的培养放在重要的位置，并且根据人才市场发展的实际情况，构建一条有利于学生职业能力提高的发展之路。

（三）高职院校大学生综合素质的提高需要加强职业能力的培养

高职院校大学生的全面发展主要是指大学生的职业知识、职业技能以及职业品质的全面提升。近年来，科学技术正在飞速进步，职业岗位对高职院校大学生的要求也逐渐提高。所以，高职院校应该在学生职业能力的培养上下功夫，故从而能够紧跟时代的发展的步伐。且高职院校应该不断构建完善的职业能力培养体系，从而促进高职学生的全面发展。

三、构建高职院校大学生职业能力培养体系的具体措施

（一）不断加强高职院校教师队伍的建设

目前，高职教育正处于不断发展的阶段，故教师的综合素质对于高职教育人才培养的水平具有非常重要的促进作用。但是高职院校普遍存在教师队伍不完善的缺陷，并且出现了两极分化的现象：一方面是高职院校中大部分教师是刚刚毕业的博士，年龄都比较小，并且占有整个教师队伍的较大比例，同时讲师以下职称的人员比例比较大。另一方面，在高职院校中聘请了许多已经退学的老教师，在职的具有高级职称的教师比重不高。由于对于这些刚刚踏上工作岗位的年轻教师，缺乏对实际生产操作经验，缺乏具有较强实践能力的高水平教师，而使高职院校的学术带头比较匮乏。这种教师队伍的结构无法适应社会经济高速发展的需求。所以，高职院校教师队伍的合理规划是当务之急，高职院校应为年轻教师提供良好的发展平台，通过职业培训、下厂实践等方式不断提高他们的实践能力和专业应用能力，从而能够有利于他们实践教学水平的提高。此外，还可以使青年教师不断积累丰富的实践经验，最终能够建立一支"双师型"教师队伍。同时，高职院校应该加强兼职教师的管理，使兼职教师能够保持可持续发展。高职院校就可以积极地和企业进行沟通，通过在实际生产环境下的操作能够增强青年教师对专业知识的应用能力。在进行实践操作技能学习的同时，年轻教师也可以发挥自身理论水平的优势，为企业的设备改造、技术创新提供帮助。此外，高职院校还应该以行业背景为依托，建立一支囊括技术能手和企业专家的兼职教师队伍。故高职院校应该将专业教师队伍和兼职教师队伍紧密地结合起来，从而建立了完善"双师型"专业教学团队，能够提高理论和实践的教学水平，从而能够为社会培养出职业能力强的人才，并促进高职院校的可持续发展。

（二）不断地完善高职院校的课程教学体系

目前，已经进入了信息化的时代，知识不断更新。因此，社会对高职院校学生的创新能力和实践能力提出了更高的要求。而这些能力的提高需要学生能够拥有较大的时空来自学，从而能够体现以学生为主体的教学原则。为了能够提高高职院校的主体地位，可从以下三个方面来进行课程体系改革，从而能够有利于高职院校职业能力的提高。

首先，高职院校的教师应该善于学习，并且了解高职学生的特点：一方面应该精心地进行课前准备；另一方面还应该针对学生的实际特点来进行课程教学的安排。其次，高职院校教师不应该仅仅传授学生理论知识，还应该传授学生学习的方法和查阅文献的方法。当学生在课前已经掌握了大量的和课程内容相关的资料时，才能满怀信心地进行课堂学习。高职院校教师的素质以及教学方法各不相同，因此教师之间应该相互学习，相互交流，从而能够有效地提高课堂教学的质量。最后，高职院校的教师应该充分尊重学生的个性，针对个性不同的学生，高职院校教师应该选择不同的教学方法。故高职院校教师应该选择一些优秀学生进行重点培养，发挥这些学生在语言表达和创新思维上的优势，提升他们成功的喜悦感，从而使这些学生的自信心、领导能力以及社会责任感得到有效的提升，可以让这些学生参与课程规划，并且可以给他们进行课堂教学的机会，从而能够提高学生参与课程教学的机会。这种课堂教学方式能够提高学生发现问题、分析问题以及处理问题的能力，并能够激发学生的自主学习积极性。

（三）高职院校应该不断地坚持产学研的教学模式

产学研协作的人才培养模式有利于应用型人才和技能型人才的培养，

并且能够不断地提高学生的职业能力，进而能够适应企业发展对人才的实际需求，从而有利于企业综合实力的不断提高。产学研合作式教育模式也被称为合作式教育模式，该教学模式可以将生产、教学以及科研紧密地结合起来。我国进行产学研合作教育的主要目标是提高学生的职业能力。故高职院校可以不断地进行人才培养模式的转变，从而能够有利于经济发展的需求，并且建立完善的产学研合作的教师模式，积极地进行和企业配合，并且通过和企业签单进行生产，同时和企业共同进行技术研发，并建立完善的产学研合作平台。因此，高职院校通过和企业、科研机构的密切合作，可以充分地了解企业对员工的实际需求，根据所掌握的情况不断地调整专业设置和课程体系，从而能够有利于高职院校学生的职业能力，进而能够实现学生的顺利就业。

第四节 职业能力培养的基础

一、有关概念的界定

在现代社会中，教育界所界定的职业能力都是从组成元素上展开的。他们认为职业能力个体具备的综合能力，包括多种构成元素。目前，教育界的争议只是在构成元素的具体判定上，现在比较成熟的理论有以下几点。

（一）职业能力有核心能力、通用能力和特定能力之分

①职业能力是个体适应社会环境的一种核心能力，也是工作岗位对个体的普遍需求，比如，交际能力、分析能力、思考能力、管理能力、创新能力、个人的人生价值的定位以及世界观、人生观，等等。

②职业能力的培养具有一定的定向性。简单来说，个体的职业能力与其工作内容和工作领域有着很大的关系，它是个体在职业领域类所必备的普通职业能力。

③职业能力的最终表现为特定职业能力。即在具体的就业岗位中或者业务范围中，个体表现出来的各项技能或者能力就是本书中所说的职业能力，它的直接表现具有特定性。

（二）职业能力是一种个体的综合素质

是在相应业务范围内知识、技能、思维的一种综合表现，具体地分为适

应能力、管理能力、创造能力等。因此对于职业能力的培养，要针对社会发展的具体需求来展开，不能盲目地进行。高新技术的发展必然要有高级技术人才来对应，这就要求个体在从事这些业务中要具备较高素质的职业能力。

（三）职业能力有着基本、专业与核心之分

职业能力是个体能力的一种素质的综合。因此，在职业能力的具体能力分类中又有基本能力、专业能力、核心能力的区别。

①基本能力是个体在社会活动或者岗位业务中必须具备的一种较为普遍的能力，这种能力具有较强的可迁移性，能够适应不同的工作或者环境。在现代社会中，个体基本上都具备这种普遍的职业能力。

②与基本能力相比，专业能力则是具有明确的针对性，其主要是针对具体的岗位或者业务表现出来的能力，这也是个体在从事岗位技术性操作中所必备的能力。其主要包括岗位或者业务相关的专业知识、生产加工的工艺流程、产品设备的维护检修以及新技术的创造应用，等等。

③关键能力实质就是一种职业能力的升华，其具有较强的通用性，能够适应不同的行业。在现代社会中，这种超范围的关键能力正是比较急缺的一种职业能力。

（四）职业能力又具有一般性和特殊性之分

职业能力的形成是一种长期的结果，也是个体在生活、学习、生活中逐渐形成的，是推动职业活动有效进行的个体知识技能和心理素质的一种综合能力，也是个体在社会中生存所必须具备的一种能力。职业能力在实际的表现中又有一般性和特殊性之分，也就是我们普遍认为的一般职业能力和特殊职业能力。一般职业能力具有普遍性，在职业活动中，所有从事活动的个体基本上都具有的能力，也就是这里所说的一般能力。一般职业能力就是职业活动中必备的知识技能和心理素质，这也是给职业活动顺利完成的基础保障；而特殊职业能力则是在具体的职业活动中表现出来的能力，比如个体的学习能力、思考能力、分析处理能力等。

（五）职业能力是社会对个体的直接要求

职业能力是具体岗位对个体素质的直接要求，也是在具体岗位活动顺利完成过程中个体必须具备的能力。简单来说，就是在特定工种中，对产品生产加工工艺、专业知识技能、实践操作技能的特定要求。

所谓的英语教学就是指对个体进行的英语专业方面的技能培训，以求培养个体的英语知识水平和英语口语表达能力。英语的教学同样也是系统而又全面的，它包括：英语单词、英语语法、英语国家文化历史背景以及英语国家口语表达习惯等内容。因此，对于英语的学习是一个长期积累的结果。随着全球一体化趋势的加快，英语能力成了当代社会发展中一种较为普遍的职业能力。

在职业能力的机构分类中，应该将职业能力分为基本能力、关键能力、专业能力等几大类。具体来说，基本职业能力包括个人的表达交际能力、思考能力及判断能力；而专业职业能力则是包括特定职业范围内的基本的知识理论、技能操作、个人的职业观念等内容；关键能力则是包括个体在社会环境中培养出来的学习能力。从程度上划分，基本能力是个体在职业发展中的基本素质；专业能力是基本素质的一种升华，而关键素质则是基本能力的一种最高层次的发展。

在我国的高职教育中，英语教学大致分为两大模块：英语应用技能和英语职业能力。在现代社会的人才选取中，基本上用人单位都是先考察应聘者的英语应用技能，再考察他的英语职业能力。从这里我们能够看出，在目前的人才任用机制上，英语应用技能的学习还是直观重要的，以良好的英语应用技能为前提，去针对专业具体的培训练习，推动英语职业能力的提升。

从职业能力的内容上说，职业能力包括职业的知识技能、个人的交流与表达能力、个人的管理思考能力、判断能力、处理能力，等等，而这些具体的能力从性质上又可分为以下四大类。

1. 职业素质能力

在高职院校的英语教学中，对于英语专业的学生来说，职业素质教学同样不可或缺，以此提供良好的个人道德素质教育，引导学生树立良好的品质和正确的职业观念。

2. 语言应用能力

应用是知识学习的最终目的，也是高职教育质量的评价要素之一。故在英语人才的培养中，主要是培养学生丰富的英语知识和熟练的英语表达能力和技巧，最终保证学生能够独立地进行英语文件的阅读和编写。

3.专业技术能力

在高职公共英语教学的过程中，首先要求学生掌握英语专业的基础知识，然后应对职业进行职业英语能力的培养，最后则是通过具体的岗位工作的实践来进一步提高学生在岗位或者业务处理中的职业能力。

4.开拓创新能力

高职公共英语教育是在保证学生掌握普遍的英语职业知识的前提下，还要进一步锻炼学生在职业问题中的创新能力，并将这种能力很好地应用到实际工作岗位之中，以便更好地解决实际工作中遇到的问题。

二、高职英语教学与职业能力的内在关系

（一）英语语言能力是职业能力的重要内容

从教育内容上看，知识教育和职业教育的最大区别就是教育的宗旨。职业教育目的是在于培养社会应用型技术人才，而知识教育则是在于培养知识研究性的人才。我国的职业教育所规定的教学任务是通过教育引导学生培养相应的职业能力，这不仅是高职教育的标准，也是我国高职教育的理念，同样还是我国高职教育的基本方向。

高职教育要对教学内容进行调整，进一步强化学生综合素质的培训，保证知识教育与岗位需求的统一，通过不断地锻炼提高学生实际的上岗操作技能。并通过这些要求和标准来重新构建高职教育体系，从而实现我国高职教育的成功改革。与此同时，充分注重学生的自主权，通过教学引导的方式引导学生自主学习、独立学习，并提供更多地机会，让学生走进社会，去社会中磨炼学生的知识技能和实践技能。目前，在我国的高职教育中，虽然英语教学的地位并不是十分凸显，但是这并不是说明英语教学在职业教育中可有可无。在未来的职业教育发展中，一定要明确英语在职业教育和职业能力考核中的价值，并通过针对性的教学，提高学生就业的实力和竞争力，从而推动学生在职业环境中的更好发展。

（二）高职英语教学的职业性特点

高职教育的性质就决定了高职教育要培养针对实际岗位发展要求的应用型人才。而英语教学作为高职教育中必备的教学内容，在英语教学中不仅仅要培养学生的英语知识，更要强化学生实际的英语表达能力和表达技巧，从而满足实际的岗位生产、发展需求。所以在未来的高职教育英语教学事务

中，要将岗位作为教育导向，将社会需求作为教育导向，更好地培养学生实际的英语能力。

在我国的传统教学模式中，高职公共英语教育采用知识为主、以练习为辅的教学方式，英语教学的重点就是具体的词汇和语法，由于这种教学模式并不能与未来的岗位需求形成统一，很多学生实际的英语能力并不能很好地满足社会的实际需求，这就导致了很多高职院校毕业生"毕业即失业"的状况。高职教育是针对社会需求展开，故如果毕业生的英语能力不能满足社会的实际需求，那么高职教育的价值就会变得荡然无存。而高职教育的改革发展，在英语教学模块的改革中首先就是要将学生的英语技能的锻炼放在重要的位置，并保证学生在毕业之际能够具备一定英语知识和熟练的英语表达能力，从而满足社会对从业者的实际英语技能的需求。高职教育的目的就是实现学生就业，它是以培养学生的专业技能为根本途径来实现的，因此学生将来的职场生存技能就是在学校中逐渐积累而来的。高职教育中公共英语教育是比较重要的方面，应提高学生的英语应用能力，创新教学模式和思维方式，以培养学生的社交能力。当学生的英语应用能力提高了，老师会继续教给他们一些职场基本技能，让他们学会与人交流、与人协作，并提高他们的综合职业素质和能力，也就是提高协作、社交和创新能力，更好地适应不断变化的职场生活。

第三章 基于职业能力培养视角的
高职英语教学模式的改革

第一节 高职英语教学目标的重立

一、进行教育目标重立的重要性

高职教育是一种学历教育与职业素质养成的科学统一与有机结合的教育。而高职教育不仅强调对基础知识理论学习，更强调对通向未来职业的相关专业技能的训练。教育部在《高职高专教育英语课程教学基本要求》中强调：高职英语教学要以"应用为目的，以够用为度，以适用为主"培养学生的应用能力。因此，高职英语的教学不仅要使学生具备接受未来延伸教育的基础能力，还要将与具体行业主要岗位工作相关的英语内容组织到英语教学中，强化学生职业能力的训练，并培养学生实际应用语言的技能。

目前，我国高职院校的课程目标已经较为完善，课程设置和课程结构也已日趋成熟合理。但是高职学院的英语课程到底应如何具体安排，教学水平具体要达到什么要求，大部分高职院校还是缺乏科学性、相应的指导性和具体的措施。关于高职英语的课程目标《要求》中指出：高职院校的英语教学目标是"经过 180—220 学时的教学，使学生掌握一定的英语基础知识和技能，且具有一定的听、说、读、写、译的能力，并为今后进一步提高英语的交际能力打下基础"。所以，高职院校的英语教学目标也应根据这一要求，作出相应的调整。

传统的高职英语教学主要是学科知识本位，而未来要进行教学目标的确立，即确立职业能力本位。该理论强调在实践中对职业需求的实际操作能力、专业能力、方法能力、社会能力等，综合来说，是职业技能的系统学习和提高。在学习过程中，主张受教育者发挥其主观能动性，并随时进行教学评估，这不仅仅局限于对专业方面的学习，还有对职业相关的内容的学习，教学形式多样化，具有高度的灵活性。在能力本位思潮盛行后期，又提出了"关键能力"，该教学思想对中国的高等职业教育的发展产生了长远的影响。

能力本位理论的本质关注点是能力水平，但并不与社会学里的能力观完全相同，同时也不与心理学的能力概念有所区别。综合考虑，把其作为一项个体的素质表现，结合工作环境、相关因素、综合分析。而后者影响比前者广泛，主要是由于高职学生的主要任务就是关乎于将来的就业问题，后者的分析恰恰吻合了这一点，培养专业知识技能，就是提高个人的综合能力，能够更好地步入职业岗位。简单来说，高职教育的宗旨就是将专业和职业相结合。

该理论更为确切的说法是职场生存技能。这其中始终进行着公共英语教育，注重实际应用能力的提高，方法构思、开拓思维、集体协作和社交能力的培养都是其发展的重要组成部分。换句话说，受教育者在英语应用技能到提升时，教师们也会对其职场技能进行培训，教导其学习协作精神，开拓思维新，从多方面多层次进行教学，让受教育者的综合职业技能得到实实在在的提高，即指社交（communication）、协作（cooperation）、创新（creativity）这 3C 技能。

（一）运用英语进行社交（communication）的专业技能

运用英语进行社交的专业技能就是有能力自主地、结合专业知识、有逻辑性地开展职业工作，然后对其该工作过程做出合理的评估，从整合的或者发散的角度分别对问题进行思索，要全面地考量该职业任务，该种思维和技术能力就是所谓的专业技能。针对公共英语进行有效的学习，达到轻松灵活地运用英语进行交流沟通的水平，并引申到专业职位上去，能够具体明白地表述自己所要表达的内容和相关情感，参加相关业务社交活动，实现运用英语开展社交的目的。当在学习英语时，不仅要学习其基本的听说读写练习，还要了解外国的相关文化、习俗等。只有全方面地了解一种语言的文化，才能运用英语进行深层次的交流沟通。

（二）集体协作（cooperation）为出发点的社交技能

自然人作为整个社会群体中的一员，应该具备适应社会变化的能力，也就是正确处理和包含社会中的各种复杂关系，能够随时随地地开展相应的社交，并同时担负应有的相关责任义务等。西方国家注重分工将职场的各项任务更加社会化，职员不仅要能和本公司的员工们和谐相处、团结合作、无障碍交流，并且能与其他企业的人员开展业务时也能有效地交际，尤其特立独行的年轻的员工，团队合作意识的培养更是值得注重。

高等职业教育机构的公共英语课程要结合专业职业需求，培养学生的集体协作精神，能够运用谈判、协商的手段处理极端问题。同时，社会能力包含社交活动过程中的准确表述信息和情感互动的能力、自身素质修养方面、协调能力和管理能力、符合社会道德观的职业道德感和责任义务。故教师要以身作则，教导学生正确地为人处世。要能够可以开展多领域的社交活动，以积极的人生价值观对待身边的人和事，有良好的职业精神与团体成员进行协作、情感交流。公共英语课程和专业英语课程的学习目的是开阔学生视野，培养独特的兴趣、构建自我学习能力、培养职业精神、提高社会技能。

（三）发散思维进行创新（creativity）的技能

掌握处理岗位中的业务、决策管理、制定方案等方面的技巧策略，这是学生在离校前应该培养自主学习和独立思考、培养独具特色的思维方式展现自我能力的最终目标，再将所学的专业理论与职业岗位紧密结合，并灵活运用。这些技巧策略可以指导同学高效地培养英语交际能力，在认知和感知角度掌握学习策略技巧，高效地进行英语学习，可以为以后的自身长远发展奠定好基础，不断提升自我综合素质和能力。

根据职业能力本位理论，高等职业教育的英语教学和评估机制急需注入新的血液，更新传统观念，以职业需求为导向，将基础语言知识转化为语言交流技能，将传统的文本式学习变成技巧式提升，注重高等职业教育英语能力的提高，并在实践中灵活运用，突出教育特色。

二、高职英语教学目标重立的内容

（一）设置正确的课程目标

课程目标是确定教学目标、课程内容以及教学方法的基础，它也是整个课程编制中最关键的原则。因此，只有制定了明确的课程目标，才能使教学过程有条不紊地顺利进行。在设置课程目标时，学校首先应结合以往的课程目标以及其他先进国家的课程目标，再结合学校以及专业情况和特点，制定出一个针对性的总目标。由于高职院校培养的是技能人才，因此高职院校的英语课程总目标也应围绕着提升学生英语交际运用能力这一内容来展开。其次，根据总目标，以及各专业再根据学生英语学习水平和专业水平制定出具体详细的分目标。最后，需要的就是目标的细化。而这就需要教师将分目标细化到每个单元、每个章节，同时还要灵活设计相关的课堂活动，逐步实现分目标。

（二）合理实施和落实课程目标

有了明确的课程目标以后，学校以及英语老师需要合理地实施和落实每个课程目标。首先，在落实课程目标中，学校和老师一定要立足于高职院校的实际情况，不仅要帮助学生夯实英语基础知识，同时还要将重点放在学生的专业英语学习上，加强学生的专业知识学习。其次，在课堂活动中，教师还应精心设计教学活动来调动学生的英语学习热情。同时，学校还可以通过一些奖励措施来激励和提高教师的教学积极性和主观能动性。最后，任课教师在目标实施中，要紧跟时代步伐，与时俱进，随时调整和创新教学方法，不断完善课程目标。

（三）及时反馈目标成果

目标成果的反馈可以及时帮助高职院校调整和检测课程目标是否科学合理。目标评价可以通过多种形式，如教师自我评价、学生评价以及教务处反馈等进行综合评定。且最终的评定结果应及时反馈给教师，使其对前一阶段的教学活动有清晰的认识，扬长避短，为下一阶段的教学活动顺利实施提供宝贵经验以及方向并帮助教师制定切实可行的具体目标，更能使本专业以及学校的英语课程目标得到逐渐地修复和完善。职业技术教育是以培养生产、建设、管理、服务第一线需要的高等技术应用型人才为主，但与普通高等教育相比，其培养目标有较大的差别。这就要求高职英语教学体系的建立要与市场的需求紧密结合，以市场为导向，在学生初步完成基本素质积累的基础上，使学生具备进入职业岗位要求的职业能力。因此，我们的课程要紧紧抓住应用为主旨的课程目标体系，以不同的要求来分析各个岗位对英语课程的市场需求，准确合理地定位教学目标。

目前，我国各高职院校在专业课程的设置和要求上已逐步规范、合理，已形成了较为完善的高职专业课程目标，并结合行业特征，就形成了一系列的岗前制度。但高职学院的英语教学要达到什么水平，课程怎样安排，实践中大部分高职院校还是各行其是，有的甚至还在照搬大学专科或干脆沿用中专的教学计划和目标，故缺乏指导性、科学性和针对性。

1.把握"应用为主，够用为度"的原则

课程目标的制定对发动和改善个体的学习动机有着重要的作用。因此，设立合理的教学目标并让学生明白他们要做什么即有明确的目标，并让学生理解它的含义和价值具有重要的意义。在高职英语教学中，使学生掌握"够用"的英语基础知识、高职英语教学的基本要求和基本任务。但高职高专基础理论教学并不是越学越好，越多越好，而是要突破以往的系统性、完整性，按照"应用"和"够用"为教学目标，二者的结合应恰到好处。学生必须掌握一定的英语基础知识，这样才能进一步发展其应用能力，把握基础知识传授的"度"，处理好基础与应用之间的关系，合理分配教学时间。

2.坚持能力本位教育的课程核心

根据能力本位教育的课程理论，由于能力本位教育的核心是要让学生具备从事某一职业所必需的实际能力。因此，以能力本位作为核心思想的高职英语教学目标的确定过程应结合学生的通用能力和职业能力进行描述。2000年，高教司制定的课程基本要求只是对广大的高职院校作出了一个笼统的要求，并就各校各专业的英语教学目标作出具体而详细的要求，故各校和各个未来岗位对英语教学的要求是不一致的。在高职英语教学中，以能力为本位，就是以形成职业能力为课程的核心任务，把握能力要求的"度"，对学生不宜有太高的要求，要打破学科本位和知识本位的传统思想，侧重学生的"实用能力"。根据不同专业对英语能力的不同要求，各校可以在课前对用人单位对英语应用能力的要求做一份问卷调查，如阅读、翻译和听说作为基本的能力要求，配以本专业的词汇，同时借鉴基础教育的经验，在课程目标中，设置以职业素质的培养，特别是职业素养为重点的课程目标，无疑这种把教学目标和表现性目标结合的新型高职英语教学是对传统的高职英语教学的一种颠覆和创新，还需要一个深入探索的过程。

3. 高等职业技术学院可结合职业技能证书考试，注重学生的能力考核

由于近几年来高职教育的快速发展，英语教学形式变化很大，故在建设前期设置的大学英语三级考试已经不能适应目前高等职业英语教育的要求，而大学英语等级考试重知识、轻能力，有悖于语言教学的宗旨，也不适合英语基础较差高职学生。因此，注重学生的英语应用能力的培养，鼓励学生结合自身特点参加多种不同系统的英语等级考试，并不断为此创造条件，实行灵活的考试制度，如推荐大部分学生参加高等学校英语应用能力考试（A级或B级），有条件的学生可参加大学英语四级考试。对于开设有涉外类专业的学生，也可推荐学生参加剑桥商务英语证书考试博思考试（BULATS）（一种与职业工作相关的、实用可行的外语考试，它提供一系列与环境相关外语能力的标准面试，涵盖了听力、阅读、词汇、语法、写作和口语等方面的技能，这一点与培养社会需求的高等技术应用型人才目标相一致），为配合上述英语能力考试，教师在课堂教学中注重培养学生英语应用能力，围绕听说读写译等技能，尽量多地把课堂时间交给学生，让他们不断练习，在练习中获得语言交际的能力，使学生不仅能够考出一张过硬的证书，而且真正拥有一定的英语交际能力，并在走上工作岗位后能发挥作用。

第二节 高职英语教学模式的重构

高职英语的教学模式中主要是对学生们的专门的就业工作能力进行提升，通过不同模块分类的方式来开展日常的教学工作。同所有的大学课堂一样，高职院校的课程安排也是按照大集体式的课堂授课方式，并在学期末之时用考试的方式来检测学生的学习效果。可是受到高职院校学生生源的限制，当前大多数的高职院校学生的英语水平和学习情况普遍低下。同时，高职英语课程采取的大班制授课方式的局限性，使得那些英语水平较差的学生更加跟不上教师的教学步伐，慢慢脱离了英语的学习队伍；而对于那些有一定英语学习基础的学生来说，这种形式下的教师的英语教学并没有任何的新颖之处，也就慢慢失去了英语学习的热情。通过对这些常见的高职学生英语学习存在问题的深入分析，发现传统高职英语教学模式改革的必要性和迫切性。

一、根据不同类型进行分类授课

首先，对英语的教学工作按照不同类型来分类授课，从而达到了为高职学生之后的就业能力提升的目的，也就是将日常的英语课程按照基础学习内容、重点学习内容以及提高学习内容等这些方面来分类。

（一）实施模块化教学，培养高职学生的专项能力

为了把高职英语教学和职业相关的内容有效地融合在一起，笔者认为通过把高职英语按照其内容和情境分为若干个模块比较适宜，每个模块对应学生的不同专业背景、实际岗位需求设计相应的职业任务和项目。学生通过这种模拟化的职业情境中的英语训练，无形中提升了知识的运用能力和问题的解决能力。

1. 有关职场入门和职业礼仪方面

听说部分需要：①学生向他人介绍自己；②学生之间彼此认识；③在不同的生活场景中，实际情况下，大家互相介绍认识，比如，商业活动、旅游服务等。

作文部分需要：①个人信息的书写；②为自己心仪职位书写求助信。

阅读部分需要：能够掌握一定的文化常识、知道多种国家的礼仪文化、喜好以及忌讳。

翻译部分需要：对不同的名片信息能够辨认。

针对各个不同部分的英语学习内容，使得学生能够结合自身的学习特点有所侧重，可以最大限度地掌握英语学习内容，学以致用，将所学的理论知识投入到实际的生活之中去，实现英语教学工作的最终目的。能令学生能够体会到学习的真正意义，打破传统的读书的局面，强调学生对于学习的灵活掌握这些不同的英语学习模块，将英语的学习内容进行有效的分类，使得学生的英语学习能够有侧重点，并增强学生英语学习的效率，全面增强他们的就业能力。

2. 分层教学

在模块化教学当中，分层教学是非常有效的教学方式，也可以让优秀学生组成团体相互学习，共同促进。让一般的学生也组成团体，由老师进行专门的指导、重点培养和关注、加强教学力度，用独特的方法引导他们能力的提升，使得重点课程模块、能力拓展模块和其他课程模块组合成为一体。

模块有助于学生提高职业的实际操作能力，譬如，重点课程模块里面的英语口语和中英文翻译的课程学习，运用"学生自我学习""课堂表演""外国的原版电影"等能够快速地提高学生英语学习能力，有助于学生进入社会。

（二）借鉴国外教学模式

1. 借鉴国外教学模式的重要性

调研发现我国职业学院外语教学的特点是缺乏明晰的课程目标，课堂教学主观性和随意性较大，英语教学过程基本沿袭单词—语法—课文—练习，过度重视语言知识体系，学生听说能力没有得到充分训练，教学手段以传统教学媒体为主，很多学校缺乏教学所必需的硬件设施。但最严重的问题是与职业及专业不相融合，无法对学生的未来职业发展提供帮助。这些问题的凸显，充分说明了我国高职英语教学改革的必要性。

CBE 教学理念及主题和课程模式对我国职业院校英语教学的教材的编排、课程的安排、师资的配备都给予了一定的启发。VESL 的各种教学模式突出了语言课程目标的职业性和专业性、实践性和实用性，这些都具有一定的借鉴意义。但由于国情文化、语言习境、区域特点、教学设备等方面的明显差异，所以应根据区域经济发展的状况。各个学院开设专业的需求，选择合适的人才培养模式，也可融合交替采用，但不能完全套用英语教学模式的借鉴需要教育者不断探索职业院校英语教学理念的创新，教学模式应采取必须适合学生的未来职业需求当前语言水平、心理特征，还应注意教学模式的可行性和可操作性。

不同的高职学生在英语学习中的学习情况和专业要求不同，有的岗位注重交流，而有的岗位注重写作和翻译能力。因此，为了适应学生的其他岗位实践的需求而设立了"英语听力""英语写作"等课程模块，针对学生部分知识要点的弱点问题以及他们自身对于未来工作能力的需求趋向，开展了英语听力以及文章写作这些部分的授课。这种不同类型的模块化教学方式是一种新式的英语教学方式，对于培养高综合素质的未来就业人才有巨大影响。

2.VESL 课程特点

VESL 也称为 Workforce ESL，指英语国家职业学校和职业培训机构为解决来自非英语国家移民就业的语言问题，而开发把英语作为第二语言的培训课程。

VESL 课程具有以下特点：①实地工作场景和岗位基本需求是制定课程目标的根本依据，实用性及实践性极强。②开发职业技能是课程目标内容的核心，以"能运用英语工作"为标准，目的明确。③课程目标层次定位清晰，分为初级、中级和高级以满足不同水平学员的需要。④文化融合教育及社区教育是课程目标的特色，注意跨文化交流意识培养，旨在全面提高学员的文化水平。⑤课程目标的制定是由学校、行业协会或与用人单位共同协商完成，且教育管理部门无权制定。

在一定教学理念指导下建立的较固定的教学活动结构框架和活动程序称为教学模式，即是特定的系统性教学理论应用化、程序化和操作化的体现。

（1）第二语言模式

该模式是完全针对就业和岗位环境的语言培训，即培养满足工作现场所需的交流技能，强调一般语言能力的培养：如应答咨询、处理投诉、处理公函等，是针对某一具体领域所需的目的性较强的课程。

（2）岗位体验模式

该模式把 VESL 的课堂教学与实践工作体验穿插进行，偶尔会强化职业技能训练。在理论学习与岗位实践交替进行中，学生能获得适应工作岗位的丰富经验，较好地适应就业形势，虽然学员所在的体验工作单位的老板也能在雇用其之前了解其工作能力和文化水平，但这种模式设置的学习时间较长。

（3）职业模式

该模式为模拟职业情境的课程，根据学生所选择的未来职业方向，模拟创建真实的职业情境，例如，汽车维修、医疗护理、宠物养护等，在给学员提供具体职业技能训练的同时提供相关的语言培训及跨文化交流意识培训。

（4）现场模式

该课程将教学设计于某一具体工作地点或岗位，定位精确、目标清晰，如酒店前台、导购、服务生等，强调培训具体工作领域相关的语言及技能培训。其课程由社区学院或工会提供，培训过程中渗透一定的岗位职能、技巧及社区文化等。

二、构建以职业素质导向为核心的高职英语课程框架

理念是教学的指导思想，而课程框架是基于理念下设计的教学模型。并且构建以职业能力为导向的高职英语课程框架，必须明确课程教学目标，合理安排课程教学内容及时间。

（一）以职业素质导向为核心的高职英语课程目标

以职业素质导向为核心的高职英语课程目标设定，为强化培养学生在职场环境下运用英语的听、说、读、写、译的各项基本能力；渗透跨文化交际意识与技巧；培养学生的各项社会能力及自主学习能力，并全面提升学生的各种职业素养，为学生的就业竞争力及未来的可持续发展打下坚实的基础。

（二）职业素质导向为核心的高职英语课程结构

基于现阶段较多采用的"工学结合 2＋1"高职人才培养模式，是以职业素质导向为核心的高职英语课程结构设定为"基础英语＋专业英语"。分两学年四学期完成，周学时 4 学时，共计 172 学时，听力教学时间需占教学时间的 20%。除此之外，会分别在第一、二学年的课余时间开设语音、语法、听力、英语应用文写作、英语国家概况等兴趣班。

三、拓展以职业岗位为导向的教学组织形式

（一）实施合作教学，大班授课与小组合作训练学习相结合

课堂教学是高职英语教学的主阵地。"三位一体"的教学过程中，英语教师应该使用以听说训练为主的交际教学法，是以同学们自主学习为主的探究教学法和创设各种工作情境为主的任务型教学实行大班授课与小组合作训练学习相结合。

大班讲授英语语言基础知识坚持实用为主、够用为度的原则，教师主要讲解语言难点、与学习材料相关的文化背景知识、行业背景知识、英语学习方法并解答学生提出的问题。而学生的综合语用技能与英语职业岗位能力的培养则以小组合作训练学习为主。合作学习（Cooperative Learning）就是根据学生的不同层次将他们混编成若干小组，每组 2—6 人，以合作和互助的方式完成学习任务的教学组织形式。在合作学习中，学生的主体性得到充分发挥，且学习主动积极性得到提高，自主学习，主动参与到教学实践活动当中。

在高职英语教学中，小组合作活动可以实行以下方式：日常生活问答合作式、行业英语资料检索合作式、职场环境情景描述合作式、小组讨论合作式等。在每个小组完成任务后，由各组代表进行陈述或全组展示。教师学生一起对各组任务完成情况及语言学习情况进行评价。小组合作训练能很好

地激发学生的英语学习兴趣，同时培养学生的合作精神、交往能力、创新能力、竞争意识、平等意识、自主能力，在分担与共享中获得个性张扬，以提高英语语言技能和职业岗位能力，优化大班授课教学效果。

另外，在时间和条件允许下，还可以组织老师为同学开设各类英语兴趣培训班，包括语法、口语、写作、翻译、国外文化介绍、风土人情等，大家可以根据自身需要和兴趣来择班而学，取长补短。

（二）结合专业特点，布置课外自主学习任务

英语自主学习是课堂教学的必要补充，也是对课堂教学的延伸与拓展。高职英语作为基础文化课程，自然也承担着培养学生自主学习的任务，另一方面，自主学习本身是英语语言学习的主要途径之一。因此，在学生入学时就让他们明确自主学习的重要性，并指导他们制订个性化自主学习计划、学习内容和学习任务。教师在教学中要正确引导学生选择相应的自主学习方法，以巩固和强化课堂所学知识和能力。网络化使英语学习极具开放性，各类英语学习网站和英语学习应用层出不穷，故教师可以向学生推荐谷歌、百度、金山、有道等在线英语词典，以及相关英语学习应用，指导学生根据自己的语言基础和爱好选择合适的学习材料，进行听、说、读、写、译的专项自主学习训练。

教师还可以尽量多给学生设计一些开放性的课题作为课后任务，来代替只需简单地回答"YES" or "NO"或只有固定答案的这类封闭式作业。比如，对汽车运用技术专业学生，可以让大家搜索各汽车品牌的英文名称、标识，并对相应品牌车的发展做一个简要归纳，并鼓励大家上台用英语给同学们展示自己的研究成果，又或者零配件的相应英语名称搜索，等等。通过各种合理的开放性课题给他们更多空间去自主学习，鼓励他们走出书本，积极去思考如何将课题与自己的职业规划相结合，积极去探寻自己感兴趣的点，以此培养学生的职业岗位能力，同时能激起他们对英语的学习热情、培养学生的独立思考能力、信息搜集能力和创新能力。

（三）聘请行业专家，定期开设英语学习讲座

高职英语教学应定期邀请各行业专家、企业高管、工程师等来校进行各类英语学习专题讲座，讲座的内容主要涉及各个行业的前沿信息、各职业的发展方向及当前的人才需求、异域的人文风情、社会礼仪，并为学生们带

来实际工作中他们所遇到的案例，给大家分享他们发现问题、分析问题、解决问题的过程。让同学们能有机会体会到理论与实践是如何真正地相结合，从而为自己在学校的学习设立一个清晰的目标做铺垫。如创办英语社团，拓展学生口语交流机会，建立严格的出席制和评分制。参加英语社团的目的是让大家在一种较为轻松的环境就能学习到自己平时不知道的或者被忽略的一些知识，充分培养自己的表达能力和胆量。要求社团每周安排活动，活动的内容可以是每次设定一个固定主题或者大家自主，要求会员们轮流上台演讲，与大家分享自己的信息。并请老师作为评委对演讲的同学进行打分，并指出其中的优缺点，对优胜者可以给予适当的奖励。

第三节 高职英语教学方法的变革

高等职业教育改革中明确了为用人单位培养和输送能够适应岗位和职业实践需要的职业技能型人才是高职英语教学的本质要求和最终目标。然而，当前高职院校的公共英语教学中，不仅选用的教材与专业无关，而且教学内容也缺乏专业背景，这就造成了高职英语与实践间的严重脱节。

教学内容的职业性并不强。依据高等职业培育的提升学生的综合事业技能的教学指导思想，高职英语教学的开展应该以促进学生的职业能力提升为主要目标，并更新以前惯用的普通英语教学辅导资料。比如，学习物流管理专业的学生，只是依靠普通英语教材并不能满足其对专业的需求；市场营销学的同学也不能只阅读该专业的相关书籍；机械工程和电子技术专业的同学同样对涉及该专业的国际书籍望尘莫及，这样的结果最终让学生产生了英语无用论的心理。

一、课堂教学的职业化

学生在学校中的学习以他们的课堂学习为关键的部分，所以对学生来说，能够将他们的课堂学习效率提高是提升他们学习成绩的有效方式。通过根据学生们的基本学习状况为基点来采取分类别的授课方式，将学生的学习主体地位突显出来，辅之以教师们的方法建议，并赋予整体的课堂教学环境以生机力。这就要求教师们有较高的内容掌握能力，有针对性地培养学生的就业能力，以提升他们的整体素质。

（一）利用对话式的教学方式提升学生沟通交流能力

在英语教学的实际中，对话教学方式是教师经常会用到的一种增强学生英语口语表达能力，可以拉近教师与学生之间的距离，创造良好的师生关系。同时，在最大限度上辅助学生掌握好英语学习的关键内容，养成他们相互交流的意识，促进他们的沟通进程。

通过将普通生活中利用到的英语交流内容转化为专业的职业英语表达。目前的高职高专英语教学书本上所包含的口语学习内容主要分为日常生活交际用语、表达谢意与歉意、沟通喜好与兴趣。虽然其中也涉及一些专业的商业用语，但是这些微小的部分完全不能够适应学生将来工作所需。所以教师可以通过专门性的教学内容的选择来对学生们进行培训，为他们将来的工作岗位提供专业对口的专门性人才。

（二）针对阅读方面的学习内容需要强调学生的实践运用

目前，常用的高职高专类书本为《新编实用英语》以及《新视野英语读写教程》等，且这些课本中的内容和将来学生们将会在工作岗位上见到的商业合同、专业的文本资料以及说明书等文献资料没有很大的关系，所以教师们需要在这些问题有所注意，有针对性地解决学生们将会在未来工作中面临的问题。

（三）锻炼听说读写能力，提升整体英语水平

对于大多数学生来说，他们并没有很多的机会去接触实际的英语语言环境，所以他们并没有一个完整的英语语言锻炼平台。我们常说学以致用，之所以学习就是为了以后的运用，所以，当在进行听力练习之时，教师们需要结合具体的实际来给学生进行讲解，使得学生能够完全了解语境，从而更好地掌握所学的英语知识。

在语音教室上课时，教师的教课内容不能仅局限于教科书上，应该充分利用教学资源，进行广泛式的教学，开展诸如与生活和就业紧密有关的课题，像就医看病、感情关系、社交礼仪、亲身故事、锻炼身体、学习策略、尊老爱幼、人种观点、沟通障碍、环境话题、人口压力等，可采取小组模拟现场，即时性交流课题内容，然后进行竞赛、辩论等形式，要做到每位同学都能够得到表现的机会。

二、学习内容的职业化

为英语水平不等的同学进行基础提升，要多多练习听说读写方面，从基础培训上展现职业能力，为专业英语等方面的学习铺垫好基础，争取做到"三化"。第一，岗位英语画面化：模拟职业现场，设置常见的情景，锻炼学生的英语基础能力；第二，专业英语模块化：根据不同专业领域划分为商务英语法律英语、建筑英语等，然后依据不同领域的不同要求，开展有计划、有目的、有侧重点的英语学习；第三，就是人文英语趣味化：主要内容与梦想、道德、就业相关的名言名句、电影歌曲、书籍艺术品等，让同学不仅能够提高英语水平，也能提升自身的人文修养，能让英语学习变得更加有魅力。

三、学习方式交互协作化

在教学中，可以充分地把公共英语教学与现代多媒体信息技术整合起来，建立互联网英语学习平台，促进教师与学生之间进行双向互动，了解彼此的动态及相关信息，这样可以大大地提高教学质量，英语学习更加高效化，不再局限于课堂与教科书，而是开放式的、自由式的便捷式的学习。这种双向互动形式多种多样，有文字性交流、音频式交流、视频式交流等，将教师、同学、教学资源、教学设施四种因素构建成一个整体的网络系统，在这个系统里，彼此之间都可以互相帮助、互相学习、互相协作、互相竞争，每一个个体都扮演着不同的多个角色，共同为提高自身英语水平的目标而努力奋斗。且教师借助这个系统，不仅可以轻松地制定相应的学习任务，督促和检测学生的学习情况，减轻自己的工作量，也可以在部分同学迷茫或者跑偏的时候给予及时有效地帮助和指导，促进师生关系融洽和谐、亦师亦友。

四、教学方法的创新

国内常用的教学方法有讲授法、谈话法、讨论法、演示法、陶冶法等，要培养高职学生的职业素质就必须采用创新的教学方法。

（一）以职业能力为目标来创新教学手段

在当前高职英语教学中，应以培养学生的听、说、读、写、译能力为基本目标，不断创新英语教学手段，以更好地培养学生的英语职业能力。例如，在高职英语教学中，学生的英语基础往往参差不齐，故如果采用大班统一授课的方式开展英语教学，往往无法兼顾英语基础较好或较差的学生，导致好学生"吃不饱"，差学生"吃不消"。因此，应根据学生的学习情况开展英语教学改革，以更好地提高英语课程教学质量。

（二）以语言传递信息为主的谈话法＋讨论法＋表演法

在涉外职场英语的对话教学中，教师以引导者的身份与学生们交流，循序渐进地将教学内容渗透并且与学生讨论不同情景的不同表达。同时，学生与老师都必须提前做好充分准备，准备与话题相关的词条或表达或以多媒体的呈现方式展示，然后将不同词条分配给各小组，充分讨论后学生完成本组作品并展示。并且教师随时记录语言活动中的优缺点，表演完成后与学生共同点评。

（三）以直接感知为主的演示法＋表演法

在能找到相关媒体资源的前提下，利用多媒体手段向学生先演示教学内容，让学生直接感知教学内容，如播放听力材料、语音模仿、职场英语对话影像、英语歌曲、教学视频等。演示法可以反复进行，既创造了真实的语言环境又加深对教学内容的印象，通过观看学生进行实践练习，增强了学生的自信，有时还可从媒体资源中找到灵感，激发学生的创造力。

（四）以欣赏活动为主的陶冶法

根据教学内容，寻找适当的媒体资源，并在教学过程中穿插播放，如英语歌曲、英文电影片段、视频片段、采访记录或纪录片等，直观、生动、形象，既活跃了课堂气氛又开阔了视野，对提升学生的全面素养提供了帮助。

五、实施以职业岗位任务引领的教学方法

高职英语教学要打破传统的教学理念，明确学生是教育主体，是教学中心，要充分调动学生的学习动力。教学逐渐要从"教"法向"学"法转移，工学结合、强调职业岗位导向，"教、学、做"为一体，面向社会经济职业岗位需求，以职业岗位任务为引领，做到职业教育特色的教学方法与交际教学等传统的语言教学方法相结合，并注重实践训练，综合采用现场工作情境式的案例教学、项目教学、探究教学、讨论式教学等多种教学方法。

另外，随着信息技术的迅猛发展，多媒体设备进入教室和宽带接入，一个高速度、大信息、资源高度共享的多媒体网络教学环境已经形成。而多媒体网络环境下的语言教学已是改革教学方法、改进教学手段、提高教学质量的首选。同时，多媒体网络环境具有大数据、大信息、图文并茂等特点，

能够提供海量语言素材和行业信息，且真实、实时和快速。高职英语教学要充分发挥信息技术优势，优化教学过程，构建数字化教学资源，借助运用多媒体、网络创设仿真职业岗位教学情景，在教学中增加课堂吸引力，激发学生学习兴趣与情绪。让课堂氛围轻松愉快，同时课堂容量大，学生不仅能获得丰富的基础英语和行业英语知识，还能提高职业岗位英语语用能力，从而实现课程学习的职业性、实践性和开放性。

第四节　高职英语教学评价的转变

一、运用能力本位理论改革高职英语考核方式

教学评估是检验教学效果的重要手段，也是高职英语教学必不可少的环节。科学合理的考核必须能够全面地反映专业培养目标，并帮助教师及时调整教学活动，帮助学生认清方向。然而调查研究表明，目前高职英语教学考核主要的手段还是侧重对课本语法知识、词汇句子的单一性考核。这种考核方式虽然有利于学生掌握基本的知识，但是该方法只会导致学生一味地死学英语，死背知识点，且完全不能将英语活学活用。因此传统的考核方式不符合高职英语教学发展的方向，必须改革我国现有的高职英语考核方式和手段。为了促进高职英语教学改革，完善英语考核方式，应从以下方面着手：

（一）确定明确的评价标准

为了使教学评价发挥其应有的作用，实施者首先要制定恰当的评价标准。评价标准是在实施评价过程中进行价值判断的准则，也是教学评价准确合理进行的出点和依据。由于不同阶段、不同学校有着不同的评价标准，因此，高职院校的英语教学评价也应首先根据自身专业的特点以及教学目标来确定教学评价标准。

高职院校是以就业为导向，培养技能型人才的教育，因此，高职英语教学评价应当着重考核学生的英语运用能力。而高职高专英语的教学目标要求学生会进行简单的会话，看懂专业文献。在具体教学评价实施中，主要从学生的知识与技能、词汇与翻译能力、口语学听力能力等方面对学生进行全面的评价。因此，现代的高职英语教学目标的评价标准是以促进学生应用能力为主题的，并且不仅要关注学生的基本知识掌握，而且要多关注学生听说

能力的提升，了解学生学习的需求，帮助学生取得全面发展。

（二）完善评价类型

根据教学评价在教学活动中的不同作用，教学评价可以分为诊断性评价、形成性评价和终结性评价。在高职英语教学评价中，可以将三种形式相结合，完善评价类型，并帮助教师及时了解存在的优势和劣势，以及时调整教学方向。

英语教师可以事先查阅学生入学之前的有关成绩记录了解每一位学生的入学英语水平以及班级整体水平，做到心中有数，以便合理地设定教学目标和制定教学内容。值得一提的是，教师应该用发展的眼光去看待学生的入学成绩，尽量避免第一印象的影响，还要清楚学生入学成绩只是起点而非终点。

（三）实行多元化英语能力测评机制

学校考核只是教学效果的检验手段，任何教育的最终检验都要交于社会、市场、用人单位。因此在高职英语教学过程中，要确保人才培养质量，科学合理的考核评价体系的建立是必不可少的，不能仅仅依赖于国家规定参加的英语 AB 级测试，只将本来强调培养实用技能的 AB 级测试变成又一种应试教育的借口。

1. 知识体系与职业能力评价相结合

课程评价标准的多元化有助于学生更好地调整自己的学习方向。高职英语教育强调"实用为主，够用为度"原则，故其相应的考核体系与标准也必须注重语言知识体系与职业能力评价的相结合。要摒弃单一的书面形式考试，加强实践能力考核力度，将过程性评价与终结性评价相结合。

高职英语的教学目标培养学生在职场环境下运用英语的基本能力，因此在考核中首先必须增加听力与口语能力测试，如入职中的面试，职场中的接待、咨询、预定、电话应答都是必须掌握涉外英语场景。再如学前教育专业，学生入职后的双语教学要求学生需了解并掌握大量的教学英语口语。而旅游专业的学生更需掌握流利的交际口语以适应越来越发达旅游业发展的需求。其次应加强过程性评价，过程性评价即教师对学生在平时教学过程中表现的评价，如晨报，讨论，表演，作业，调查报告，面谈，英语小论文、英语读书报告等。

2. 学校、企业、行业评价相结合

高职院校多采用"2＋1"的教学管理模式，"2"即两年的在校学习；"1"即一年的实训实习。学校的评价实行课程成绩与大学生英语应用能力测试成绩评价相结合；行业评价采用获取相关行业的职业资格证书情况进行评价，如不同专业涉及的证书主要有 BEC 商务英语证书、英语口语证、英语导游、英语教师证、公共英语三级证等；企业的评价采用调查问卷、回访等形式进行。实习企业人力资源部门对学生在实践实习中的各种表现做出客观评价，并以报告与表格的形式反馈到学校，然后学校按照一定比例将其纳入学生能力考核综合成绩。而这种校企共同参与的考核办法最能体现教学的定向性、适应性的特征。实践出真知，只有真实的工作经历才是检验学生对所学知识运用能力的唯一标准，且只有重视对学生在解决实际工作问题中所表现的综合能力的评价，才能真正提高学生的能力。并以此为参考标准，进而促进教学质量的提高，培育出真正适应市场需求的实用型人才。

三、建立以职业能力为目标的课程"评价体系"模式

在高等职业教育系统里，不仅需要在教学过程中坚持以职业能力为导向，而且要在评估机制里也需要坚持职业能力的方针。在笔者看来要构建一个高效的高职英语评估机制，第一就是要明确评估的制度，该制度必须是根据高等职业教育中公共英语课程的教学目标制定的。目前，我国大部分高等职业教育院校都未建立自己的英语教学评估机制，而只是简单地把国家教育系统制定的英语应用能力 AB 等级测试作为本校的英语教学评估。该测试机制的结果好坏就是本校英语教学质量的高低，这种做法虽然有一定可取性，但是片面性很强，并不能全面地反映教学问题。所以高等职业院校应该根据自己的实际需要，建立一套能够系统反映学生的英语学习状况和教师的教学问题的评估机制。同时，这种机制不单单只是为了测试学生的英语基础技能的学习，还能帮助学生加强英语的实际运用技能，提高自身的职业能力。

形成性考核和总结性考核是伴随着高职教育教学范围和形式的改革应运而生的，本研究提倡采用"教师教学记录袋＋学生学习档案袋＋职业情境英语综合应用能力考核"的形成性考核和总结性测试共同组成的评估机制。其中测试的范围和技能测试分别依据"教师教学记录袋（30%）＋学生学习档案袋（20%）＋职业情境英语综合应用能力考核（50%）"百分比计算出最终结果。

高职英语的教学应采用职业化评估、借考证督促学生学习评估、多样式评估、持续性评估四个评估机制，这些评估机制既可独自运用，也能够相互配合着运用，共同组成了高职英语课程教学的评估机制，以下为分别论述。

（一）职业化评价机制

高等职业教育的英语教学主要是为了将来的职场应用，如果教师能够开展相应的岗位任务模拟现场，以此来测试学生的英语运用技能，并设置专业性强的英语交流任务，根据同学的表现情况给予相应的分数。该机制在促进提升职业技能的同时，还能考察同学在模拟现场交流沟通的综合表现和应对能力中有爱岗敬业、集体协作思想、职业素质、交际技能、创新思维等。一方面体现出了学生的英语功底的水平和短语、词组的灵活运用；另一方面能够体现出学生交流内容的充实度与模拟情景融合度。另外，这个评估过程不仅仅局限于教师们的参与，同时学生也可以加入进来，对不同同学的表现给予自己的观点和点评。被评估者也可以从不同同学的表现里汲取营养，完善自己的综合表现，通过对比的过程不断反思和提高。所以，职业化评估机制展现了建构主义的价值观，该评估机制的主要特色是：满足我国最高教育机构颁布的《高职高专英语课程教学综合规定》里提高形成性测试和总结性测试共同组成的评估机制标准，同时也可以顾及英语基础应用技能和职业技能提高。

（二）以证促学的评价方式

高等职业教育的改革要求高职英语教学注重以适应职业的实践需求为指导方向、以足够使用为限度，且教育方针体现出公共英语课的最终目的是为专业课程的学习、受教育者的未来就业提供辅助作用。至今，在大部分的高等职业教育机构里英语水平测试，也就是 A/B 等级证书考试，依旧是普遍选择的一种评估方式。那些初级层次的同学在学校的分班教学制度下，可以依据同学所主修的专业的不同特性，选择参加 A 等级考试还是 B 等级考试。之后，学校将测试的结果作为对学生英语知识学习的评价标准。如果是职业英语层次，也就是对专业英语水平需求难度大的专业，允许依据不同需求制定不同的职业等级证书。诸如，国际贸易专业对英语的作文水平和交流技能都是高标准，就能够开设剑桥商务英语（简称 BEC）职业等级证书制度；国际观光行业、驻外助理有国际宾馆等行业都是需要英语口语能力强的职员，一般通常是社交英语，对此，我们可以考虑开设剑桥通用英语等级职业证书（KET）制度。修订教育的方针政策的同时规范职业等级证书的制度，以此来对同学的英语水平进行评估，最终做到借助考证督促学生学习的目的，为学生的将来就业增加有利条件，以提升学生对英语的热爱和积极性。

（三）多元化评价方式

多元化评价机制的内涵在于评估的方面多角度、评估的对象多元、评估的准则多元、评估的策略多元。其中，评估的角度多元则是教师在进行教学评估的过程中，不仅要评估学生的英语功底、英语技巧等方面，还要评估学生对英语课的上课情绪、积极性、听课技巧、自我认可度、集体协作思想和独立思考能力等方面。

建构主义理论指出，受教育者是对外来知识重组的执行者，而不同的英语课程评估策略也应有不同的实施措施，将教师对学生的单方向评估转变成学生的互相评估、自我评估和教学评估综合起来的评估形式。多元化的评估机制能够舍弃传统的纸上评估测试方式，并在教学评估过程中运用多种可选择的评估方案，诸如，情境再现、教师点评、同学协作、书面测试、交流互动、互换职务等。

（四）动态发展的评价方式

依据现今"把职业需求作为指导方向、把实现人生价值作为宗旨、把职业技能作为目标、把岗位实践作为主要路线"的高等职业教育方针，并构建激励学生综合素质整体提升、可持续发展的评估机制，时刻跟踪学生的学习状况。并同时注重学生的自我提升、学习动机、学习情绪，提高学生的职业素养技能层次，更好地适应当前社会对高职人才提出的多元化、综合型需求。教师的教学热情高涨更有利于教导同学掌握学习的方法和处理难题的策略；促进学生培养职业技能，不仅仅局限于理论知识，还更加注重实践的需求，以此提高学生本身的综合技能和素质修养。事实上，我们却很难看到学生在学习上互相竞争的场面，更多的是态度颓靡、混混度日，尤其在高职院校，这种现象更是常见。学生们缺乏自控力，教师也没有给予及时的指引、约束等。然而在假期里，学生到各行各业的企业里进行实习后，学习态度立即发生了很大转变，对英语课的兴趣也越来越浓厚。此外，还有一部分同学在进行过专升本考试后，立刻认识到教师所教的内容有多重要。这种种情况是暗示教师不能用静态的眼光看待学生的学习情况，还要对学生进行冷静、客观的指导评估，从不同角度综合评估。这样的方式对学生来说也是种公平公正的对待方式，有利于帮助学生树立学习英语的信心。

在不同的学习阶段里，依据不同的教学需求，并采取相应的教学任务和策略，结合科学的评估机制，还可以采用多种多样的评估方式，对待评估对象做出冷静、公平、合理的指导和评估，以促进学生增强学习英语的热情和自信心，最终让综合职业技能得到提高。

三、建构以职业能力为目标的课程评价体系

在英语课程评价体系建设中应以评价学生英语应用能力、用英语处理与职业相关业务的能力为目标。但是许多高职院校并未建立科学、合理的英语教学评价体系，只是简单地将英语四六级考试、英语能力 AB 级考试等作为教学评价指标，且并未采用针对性的形成性考核方式，故无法客观评价学生的课堂表现、英语应用能力等。因此，应以职业能力培养为目标建立形成性考核评价体系，建立考试与考察、开卷与闭卷、场内与场外、知识与技能相结合的英语考试评价模式；以课堂讨论、小组合作、交流互动等方式考核学生的英语能力；以中英文翻译、英美文学赏析、日常情境对话等方式考察学生的英语文化素养、英语应用能力等，从而形成多层次、多元化的英语职业能力评价体系。

第五节 高职英语教师的角色调适

一、高职英语教师的角色

职业能力是职员们身处某一职位时所必备的综合素质技能，为达到使学生职业能力得到提高目标，教师自身需要在教学的过程中扮演多种角色。

（一）目标的引领者

有目标才有方向，有方向才有前进的动力，也就是说，任何一件事的动力源泉都是其所要达到的目标。当然学习也不例外，只有先认清楚这一问题，才能一步一步地向目标迈进。而教师作为知识的传播者，第一就是要认清高等职业教育本身的目标内容，以此来明确公共英语的教学为专业知识学

习提供服务的观念，自觉结合专业知识和人才培养计划，并围绕该教学中心进行循序渐进的、有条不紊的英语教学；正确看待各种英语等级水平测试的真正意义所在以及对提高学生综合职业素质的关联；教师应该时刻提醒学生进行高等职业英语教学的宗旨和市场人才需求标准，并指导学生树立科学的学习理念。

（二）课程内容分析者和重构者

高等职业教育的公共英语课是学生必修的基础科目，旨在为学生奠定好英语基础技能，对将来的专业英语学习起衔接过渡的作用，能提升学生们对英语的职业运用能力，尤其与专业相关岗位事物的交流沟通技能。所以，教师首先要掌握学生的英语现状进行有针对性的教学，与专业知识紧密结合，运用英语开展专业化探讨。这种形式的英语教学可以加强不同科目之间的互通，为专业英语的学习做好基础工作，并让专业英语学习更轻松、更高效。

（三）科学的评价者

教学评估不只是一门学科的重要环节，也是确保达到治学目的的必要策略。高职英语教学评价机制应都把英语的实际运用的作用作为治学方针，采用与教学目的相协调的评估机制，构建形成性测试和总结性测试相适应的评估系统，并让评估机制充分展现其重大的作用。详细来说，教师应该了解市场上职员的需求情况，设立相似的测试方面，注重对学生英语基础能力以及实际应用能力的考察和评估比例使其规范化，也可以借助电子计算机设备，进行网络评估机制等；增加评估对象，让每位参与者都可以在自评环节和互评环节中，充分发挥其主观能动性。

（四）综合职业能力的促进者

公共英语课程的开设并不只是传授学生相关的知识内容，更重要的是培养学生将来就业所需的综合职业技能，好在英语教学过程中锻炼学生的多面能力，支持学生进行长远发展，树立终身学习的理念。因此，如今的高等职业教育的英语教师们要改变传统的管理者监督者、教条制定者的身份，并成为学生学习英语的引领人、创新思维的启发人、富有正能量的协作伙伴、趣味教学的带头人，真正做到把学生作为课堂的主人，诸如，开展一次"我来做教师"的活动，促进学生的口语表述能力和语言组织能力；开展小组讨论式的学习，培养学生的集体意识、互动技能；开展计算机网络学习，分享更广泛的学习信息，提升学生的综合职业技能等。

（五）教学的反思者和终身学习者

采取反思性教学可以让教师随时更正教学过程中的错误之处，也可以弥补不足之处，以整体提升教学水平。教师进行教学反思可以让英语教学不偏离服务学生将来就业的指导方向，开展趣味的课堂教学形式，以培养职业技能为中心、以广大同学为主体，严格坚持提高学生综合素质的教学理念。此外，教师们还需同步转变教学理念与跟进新的知识理论、定期学习进修，保持自我教学信息的先进性和科学性。根据社会对人才的需求结构，与进行专业科目教学的教师们多多互动交流，在学生面前以身作则，以己为表率，提升职业技能。

总之，高等职业英语教改中着重强调对教师自身素质的提高，并让教师们学习新的教学理念，在教学中扮演多重角色，把职业技能的提高作为指导方向，再根据学生的自身需求，采用不同的教学策略，同时自我反思，为学生的专业课程学习和将来的就业问题做好准备工作，从而为国家和社会输送高素质、多技能型人才。

二、高职英语教师角色转换措施

每个教师都在不同层次、不同侧面的学校社会生活中扮演不同的社会角色。教师既是知识的传授者，又是品行的榜样；既是团队的领导者，又是学生的心理治疗师。作为一名新型的英语教师，首先是知识传授者和解决问题的能力培养者，要有扎实的英语知识和较深的造诣；其次，职业院校的教师应该热爱教育事业和自己的本职工作，对英语学科充满热情，还善于运用心理学和教育学，使学生为自己的热情所感染，从而激励自己自觉地学习。最后，职业教育的最终目的是培养掌握某种职业技术和具有职业技能的人，所以英语教师除了掌握英语专业知识外，还应该学习和自己所教专业的英语知识。尤其专业术语以及专业文献，设计一定的教学活动以帮助学生提高阅读专业文献的翻译和阅读能力。

此外，英语教师还应该做好"人际交往艺术家的角色"，在处理师生关系时，教师应有意识地调节和控制自身的态度和行为，并热爱自己的学生，坦诚相见、热情关怀。

（一）提高教师素质，加强师资专业化

联合国教科文组织曾经对外语教学质量提出了"五个因素和一个公式"，这"五个因素"分别是：国家对外语教学的政策、学生的来源和素质、教材的质量、教学环境的条件和教师的素质；"一个公式"是：〔教学质量＝学生（1分）＋教材（2分）＋教法3分）＋环境（4分）〕×教师素质。这个公式中，学生、教材、教法和环境相加为10分，而教师素质分值越大，乘积越大，教学质量就越高。由此可见，教师素质是提高教学质量关键因素。

教师专业化是指教师以合理的知识结构为基础，且具有专门的教育教学实践能力并有效地、创造性地解决教育教学领域中的问题。同时，作为一名职业院校的英语教师，除了具备深厚的英语基础知识和完备的跨文化交际理论和语言学理论外，还需具备完善的知识结构。教师在提高职业能力的同时，还应该用发展的眼光去认识自身知识和能力的局限性，在工作和生活中不断提高自身的综合素质，做位专业化的教师。同时，高职院校应根据目前的院校师资力量薄弱、教师队伍不稳定等缺点，通过一些有效的奖励机制，如薪水福利、出国深造、定期到国内外知名院校进行培训和教育等，切实提高英语教师的教学热情，并提高教学质量和自身职业素养，不断改革创新，为高职英语教学改革奠定坚实的人才基础。

此外，学校还要通过各种方式加强师资建设。如通过资金扶持、政策奖励等，积极鼓励在职老师进一步研修，不断完善他们的教学理念、开阔视野、与时俱进；另外，有计划地引进和培养新的青年英语教师可以为我们的高职英语专业教师队伍注入新的活力、带来新的教学方法和理念。高职院校要加大教学和科研投入，提高硬件设施，为学生提供良好的、先进的语言学习环境，以提高教学质量和课堂效率。同时，要定期组织教师召开研讨会、经验交流会，不断学习和创新教学理念和方法、提高教育水平、教学技能和基本素质。

（二）在能力本位视角下，改进教学手段

现代新型教师应当不拘泥于课本，并大胆创新教学方法。英语作为一门语言工具，若只是单纯地掌握语法知识点，做对单项选择题完全不能算作是学好英语。最重要的是将英语运用到生活中去，使过去一直接受"哑巴英语"教育的学生敢于说出来，流利地表达自己的观点。因此，教师在课堂上可以就学生感兴趣的话题或者是时事热点，采用小组讨论或聊天的形式，让学生学习到更多实用性表达；此外，教师还可以通过真实情景的创设训练学生的写作以及相关专业文献翻译的能力。

同时，教师还应该注重对学生跨文化交际能力的培养。由于不同的民族有着不同的风俗习惯、不同的文化、不同的思考和思维方式，因此如果没有跨文化交际知识，不了解英语的语言习惯以及西方的思维方式，很可能在学习过程中造成英语和母语的冲突和障碍，会不利于学生的中式思维向西式思维转变，甚至在学习过程中，会极大地阻碍学生的听说译能力。因此，了解和熟知以英语为母语国家的异域风情和文化民俗是十分重要的。所以教师在课堂上，除了教给学生单词和语法知识外，还应该多多研究西方文化知识，认真备课，多为学生补充西方的异域风情以及文化民俗等。如教师可以为学生播放外国经典电影、带领学生研读西方名著、讲一些外国的逸事等，让学生充分体会到原汁原味的英语氛围，了解西方文化，提高学生的英语学习兴趣。

另外，教师应采取传统教学手段和现代教学手段相结合的方式。随着多媒体技术的迅速兴起、蓬勃发展，其应用已遍及社会生活的各个角落，同样也对教学产生深刻影响。教育中使用多媒体教室来促进教育改革，多媒体技术提高教育质量的重要手段；此外，现代教学媒体可以和学生的内部心理过程产生相互作用，有利于激发学生的主动参与性，提高记忆效率和学习效率。同时，和课本单调枯燥的文本形式相比，电子教材图、文、音、像并茂具有先进性。因此，在教学活动中教师应当熟练运用现代教学媒体进行教学。虽然教师可以使用课堂播放法，但是要注意播放与讲解的紧密结合，做到播放适时、讲解恰当、声音清楚、音量适度、声画同步等。在课下，学校可以为学生提供英语网络教学平台，学生可以利用课余时间在网络平台上做听力、阅读以及口语练习查找英语资料，大大提高学习效率。然而，多媒体教学并非是万能的，教师不能过分依赖多媒体教学，故只有两类教学媒体取长补短才能达到理想的教学境界。

（三）运用能力本位理论课改革高职英语教材

教材是教学活动的客体，也是帮助学生知识结构构建的重要手段。一本好的教材除了要符合学习规律外，还必须要一体化、程序化、最佳化并具有可接受化。因此，高职英语教材首先要符合高职学生的接受能力，按照高职学生心理发展的规律和知识学习的特点，合理编排教学难度。其次，高职英语教材还应该符合职业技术院校的人才培养目标。

首先，国家的相关部门应设计和制定与普通高校不同的具体合理的高职院校英语教学目标。在编写公共英语教材的同时，还应该将重点放在专业英语教材的编写上，规定二者之间的合理比例。其次，国家应该充分鼓励和支持学校编写专业教材，学校应结合自身的特色和各专业特点，组织专业的教研组开发专业英语教材。但是由于学校的自身能力和研发能力有限，国家应大力扶持、监管和帮助学校，这可以以省为单位成立专业的专家队伍，并带领各院校的学术带头人亲自制定、开发、评审和及时反馈教材内容。

此外，英语老师应采取批判性的眼光，灵活创新地应用英语教材，结合班级实际情况学生认知水平，合理安排教材顺序，需要大胆摒弃教材中陈旧的观点，及时补充和现实生活紧密联系的单词、表达和文章等。并且要加强教材中英语听力和口语表达训练，淡化对单纯知识点的讲解。

（四）运用能力本位教育课程理论更新教师的教学理念和专业知识

高职英语教学大纲中明确表示，要重视培养学生口语交流和应用的能力。在教学过程中，既要传授必要的语言知识，也要引导学生应用所学的知识和技能进行广泛的实践活动。教与学是语言教学活动中不可分割的两个方面。而在传统的高职教学中，教师被置于主体地位，而学生只是客体。长期以来，我们都习惯于教师作为教学主体主动灌输、学生作为客体被动跟进的方式，教学的艺术往往局限于寓教于乐的层次。随着市场对职业人士的要求越来越高，传统的教学理念和方法不能跟上未来职业对英语学习的需求。因此作为高等职业院校的教师，一方面要跟上职业领域和教学专业中高速发展的新技术；另一方面，高等职业教育的培养目标是社会所需的技术型人才。其职业特点要求直接面向具体的工作实用技能的教育，所学、所教应紧密联系实际要实用、有用。

1.在教学中"以教师为中心"转为"以学生为中心"，提高课堂教学效率。

教学理念目前是以教师为中心、单纯传授语言知识和技能的教学模式，向以学生为中心、更注重培养语言运用能力和岗位语言能力的转变，并最终实现"培养学生综合应用能力"的教学目标。作为教师，我们应该清醒地认识到学生的大脑不是一个容器，而是一个期待点燃的火把，我们不应该老是责问自己教了多少而应该寻思：我们的教学到底能帮学生学到多少，在实践中能够运用多少。由于在新的教学模式中，学生应是教学过程的主体，一切教学活动要围绕学生如何学来展开，因此，教师要做好课程的设计者、任务的设计者、任务实施的组织者、评估者等角色。

有效的课堂教学是教师与学生、学生与学生之间保持有效互动的过程。而教师与学生之间的交流是双向的，在这一过程中，教师起着主导作用，并参与协商、鼓励和监控的学生的讨论与练习等，并为学生提供有效的学习材料；创设相应的问题情景；启发学生的思维；给学生提供必要的线索；并通过示范、讲解，尤其提炼和概括，以帮助学生进行有意义的学习。在整个过程中教师既要调动学生个体学习的积极性，又要督促小组组员间的合作，学生与学生之间应建立一种互相支持、互相帮助的学习群体，在这样的群体中，大家可以相互交流、畅所欲言。合作学习成为课堂学习的主要方式，同时也培养了学生的团队合作能力和集体意识。并且以学生为中心的英语教学可采用启发式教学法，在英语学习中提高大学生注意力，调动学习积极性，激励大学生充分利用所学材料解决问题，发挥已具有的语言能力，积极参加言语活动的有效方式。若以大班精读为例：这本身是启发高职学生心智，帮助他们进行创造性的思考，集听说读写译于一体的交流活动。所以，我们采用灵活多样的方式积极引导学生参与，除了能够引起学生共鸣的课前演讲、讨论、讲解名人逸事等外，还可以在课堂上根据课文的主题，编排丰富的课堂活动。如双人对话（pair work）、小组讨论（group work）、课堂辩论（class debate）及演讲（speech）等。因为这些形式既可以活跃课堂气氛，避免大学生出现疲倦的状况，又可提高大学生的口语表达能力。提问是最常用和有效的启发手段，提问在教学过程中的不同阶段可以有不同的目的和作用。在讲授新材料之前提问可以帮助学生去预习了解新材料的内容和重点等；在讲授新课程过程中，提问可保持学生高度注意，了解学习理解情况，从而提高讲授效果；在讲授新内容之后，多用提问检查理解，以推动学生运用所学材料积极参加语言实践。

在实践训练中多用提问启发学生思维，使学生更主动更顺利地进行语言交流活动。除了提问，课堂讨论也是启发教学的有效方式。通过对所学材料的有关内容设定话题，组织大学生讨论，促使大学生积极思考、认真准备，并通过口头表述出来，"以学生为中心"的小班授课，增加口语练习。

高职学生普遍存在着口语水平低的现象，主要是因为不具备语言环境，学生能够练习口语的唯一机会是课堂而传统的教学方式又忽视口语训练，这样就造成了大多学生只会读、不会说的情况。为了克服以往翻译语法教学法造成的"哑巴英语"的顽疾和改变"重知识、轻能力"的倾向，应在授课的内容和侧重点上也做一些调整。针对学生英语水平和口语能力普遍低的问题，采用听说小班授课，使学生有更多的时间练习听说。并且内容上做到丰富、逼真、有趣，力求采用丰富多彩的教学内容，在完成规定的教学内容之余组织学生欣赏现代诗歌、名人演讲、电影对白、英文歌曲等。新的高职英语教学大纲明确规定要培养学生具有较强的实用英语阅读能力，这也是培养学生语言应用能力的重点和关键。

2. 引导学生学会学习，调动其主观能动性，培养自主学习的行为习惯

英语学习是一门实践性很强的课程，故学习者的主观能动性对学习语言有较大的影响，只有学习者清晰意识到自己的学习目标，并希望达到所希望的效果时，学习才可能成功。因此，职业院校的教师应充分意识到大多数学生对未来职业生涯充满向往和憧憬的特点，紧紧抓住这一心理特征让学生自觉去阅读课文，收集相关职业材料，或找到一些与自己未来职业有关的文章，让学生之间进行相互交流，用英语对收集的材料进行归纳和总结，用英语表达出来，培养学生用英语综合表达的能力。教师鼓励学生放开手脚、广开思路，鼓励他们用自己的语言把想法和认识通过问题形式表达出来，以达到培养学生分析问题和创造性解决问题的能力。

3. 开展分层教学实践，贯彻以能力为导向的"因材施教"的原则

随着我国招生政策的改革和普通高等院校的扩招，高职院校招生和登记入学的学生比例迅速增大。高职院校生源的复杂性决定了其学生的英语知识能力水平参差不齐，教师上课只能顾及大部分学生，导致基础好的学生"吃不饱"，基础差的学生"咽不下"，致使这两部分学生失去英语学习兴趣，课堂教学难以顺利开展。全体学生继续实行统一的教学内容和贯彻统一的教学目标已经不能适应当前学生的实际情况，改变传统"一刀切"英语教学模式已经成为高职英语教学改革的课题之一。职业教育的一项基本任务就是要

把一部分在基础教育阶段遭遇"学业失败"的学生导向"学业成功"，使他们找回自尊和自信。同时，又使那些基础相对较好的学生最大限度地挖掘潜能，从而使大部分学生走向"成功就业"。最为有效的方法就是因材施教，采取适合高职学生学习心理特点的教学方法来开展教学活动。如分层教学就是从学生的知识基础、学习条件及实际出发，通过班级组织与教学形式的变化，创设"因材施教，分类指导"的环境。教师通过分层组织教学、改革教学方法使不同层次的学生经过努力共同达到教学目标。并且分层教学的过程既是教师了解和研究学生的过程，也是学生个体正确认识自我学习能力和水平的过程。分层次教学能充分体现符合学生个性差异和个人需要原则，也符合能力本位的教学原则。同时，也能促进教师更加深入地研究教材、教法、教学目标和学生，从而有利创建学生和教师双向和谐的教学和学习环境。

职业院校的英语分层教学可采用定向培养目标模式，再结合能力本位课程改革理念，我们可以更多地考虑公共基础课与专业学习的结合、"基础英语"与"行业英语"的结合，在如何使学生能适应岗位需求和为就业服务上下功夫。在更宽广的范围内，我们更多地将能力理解为一种职业胜任力，因此，按照学生的毕业去向和专业分层分班教学，把英语课程内容与专业结合起来，强化英语为专业课程服务的功能。在"职业定向"的分层教学过程中，借助学生对自己的正确估计，教师引导学生找到合适的位置，满足个人的定向发展，并有意识地将学院的专业如汽车（开设有汽车专业）、建筑（开设有建筑专业）等这些专业的相关背景知识融入英语教学中，编写与开设专业相关的专业词汇以及其他补充资料。我们可以以专业词汇为学习的突破口，来激发学生英语学习兴趣，精心设计教学，突出实用为主、够用为度的原则。

与此相配套的，我们在作业上也应进行相应的改革，如将作业的重点放在体现知识和技能的应用性，培养学生的应用和创新上实行课后作业项目化，引导学生利用现代化手段获取信息并能整理信息的能力。作业的内容体现专业特点和专业内容使学生在完成作业的过程中体验专业知识和专业文化。例如，要求汽车专业的学生结合专业，用中文和英文设计一张汽车展览会的海报在课堂上展示并挑选部分优秀的作品在学院内进行公开展览。这些项目型的作业通常以小组任务的形式进行，培养了学生英语学习的兴趣和能力，同时也就培养了他们的合作意识和团队精神，并刺激和发现了部分学生的策划、领导能力。

分层次教学在我国已经推广实践了十几年，但在高职英语教学中的推广和使用还处在实验阶段。同时由于分层次教学模式学生调动大、不利于管理的、对教师水平要求较高等特点，许多教师一时还无法接受这一教学模式。因此，如何让分层次教学走进高职课堂，正是能力本位教育在高职英语教学应用中的一个关键问题。

第四章 高职英语教学模式新探索

第一节 分层教学模式

课堂教学是教师帮助学生获取知识、提高学习能力和寻求自我发展的重要途径之一。一直以来，高职高专英语教学实行的是统一的标准，包括教学目标、教学内容、教学计划、教学进度和评价标准等。但这种单一的教学模式，已不能满足处于不同英语基础水平的学生的学习需求，无法激发他们学习英语的动力，学生学习兴趣锐减，故教学效果不尽如人意。因此，因"材"施教、因"需"施教的高职高专英语分层教学模式势在必行。

一、分层教学的定义和理论依据

（一）定义

分层教学可划分为按学生能力班际分层、班内分层两种教学模式。在学校主管部门统筹安排下，在同时间异空间下，安排不同水平的学生的教学是班际分层教学模式，也叫显性分层教学模式。显性分层教学是在教师和学生都知道分层的情况下进行教学的分层方式；班内分层教学或隐性分层教学就是在不打乱原班级建制的情况下，针对学生知识、能力结构和学习需求的不同类型而分群体选择不同的教学目标和评价标准。而"隐性"是相对"显性"而言的，分层的目的都是便于因材施教，提高课堂教学效果。

（二）理论依据

1.输入假设理论

语言输入必须是可理解性的，且学习者必须获得难易适中的语言输入，这样语言习得机制才能发挥作用，学习者才能习得语言。可理解性输入涉及两个方面的因素：教学内容的难易度和教师在课堂上使用的语言的难度，这就要求我们必须根据学生的英语基础和认知理解能力实施分层教学，选择难易适当的教学内容和材料，并使用恰当的教学方法。而输入假设理论为教学内容分层次提供了有力的理论根据。

2. 最近发展区理论

从教育的角度而言，每一个学生都存在两种发展水平，即现有水平和潜在水平，这两种水平之间的区域称为"最近发展区"。"最近发展区"理论为显性分层教学中的目标分层提供了理论依据。并且显性分层教学便于每层学生找到适合自己发展的教学层次环境，教师则针对不同层次学生的实际，在教学目标、教学内容、教学途径、教学策略以及教学评价等方面有所区别，并最终达到全体学生充分发展的目的。

3. 掌握学习理论

只要在提供恰当的材料和进行教学的同时，给每个学生提供适度的帮助和充分的时间，这样几乎所有的学生都能完成学习任务或达到规定的学习目标。该理论要求"教学应根据每个学生的实际水平、学习方式和个性特点来进行"，每进行一个教学内容，均有明确的具有可操作性的目标。它将集体教学、小组教学、个别辅导、同伴帮助、个人自学等多种教学形式相结合，充分使用教学评价，保证教学始终以评定作为衡量的标准，且较好地解决了统一教学与学生个别差异性的矛盾。掌握学习理论为隐性分层教学模式在评价体制及具体的教学形式上提供了理论保障。

4. 情感过滤假说

学习者只有在最佳情感条件下，即具备强烈的学习动机、对学习充满自信心、无任何焦虑感的情况下，才会产生真正的习得语言。因此，隐性分层教学模式在使学生获得可理解性输入材料时，还必须充分考虑学生在智力、情感、个性等方面的差异，来设计多层次的、适合学生水平的课堂活动。同时，它可以最大限度地减少学习者的焦虑，避免产生情感障碍并有效激发其学习英语的兴趣和动机，提高自信心，从而保证教学效果。情感假说理论为隐性分层教学优于显性分层教学提供了参考依据。

二、显性分层教学与隐性分层教学

教育的最终目标是使人获得发展和完善分层教学模式体现了因材施教，符合以"人"为本的教学宗旨。

两种分层模式各有优缺点。虽然显性分层是教学内容、教学目标的分层，是为了实现教学目标而在一段时间内按学生的英语基础及学习能力分层，但不是对学生"人"的分层，也不是淘汰式"分离结构"教学。隐性分层教学关注养成教育，更着眼于情感过滤假说提出的要兼顾学生个体间差异进行因材施教。要想两种分层结合使用，需进一步明确层次目标，平衡教学管理流程难易度，评价机制的公平公正，兼顾学生个体差异，教学设计科学合理等因素。同时，找到每类学生的"最近发展区"，去激发学生的求知欲，注重学生发展平等性和全面性，促进他们的最优化发展。可以采用显性分层和隐性分层相结合的方式，或是逐步从显性分层过渡到隐性分层模式。

第二节 交际教学模式

外语教学中，语言教学与文化教学相结合，培养学习者的跨文化交际能力已成为外语教师的共识。

为了提高学生们的学习兴趣和交际能力，解决传统英语教学不能应用于实际的弊端，可尝试使用交际教学模式，并以丰富、新颖的课堂形式调动学生的英语学习积极性，强化学生的语言表达、沟通和运用能力。

一、交际教学模式的定义和教学原则

（一）定义和理论依据

1.定义

交际法（Communicative Approach）是以语言功能项目为纲，着重培养交际能力的教学方法。由于交际能力常被认为是运用语言来完成各种功能或表达各种意念的能力，所以，交际法又被称为功能——意念法（Functional-Notional Approach）。

2.特点

交际教学法的特点：①强调学习者用目标语言进行交流；②把真实的材料用于学习环境中；③为学习者不仅提供重视语言，而且重视学习过程的机会；④增加学习者自身的经验，并使之成为课堂学习的重要因素；⑤尽量把课内语言学习与课外活动结合起来。

（二）基本教学原则

交际学派认为，语言教学的目的是培养学生使用目的语进行交际。语言教学的内容不仅要包括语言结构，还要重视培养学生的语言应用能力，并采用真实、地道的语言材料，以句型加情境来学习语言，鼓励学生多多接触和使用外语。同时，它不是一种单一的、固定的教学模式，其核心是"用语言去学"（using language to learn）和"学会用语言"（learning to use language），而不是单纯的"学语言"（learning language），更不仅仅是"学习关于语言的知识"（learning about language）。

交际教学法是一个以交际任务为目标的教学过程，其重视的是学生使用语言的流利性而非语法的正确性，教师要努力使教学过程趣味化、动态化并鼓励学生积极的参加互动。此教学法的核心就是培养学生的交际能力，学生需要掌握的是如何使用语言，而不是语言的形式或语法行为。

交际法教学强调的基本教学原则可归纳为以下几点：

1. 以任务为本、以学生为中心的语言教学实践。要求根据现实生活中对英语的实际需要，模拟各种生活场景、情境，为学生提供综合运用英语，以及进行交际活动的机会。

2. 语言运用的流畅性先于语言运用的准确性。相比语言在形式、语法上的准确性，它更强调语言使用的得体性、可行性、交际技巧性以及训练学生在交际活动中的应变及解决问题的能力。

3. 学生是一切活动的主体。因此，他们要在学习中积极主动地去探索、建构新知识，培养新技能，掌握综合运用语言的能力，教师在教学中主要是组织者、引导者和参与者。

4. 在教学顺序上交际法与传统教学法顺序相反。

5. 多种教学手段相结合。交际法主张的教学材料应该和恰当的教学手段相匹配，如磁带、挂图、录像、电影、电视等并认为采取恰当的教学方式才能真正体现交际的要求。

二、交际教学模式在高职高专的应用

教师贯彻交际原则主要是通过课堂上大量实践交际教学法，采取丰富、有效的课堂形式，并充分调动学生学习英语的积极性，强化学生语言表达、沟通和运用能力。

（一）实施口语交际任务教学法

对教师而言，特别具有现实意义的是学习任务而不是某种方法，教师应研究并设法找出哪些任务在课堂上是成功的，哪些任务是失败的。因此，口语交际的任务教学法的核心就是根据学生的特点进行任务设计和任务指导。

在使用交际任务法时应坚持如下原则：由于教学对象是有一定知识积累与自主学习能力的高职高专生，教学的内容需要大量练习，并培养学生具有很强实践性的言语交际能力，因此，教师要改变自己角色定位与主要任务。

教师应改变自己以往知识传授者的角色，作为指导者而非知识灌输者，主要任务是制定口语交际任务、提供训练模式、检查训练结果、有针对性地指导（纠偏与提高）。

在课堂教学中，可以向学生布置口语交际任务，即第一学期的口语录音、课堂展示以及第二学期的电影配音任务、定期检查、评价，并将成绩记录在案作为部分平时成绩。

1. 口语录音任务

该任务属于个人练习需要学生准备录音机或复读机，也可以用录音笔或手机、电脑录音软件。练习由部分构成，第一部分是新闻播报，要求学生通过阅读英文报纸、上网浏览英语新闻或收听英文广播等途径选择至少两条本人感兴趣的英语新闻，并模仿新闻播音员的语音、语调语速进行播报，并且录制下来。新闻的选择要注意多样性、面不能太窄，而且要有一定的长度。一个学期每个学生共上交录音作业至少3次，每次作业时长2—5分钟不等，平均时长为3分钟。新闻内容多数与学生的生活、兴趣爱好有关，涉及娱乐(音乐、影视)、体育、电子科技以及国内外重大事件等。

对于上交的录音练习，教师主要是针对学生的发音、用词、语法、句型、内容等项在小纸片写下评语并反馈给学生，并以鼓励为主，如表扬某学生的语音纯正或赞赏某人用词准确到位、内容别致、选题新颖等不一而足。同时，教师也要提一些改进的意见和建议。

2. 小组活动的课堂展示（Presentation）

展示是指由学生就某一方面知识在课堂上做的专题发言，它不仅可以帮助学生提高口头表达能力，调动学生英语学习的积极性，还通过要求学生参与分析讨论问题，提高了学生的思考、分析和归纳问题的能力。同时，展示又是一种交际手段，以促进各组学生之间。教师与学生之间的交际，它强调以学生为中心，但又不能忽视教师的作用。因此教学效果的优劣，教学过程顺畅与否，与教师的组织指导密不可分。教师要密切关注和把握活动的进行，实际操作中涉及以下几个步骤。

（1）任务布置和准备

制定各种专题任务（例如，英文绕口令、诗歌、谚语、演讲、新闻播报、戏剧表演、歌曲欣赏、名人逸事介绍等）并阐明其程序和规则，学生可以选择其一，也可以自选其他感兴趣的题目或与课文相关的题材，内容可灵活多样。要求学生以预先分好的学习小组为单位，各小组团结协作、合理分工，并对所讲的内容进行准备，包括查资料、拟草稿和练习讲演等。

（2）课堂演示

在课下进行充分准备的前提下，各小组向全班同学展示本组的成果，可以采用代表发言或者合作演示（推荐）两种形式。为了在有限的时间内扩大高职高专生的参与面，则可以由几个学生协作，从问题的不同角度做专题发言；或就问题来设计场景，进行对话或者表演等。在课堂演示时学生可能会紧张，教师主要发挥引导作用，提醒学生注意语音、语调、语速，目光要与听众交流且要观察听众的表情并及时调整等。鼓励各小组在演示过程中或结束时与同学进行互动，这样可以使大家更关注发言内容并扩大课堂交际的范围。

（3）评价和建议

展示结束后教师对发言内容作归纳总结，并对演示小组的表现做出评价。并且不管演示的学生表现精彩与否，都尽量找出其优点加以肯定。教师的反馈和评价为学生提高语言表达能力提供了动力，他们在教师适当的鼓励下会对自己的语言表达充满信心，从而产生学好语言的热情。在实践中，教师可以指定一些学生担任评委，然后进行总的评论，评论首先指出其长处，然后指出希望改进之处。为了保证言之有物，避免不切实的评论，评委必须在别的同学发言时记笔记，并根据笔记内容开展评说。教师也应用笔记录学生的优点和不足之处，这样才能真正做到不凭印象，而是用具体的语言细节和事实做评论。

3. 英文电影配音任务

英文电影配音是一种典型的交际活动，它促使学生根据自身兴趣爱好来选择英文电影片段，并通过由浅入深地进行词汇、语句、听说读写等一系列基本技能的集中强化训练，再通过反复推敲，精打细磨的自主学习、研究对策、团队合作、缜密观察，对比、记忆、相像甚至创新更高一级潜能的挖掘。最后，学生通过娴熟、流畅、地道乃至传神的英文配音，畅快地表达出他们对所配音片段的理解和对不同文化的认识。

配音活动中，教师主要在语言的流畅性、同步性和情感的贴切和团队配合方面给学生以指导，给学生布置的英文电影配音任务是：以小组为单位，并选取3—5分钟的英文电影片段，在课下充分练习的基础上或在视听说课上进行配音展示。最后教师对完成情况作归纳总结，对各配音小组的表现做出评价。英文电影配音任务的积极成果主要体现在以下两个方面：

第一，英文电影的配音任务使学生们英语学习中的多方面技能得到综合训练、强化，能激发语言学习者的兴趣，并促进学习效果的提高。

为了挑选一部自己满意的配音片段，学生会在一段时间内集中地浏览多部影片。因此在配音筹备阶段，总有学生拿着几部他们筛选出来的影片片段反复比较斟酌。这种长时间的、集中的、大量的听力训练对于英语学习有极大的促进作用；另外，要配音，对台词的熟悉也尤为重要。为了配音的流畅，情感表达准确，学生要查阅生词，仔细理解，反复背诵。配音追求的效果自然是语速恰当，发音标准，情感表达传神，这些是配音过程中技巧要求最高的部分。为了进行电影配音，学生一句句地反复聆听、推敲、模仿、对比、再听、再模仿，有时甚至为了配好一句话要反复地听上十几遍。从这个意义上讲，学生的英语语音、语调和语速都得到了集中的强化训练。而英语电影的内容更加形象，源自现实，语言更加生活化。配音活动使学生们身临其境，并尽情地享受在影片中实践运用英语的快乐，以增强他们对英语学习的兴趣和成就感，提高学习效率。

第二，英文电影配音任务促进了学生的情感交流，增强了他们的团队合作意识。因为在配音合作的过程中，各个演员相互交流、共享知识、共同提高，既体现了同学之间的温情和友爱，又充满了互助与竞争，从而实现了认知、情感与技能的统一。与此同时，配音过程始终是以小组的形式出现，故融入了学生、师生间的情感交流，培养了他们的团队合作意识。

以上实践的口语交际任务主要包括口语录音任务、小组活动的课堂展示和英文电影配音任务，既有个人任务也有小组任务，其主要价值体现在以下四个方面：

第一，解决了课时少与训练任务量大的矛盾，从学生的反馈中可以看出，他们在课后花了大量时间练习口语，学生平均每次花 1 小时左右时间完成配音练习。且为了完成课堂展示的作业，学生需要先从网上收集下载相关资料，对资料进行比较与筛选后制作成 PPT，细致的学生还对生词加以注释，平均用 3 小时。熟悉话题内容，一般平均用时 2 小时。做电影配音时，学生要投入更多时间和精力背台词、排练，平均每人花费 3 小时。

第二，建立更为真实的交际情景。英文原版影片，如影视剧、风光片、教学片等可以让学生接触到最真实的环境并拓展知识面，了解英语国家人们的风俗习惯、生产生活方式、思想内涵等。电影配音任务鼓励学生观摩优秀的影视作品，接触真实的语言材料以培养良好的语感。

第三，解除大群体的潜在压力。根据心理学研究成果，人们在越大的群体中越容易受大多数人的倾向性暗示，故当较多的学生闭嘴默不作声时，原本积极的学生也可能选择沉默。而学生课后使用手机、录音笔时是独自一人面对机器，精神上比较放松。以学习小组的形式准备和完成课堂展示、电影配音任务时，学生可以依靠团队的力量，较容易树立信心，消除紧张心理，克服焦虑从而行动起来，由集体缄默变为集体活跃，这种积极活跃的状态对学好一门语言来说是至关重要的。

第四，帮助学生将口语学习与其他环节的学习相结合。在完成录音、课堂发言和电影配音三项口语交际任务的过程中，学生大量阅读报刊，登陆网站浏览、查找英文资料、观摩了《冰川世纪》《怪物史莱克》《音乐之声》《加菲猫》等优秀原声影片的片段，故在增加语言输入的类型和数量，积累高质量口语练习素材的同时，也使他们的阅读理解和听力水平得到锻炼和提高。而且口语的交际任务驱使学生由被动地接受信息转向理解信息后进行加工并予以输出，从而在使用英语交流的过程中掌握更多的单词与句型并能够灵活运用。

口语交际任务教学法的理论和实践目前还在不断完善中，就我的教学实践来看。其主要不足之处是录音作业的批改量较大，教师需投入较多的时间和精力，若长期坚持下去对教师也是一种考验，不易于推广。因此，可以尝试由学生互相批改作业及试行更丰富的任务。另外，在以小组为单位完成课堂展示电影配音任务的过程中，个别学生显得消极被动，不愿意参加团队合作，这需要教师的多多鼓励和帮助。

（二）以网络和多媒体为支撑，设置真实的交际情境

在网络和多媒体的支持下，课堂上交际情境变得更为真实、交际内容变得更为丰富。在教学中将交际教学法与多媒体手段相结合，可以取得比传统教学模式更好的教学效果。

1. 让真实的语料和语境进入课堂，用真实的语境激发学生的交流欲望

当学生成功地用英语完成了真实语境中的交流时，就会品尝到交流顺利的喜悦，意识到了解目的语言和文化的益处，从而期盼并寻找下一次真实交流的机会。选择与课堂任务相关的丰富的多媒体资源，并利用声像、网络等多种辅助工具为学生创造一个声像并茂、动静变换的交际场景，使英语课堂形象化、趣味化和交际化。同时学生可以观看英语国家的风土人情、风俗习惯，直观地了解英语的语言规律，教学内容的表现形式也会变得新颖活泼、引人入胜。学生可以在这样一个悦目、悦耳、悦心的环境中怀着愉悦的心情积极参加学习活动，促使学生兴趣盎然地获取知识。并且丰富的视频、音频和图像资料给学生的视觉和听觉带来强烈冲击，可以在短时间内引起学生对某一主题的强烈兴趣和好奇心，促进学生的英语交际欲望。

2. 充分开展英文电影教学，使学生感受真实的英美文化

通过影视进行英语教学能把语言知识、语言技能、文化知识、学习方法、情感因素等融为一体，而教学过程综合了听、说、读和写等基本技能的训练，能使学生在一种较真实的语言环境中感受学习氛围。

（三）采用全方位、多样化的互动式课堂教学方式

英语教学的实质是交流（communicate），也是师生之间、学生之间的交际。英语教学就是通过这些交际活动，培养学生运用英语的能力。在交际过程中，师生双方的认识活动也是相互作用的，学生认识英语的进展离不开教师对教学规律的认识；教师对教学规律的认识也离不开学生在教师指导学习的客观效应。

互动是交际教学理论的核心，也是以学生为中心的课堂中最常用的教学手段。因此，教师应充分发挥主观能动性，丰富教学形式、充实教学内容，创建师生、生生积极互动的课堂，营造生动、真实的英语学习环境，激发学生的想象力和创造力，增加学生课堂练习的机会，给予学生更多自由表达的空间，以培养学生的语言应用能力。通过各种问答、讨论、辩论、扮演角色、游戏、传递口头与书面信息等互动性很强的交际活动，让学生可以实践语法词汇知识，学会在文化语境中得体地表达自己，培养主动探索的学习研究精神、增强自信心、培养创新能力。上述能力靠记忆、语言点练习、句型练习、背诵练习、复述练习是培养不出来的，只有通过互动的课堂上大量的模仿、操练和交流，通过师生之间、生生之间的相互沟通、激励、启发，并通过不断进行交际输出和语言实践才能实现。让学生获得实际应用英语的能力的同时与教师在互动中达成共识、共享、共进和共同发展。

教师在教学实践中可经常采用教师与学生互动、学生与学生互动两种形式。

1. 教师与学生互动

教师主要通过提问来启动教师与学生互动，教师的提问给学生创造了表达的机会使学生能够自然地进入使用语言的过程。

教师的问题可以激发学生与教师之间和学生与学生之间的一连串的对话和讨论，同时，可以及时反馈学生的理解情况和困难。在教学实践中，教师可经常采用提问的方式来进行互动并注意涉及多样的问题，并调动学生思维。

2. 学生与学生互动

除了教师学生互动，教师还可经常设计、组织学生与学生间的互动来实现交际。其交流的范围可以多样化，可在双人、小组、全班等不同范围内进行。交流所用的语料也可以多样化，如以课文为基础的材料、以任务为基础的材料或与现实生活相关的材料。多样的交流形式和教学教材使学生对每天的英语课堂都充满好奇、充满兴趣。在教学活动中，教师可经常组织以下三种学生与学生的互动形式。

（1）同桌互动

即在课程讲解过程中，就某一语言难点或理解性问题让学生与同桌进行即时讨论。同桌两人一组，规模小，互动方便，故具有省时高效的特点。

（2）小组讨论和竞赛

小组讨论是将学生分成若干小组，让小组成员共同负责完成教师布置的任务并在实践中彼此促进，以实现自身语言技能与语言知识的进一步提高。开展小组讨论目的主要是给学生提供更多语言实践机会，这对于学生语言交流能力的提升是十分有利的。在课堂实践中，教师可让学生们按照小组就座（4—6人为一组，每组有组长一名）。而小组讨论可在课前进行，为课文学习进行热身和铺垫，也可在学习课文之后进行，作为对所学知识的复习、巩固和提高，讨论的同时也可开展小组竞赛，以促进学生间的良性竞争。

（3）角色扮演

即指学生在课堂上根据情境扮演不同角色，进行对话或表演的活动。因为它可以让学生模仿真实社交情景中的角色，以便在真实环境中自如地运用英语进行交际。教师可以根据教学材料设计一些教学情景，再根据学生的语言水平、想象力、表演能力以及性格来决定分配给学生的角色。

鼓励他们说英语带着表情并伴以手势、动作等，要像演戏一样把生活中的交际情景引进课堂练习。这样不仅帮助学生加深不同的场合并采用不同的说话方式，也提高了学生学习英语的积极性，形成良好的学习语言的氛围。故学生在活动中可以充分发挥自己的想象力，尝试使用学过的词汇，锻炼胆量、增强自信。

（4）专题辩论

对于学生感兴趣的话题或对于课文中有争议的问题，可组织学生进行辩论，好为学生提供陈述独立见解与展露个性的机会。

交际教学法给语言学习和语言教学都开辟了广阔的视野，能让学生体会到了"用语言去学"（using language to learn）和"学会用语言"（learning to use language）的乐趣以及英语课堂的魅力。

（四）遇到的困难和思考

近年来，虽然高职高专院校积极探索交际教学法在英语课堂教学中的实践，取得了很大成果，但在具体的实施中也遇到了一些困难和问题。

1.学生英语基础薄弱，基本技能训练不足

高职高专的学生入学时英语分数普遍不高，虽然他们多数喜欢交际教学活动，但由于长期以来形成的被动学习方法一时很难改变，加上词汇量小，基本技能不过关，语法错误过多，故与别人交流时就无法正确表达出真实想法，从而给交流带来了障碍。在这种情况下，简单的采用以学生为中心的交际法教学是很难组织教学工作的。

因为如果强迫他们在没有足够输入的情况下进行交际，有可能打击到他们的自信心与积极性，所以在实践教学中，教师应该将传统的语法翻译法和交际法进行有效融合，使学生既能强化英语基础知识又能提高英语交际能力。

2. 专科学校软硬件设施和经费的限制

交际法的实践特别是基于网络的交际环境建设对硬件设施要求较高，设备投资较大，且相关的设备维护费用也较高，而因为专科学校大都办学经费有限，所以难免存在硬件和师资方面暂时跟不上的问题。

3. 交际教学法评价体系的欠缺

中国多年以来一直采用语法为导向的考试制度，尽管高职高专在课堂教学和第二课堂方面都尝试采用了交际教学法，但旧的考试体系却没有改变，故考试分数仍然在学期评估中占了很大比例。很多教师为了迎合学校的各种考核，不得不调整教学方法，减少学生操练语言的机会把更多的时间放在语法讲解和读写练习上。而学生仍然不得不为每学期的期中、期末、CET考试而整日忙着记忆语法和词汇，所以他们的语言能力和交际能力并没有得到实质性的提高。因此，我们需要建立新的、能覆盖听说读写四项基本技能的、以交际为目的的评价体系，并通过不同的评价方法让学生的语言运用能力得到提升。教师也必须正确分配时间，以保证在教学中既能够以备考应用为目的的传统教学方法，同时又可以兼顾以实际交流为目的的教学。

第三节 自主学习模式

当今社会，知识浩如烟海，科技发展日新月异。为了跟上时代的步伐，掌握更多的知识和技能，学生学习的场所已不再局限于课堂，学习的步伐也不是离开了学校就停止。因此，教育工作者需要不断调整和拓展教学手段和模式，培养学生独立、自主和有效的学习能力，使他们具有可受用一生的可持续学习能力。

一、自主学习模式的定义及理论依据

（一）定义

1.定义与性质

自主学习能力的定义就是"自己控制学习的能力"。在学习过程中，学生需要充分发挥主观能动性，自行确定学习目标，选择学习内容和学习方法，独立为学习进程及目标管理负责并自己评价学习的效果。

2.作用和意义

（1）满足学生个性发展，挖掘学生潜能，培养学生主动和独立学习的能力

受历史和社会因素的影响，我国的传统教育过分强调统一，忽视个体差异，受教育者的个性发展得不到应有的重视。历史发展到今天，世界经济的快速发展及国内经济结构的变革导致需要多方位、多层次和充满个性特点的人才。

而自主学习法很好地满足了这一需求。自主学习者有着充足的个人支配空间，以进行富有个性的学习，在整个学习过程中，学习者独立制订学习计划，自行选择学习内容和学习方法，设计学习步骤和进程。从发现问题，寻找解决途径，收集和加工资料直至解决问题，这一切都需要个体主动思考，独立实践和全身心参与。在这个过程中，学习者按照自己的个性设计并完成学习任务，使自身潜能得到最大限度地施展。但是独立并不意味着离群索居，孤立丁群体之外，学生也要以某种形式参与小组或团队活动，各成员间相互协作，依靠集体力量共同进步。

（2）培养学生的主观能动性和自主意识

与各种形式的被动学习不同，自主学习模式建立在强烈的学习需求和渴望成功的欲望基础之上，且能有效地激发和维持学生学习的主观能动性。它要求学生积极、主动、自觉地从事和管理自己的学习活动，而不是在外界的压力和要求下被动地从事学习活动，需要外界来管理自己的学习过程。在学习过程中，学生需要具备较高的主观能动性，有明确的学习目标和敏锐的感知力，及时捕捉和提取信息并根据需要将信息进行分类整理。同时，学生要拥有较强的自主意识，能充分实现自我、体验到自己在学习中的自我操控感、自我价值感和成功的自豪感。这种积极的情感体验有利于学生养成良好

的学习习惯和过硬的心理素质。

（3）培养学生的高效和创新意识

由于自主学习的出发点和目的都是尽量协调好自己学习系统中各种因素的作用，从而使它们发挥出最佳效果。因此，自主学习过程在某种意义上讲就是采取各种调控措施使自己的学习达到最优化的过程。一般而言，学生学习的自主水平越高，学习过程也就越优化、学习的效率也就越高。同时，具备自主学习能力的学生不应满足于获得现成的答案或结果，要能就学习内容进行独立思考，并展开多角度、多层次思维，且具备一定的创新意识，力图探索并解决新的问题。

（4）以学生为主体，鼓励知识建构

在自主学习模式下，学生是学习的主体，教学要以学生为活动中心来展开。学生以过往的经验和知识为基础，积极主动地探索和发现问题并尝试以自己的方式将知识纳入认知结构中来解决问题，并最后由师生共同对探究的问题、方法和结果进行评价。在学习过程中，教师只是组织者和指导者，对学习中存在的问题提出建设性意见，并指导学生反思整个学习过程。

3.学习途径

学生可以通过多种方式进行自主学习，主要途径为以下三种。

（1）小组合作学习

前面提过，自主学习要求学生能独立地完成学习任务，但独立不是孤立，学生之间结成学习互助小组，将更有助于成绩的提高和学习能力的提升。同组成员可围绕某一主题或学习内容，积极主动地发表观点，在热烈讨论中分享经验和心得、见贤思齐、互相取长补短，在提高思辨能力表达能力的同时，可以有效激发学生的学习热情和提高学习效率。

（2）英语第二课堂活动

虽然高职高专英语教学的一个基本目标是不断激发和保持学生强烈的学习兴趣和动机，但由于受班级规模的约束，学生在课堂内只能接触一定的学习内容，体会不到英语世界的广博深远和美妙奇幻。因为自主学习特别强调学生是学习活动的主体，而英语第二课堂开展的实践活动从学生心理、生理、认知、娱乐等方面的需求出发，又能同学习目标保持一致，故可以有效激发和保持学生的学习兴趣和动机。

（3）网络自主学习系统

国内传统的教学模式是以教师在课堂上讲授为主，"一支粉笔，一块黑板，一本书，一张嘴"是主要的教学要件，而学生基本上没有太多的自主学习机会。但现在是信息时代，网络资源的不断膨胀以及搜索引擎技术的飞速发展，已创造出新的学习方式，以网络教学为主的计算机辅助教学模式已逐渐渗透教育领域，且它极大地丰富并拓展了自主学习的内涵，甚至极有可能成为未来主流的教育教学模式。

网络自主学习系统满足了自主学习需要的大部分要件，在提升学生自主学习能力方面起了巨大的推动和促进作用。它使受教育者从被动的灌输式学习完全转变到主动的参与式学习，教学方式也从以教师为中心转变为以学生为中心。并且它适应新形势的需要，使英语的教与学在一定程度上不受时间和空间的限制。在数字化情境中，学习者可随时随地通过网络教学系统和软件进行人机互动式学习。但由于没有统一的教材，也不统一规定学习进度，使个人条件优越的学生可在较短的时间内实现较高的学习目标，而基础略差的学生也可按照自己的认知水平循序渐进地学习。而新颖的教学手段，生动的电脑界面，灵活的内容设置，高度体现出英语的实用性、知识性和趣味性，有利于调动学生的学习积极性。在自主学习模式下，教师可以合理安排课堂授课和网络自主学习的时间，还可以利用网络平台中完备的教学管理功能，能对学生的自主学习进行监控管理、随时记录，了解和检测学生的学习情况。

除了网络自主学习系统，数据库和信息共享技术的飞速发展也为自主学习者提供了取之不竭的知识宝库，并搭建了协商交流与切磋讨论的有效平台。学习者可不分时间、地域自由查阅资料，也可通过电子邮件、QQ、聊天室等进行合作式学习，互通有无，共同进步。

4.某些理解上的误区

（1）自主学习就是自学，不需要教师指导

事实上，要求学生自主学习并不意味着教师失去教学的主导地位。自主学习能力并不是天生就具有的，这种能力的培养需要教师与专家的指导与帮助。确实有些人通过自学的方式展现出很大的自主性但没有教师的积极鼓励和有效监督，因为大部分学生还是会因为各种原因，在实现学习目标时遇到一定的困难。而且由于学习者的思维方式、学习习惯的差异以及对学习目标的理解不同，自主学习方式会呈现出多样化，也会产生很多问题，如偏离学习目标，无法掌控学习进度等。因此，教师对学习过程进行科学的管理显得尤为重要。

（2）自主学习就是独自学习，不需要与他人交流

教育是一种互动的交往过程，学校教育或家庭教育都是如此。合作和互动是培养自主性学习能力的基石，而自主学习能力需要在与人互动的过程中逐渐培养起来。外语和母语的学习过程是一样的都要在与他人交流的过程中用目标语进行思考和表达，不断提高语言能力。为了能很好地进行自主学习，学习者必须置身于类似家庭、教室或交际场所的互动环境，并在与他人共同参与活动、进行充分交流的过程中提高对英语语言敏感度、增强学习效果。

（3）自主学习就是想学什么就学什么

虽然自主学习者拥有很高的自主权和独立性，但不是完全自主，需要受到某种限制。比如，需要在教学大纲的框架内订立学习目标，在学校课程规划范围内订立学习计划，再依据校内考试提纲选择学习内容，将学习进度及时向任课教师汇报并接受教师的指导和监督等

二、自主学习模式在高职高专的应用

作为一门公共必修课，高职高专英语在高校教育体系中的重要作用不言而喻。高职高专非常重视高职高专的英语教学，曾在教学方法改革活动中就明确提出，高职高专英语教学既要提高学生的应试能力，又要提高学生对知识的实际应用能力。此外，高职高专的生源特点也决定了教师有必要把指导学生学习方法和培养自主学习能力作为教学目标和教学重点。

（一）自主学习模式在高职高专的开展

在外语教学领域中，有一种说法得到了广泛认可：作为一种沟通交流的工具，语言不是"教"出来的，而是"悟"和"练"出来的。故要学好外语，需要在保证一定信息输入的情况下，注重内心的自我揣摩和感悟并在教师的指导下多沟通、多体验、多实践。从这个角度来说，强化自主学习能力是符合第二语言习得理论的，在提高学生自主学习能力方面，高职高专英语课程教师注重从以下几个方面入手。

1.课堂教学与课后自主训练并重

课堂学习是进行自主学习的基础，课堂教学质量直接关系到最终的学

习效果。众所周知，语言的学习包括知识学习（词汇、语法、篇章和文化背景知识）和技能学习（听、说、读、写和译）。因此只有在课堂上掌握了必要的英语学习方法和技巧，才有可能在课下进行有效的自主学习。可以说提高课堂的学习效率是进行高效自主学习的前提和保障。

在课堂教学环节，高职高专英语教师们严格课堂管理，要坚决执行学校的考勤制度。课堂上坚持检查学生的课下预习情况，如对学习内容是否做到了认真思考和体会，课后作业是否已及时并保质保量完成；勤查笔记，勤提问，勤测试，随时监测学生的学习过程和结果，并将这些与平时成绩直接挂钩。这样除了可以督促学生重视学习之外还能给学生一种紧迫感，让他们感觉到不努力学习就无法正常毕业，没有毕业证和学位证，家里安排再好的工作也终将是泡影，以便促使他们从内心深处产生想学习的冲动。同时多给主动学习的学生创造展示才能的机会，让他们体会到付出的努力越多，成功指数就会越高，学生用心学习的积极性也就会越高。对于其他学生，教师也要为他们提供表现的机会，多鼓励、多引导，让他们感觉到教师关心他们每一个人、重视他们的需求和个人感受。关键是要向他们传递一种信念，外语学习同其他学科不同，它不需要什么天分，因为能说好母语的人，经过一定的努力，也必定能获得良好的外语技能。

课堂教学不可掉以轻心，课下自主训练则更为重要。因为课堂教学受时间和班级规模的限制，主要起引领和示范作用，所以知识的消化和吸收需要大量的时间，这些都需要在课下完成。同时，为了扩大知识面，掌握语言背后广博的人文和自然知识，需要阅读大量的参考材料。而且作为一种沟通交流的工具语言技能的提高需要进行大量的重复性训练，反复听、反复说、反复写、反复背诵，以达到熟能生巧的程度，这些都需要在课下自主完成。

2.优选学习材料

学习者要对其学习内容负责。这意味着在某些情况下，学生要自己寻找学习材料。虽然大一、大二的学生已经在中学阶段系统地学习过英语知识，但对于大多数初入大学的学生来说，他们中有些人可能还不清楚什么样的学习材料适合自己，甚至不知道应从何处入手开始学。故这时候教师就要充分发挥主导作用，及时给学生提出建议和帮助。选取的材料既要考虑学习者的英语基础、个人意义建构形式、需要达到的目标，还要注重保护学生的学习积极性并以学生的可持续进步作为选择学习材料的指导方针。要给学生很大的自主权，教师在很多时候仅起引导作用，学习内容最终要经过师生的反复推敲才能确定。这其中师生可能需要在某种程度上达成妥协，稍有不慎，学习者的自主责任很容易变成一个华而不实的口号，而无法付诸实践。

3. 要求学生参与教学

可以说，语言作为一种交流工具、一种沟通技能，学得好坏不在于教师教得如何，而在于学习者在学习过程中是否自主确定学习目标并亲身体验和实践。因此，注重自主学习的英语课堂教学或学习的计划必须创造条件，让学生能通过讨论、交流和解决问题的方式来开展学习，而不是通过教师的讲解和演示这些学习方式使师生的注意力更多地集中在学习内容和课堂活动的组织上。而学生要想成为自主的学习者，就必须懂得如何学，尤其如何取得最佳学习效果。

教育界有个理论是"教学相长"，科学实践也证明学生的接受程度是与参与程度成正比的。因此，为了更好地促进学生学习，教师可以安排学生参与课堂教学实践，可以以个人形式参与，当然也可以是"英语学习互助组"的形式。

在这个过程中，学生既是学习主体也是教学主体，教师只发挥引导和监督作用包括布置教学任务，在规定完成时间及方式，制定考核标准等。学生要根据教科书的章节要求进行教学必须自己设计教学方案和讲稿，并自行设计课堂活动和练习题，而不能简单地采纳和改编书本的内容照本宣科。教学评价采取由教师和全班同学共同打分制，分数按百分比计入该组成员平时成绩，为保证所有组员能齐心协力搞好教学，该小组的最终得分即是各组员的得分。如果有某个组员不够认真或表现欠佳，小组成员有权联名将其从该小组除名。

4. 组成师生学习共同体

站在森林外边，就不能完全了解森林；站在社会之外，就无法体验生活！

要求学生参与教学，以教学体验增强学习意识。反过来，教师也应参与学习，并尝试以学生的心态和角度来观察和反思整个教学活动的组织及学生的参与程度，比如，与学生一起默写单词，共同朗读课文背诵重点段落，一起参与网络自主学习，并请学生给自己打分。也就是说，师生之间可以尝试角色互换开展讨论式教学，师生组成学习共同体，共同体验学习过程、共同研究学习对策。教师从学生的视角去看待自己的教学与学生共同承担教学工作，共同制订教学计划和教学活动，选择学习资料和内容，甚至参与考试题型的设计。学生也从教学的角度去审视学习，一方面可以刺激他们积极完成学习任务；另一方面也增强了他们自己评价学习过程的能力。

学生只有当一次教师，才会明白教学的不易及知识获得的最佳途径；教师只有重新当回学生，才能切身明白学生在学习中遇到的困惑和诉求。换位思考不仅拉近了老师和学生的心理距离，也使师生关系更加和谐。更重要的是，身教重于言教，教师是学生最生动的典范，也是学生前进的标杆。教师主动参与学习会直接刺激和鼓舞学生，在促使他们加倍努力学习的同时，也促进了学生心理年龄的增长，使他们具备更强的独立思考和自主学习能力，为他们未来的就业和人生规划打下坚实的基础。

5. 基于网络的数字化教学模式

高职高专的英语教学整体设计为四个板块：第一是课堂教学，由教师起主导作用；第二是第二课堂活动，如各种英语竞赛、英语团体活动和国外实践活动；第三是课外辅导板块，包括教师办公室答疑（office hour），学生自习室学习；第四是网络自主学习板块，由教师设计学习任务，学生在媒体网络环境下自主完成，由教师检查监督。这样四大板块交相呼应，可以有力保障教学效果。

电子世界带来无限可能，为网络提供了无限的教育良机。网络的教学模式由互联网作为大环境，以校园网为主要依托、以英语教学管理系统作为支撑、以教师面授为辅助，可以实现高职高专英语教学由传统教师主讲型向着"教师主导＋网络学习资源共享＋网上自主学习"相结合新型教学模式的转变。

在网上提供与教材、教学内容、学习材料相关的中外优秀教学课件，文本、图形图像、音频、视频等多媒体素材，有英语国家的文化习俗方面知识以及语言学习策略等，供学生浏览下载。各班建立 QQ 群和公共邮箱，要求任课教师加入，再根据班级情况和学习内容上传各种学习资料，随时进行网上答疑互动和批改作业等。

6. 帮助学生树立自信心

自主学习能力本是人的天性，但后天生活环境可以造成这种能力的缺失。那么如何做才能唤醒潜藏在高职高专生身上的自主学习能力呢？帮助他们树立自信心是其中很重要一环。

首先是放下心里包袱，不怕犯错误。但在学习知识的过程中不犯错误是根本不可能的，语言学习更是如此。很多学生怕教师或同学发现自己的缺点和不足，觉得那样会很没面子。为了帮助这部分学生放下心理包袱，轻装上阵，笔者给他们讲了很多在英语学习上有成就人士的例子，如新东方教育科技集团创始人俞敏洪经历三次高考方成就北大梦想；疯狂英语发明人李阳最爱的口号就是"I enjoy losing face"等。讲这些故事，不但可以活跃课堂气氛，更主要的是让学生明白，因为任何人在求学过程中都会遭遇无数的挫折和坎坷，"行百里者半九十"，只有正视和努力克服，才能不断取得进步让自己笑到最后。

成年人学外语和小婴儿学说话一样，总会犯很多奇奇怪怪的错误，故只有通过不断地纠正和练习，才能保证少犯或不犯错误、才能把语言学好。

不再害怕犯错误只是前奏曲，夯实基础知识才能使自信心逐渐增强。

通常学习初始阶段利用实物或语境理解并记忆单词，通过背诵和复述等扩大大脑中英语信息的存储量，以尽可能多的阅读量提升对语言的感知能力，再通过听大量的英语录音提高耳朵的辨音能力，通过大量的英语交流实践加深语音对大脑皮层的刺激等。而那些不符合人的生理承受能力和英语学习规律的说法和做法是根本站不住脚的，学习效果不理想往往是方法不当或者不能持之以恒造成的。

有了学习方法，还要有学习目标和规划。一千个人眼里有一千个哈姆雷特，人的差异和特质是客观存在的，故在教学中就要以个体为教学单位，注重因"人"施教。针对每个学生的英语基础、学习习惯和特点制订切实可行的学习计划和目标，如怎样高效地利用时间学习，如何有效地使用学习资料以及如何评估学习进展等。让每个学生都明确自己的学习目标，近期的、远期的，了解自己与阶段目标的差距，自己与其他同学的差距等。只有教师的工作做到了实处，学生才能有的放矢，学习积极性和学习效率也会随之节节攀升。

7.注重评价方法

教学评估是高职高专英语课程教学的一个重要环节，全面、客观、科学、准确的评估体系对于实现教学目标至关重要。教学评估既是教师获取教学反馈信息、改进教学管理、保证教学质量的重要依据，又是学生调整学习策略、改进学习方法和取得良好学习效果的有效手段。

在培养学习自主性方面，评价起着关键作用：一方面，评价能促进教学活动的进一步完善；另一方面，评价过程所积累的经验和所培养的意识可以在将来学习的规划中派上用场。教师如果以促进自主学习为目标，就必须采取一些方法来评估学生在自主性方面所取得的进步。

对学生学习效果的评估分为形成性评估和终结性评估两种。形成性评估是教学过程中进行的过程性和发展性评估，即根据教学目标，是采用多种评估手段和形式、跟踪教学过程、反馈教学信息，促进学生全面发展。形成性评估特别有利于对学生自主学习的过程进行有效监控，在实施基于计算机和课堂的教学模式中尤为重要。形成性评估包括学生自我评估、学生相互间评估和教师对学生的评估。同时，形成性评估可以采用课堂活动和课外活动记录、网上自学记录、学习档案记录、访谈和座谈等多种形式，以便对学生学习过程进行观察、评价和监督，有利提高学生自主学习的有效性。终结性评估是在一个教学阶段结束时进行的总结性评估，主要指期末课程考试，以评价学生的英语综合应用能力，特别是读、写和译的能力。

形成性评估和终结性评估构成学生的最终成绩，可将成绩比例细化，比如：出勤＋作业＋课堂表现占20%，平时小测试占10%，期中阶段性测试占20%，期末考试占50%。而学生的阶段性进步应被视为核算平时成绩的重要参考指标。

（二）遇到的问题及解决策略

1.教学大纲的束缚

要想让学生实现自主学习，教师就需要实现自主教学，但实际操作起来存在一定的难度。虽然通常，教学大纲可以决定教师在课堂上的一切活动，但每位教师也有自己的建构体系，并对教学大纲都有自己独到的见解。他们对教材的理解和处理手段也各不相同教学大纲无法详细规定教师每一节课从开始到结束必须做什么，即便有，教师的个性仍使其对大纲采用不同的表达方式。同时，由于学生的英语基础不同，想达到的目标也不同，因此教师在安排教学内容时也需仔细思量。

2. 学习内容的牵绊

因为校内考试通常会预先设定考试范围，无形中也规定了学生需学习的内容，所以考试在一定程度上变成了自主学习能力发展的一个障碍，为了取得高分，学生不得不接受规定的学习和考核内容。学生在学习内容上没有多少自主权，学习主动性和积极性就会大大降低。

以前的英语教科书会重点指导学生学习词汇和句法结构等，而现在的教科书则多倾向于培养学生的交流能力。从前面部分我们已经获知，自主学习能力的发展不依赖于学习内容本身，而是取决于学习者与学习内容之间建立的联系。因此，为了维持学生学习英语的兴趣，同时也保证必要的知识输入，教师可用以下两种方法。

第一，从互联网等渠道寻找与教科书主题、难度和学习内容相当的一些原汁原味的学习材料，在不打破教科书绝对统治地位的同时，保证学生的学习热度和效度。

第二，要求学生以编者的姿态，根据课本上的重点单词和语法现象进行二度创作、编写学习内容。这样一来，学习内容属于半开放式，就有别于传统的课堂教学模式，学生也易于接受。

3. 教师观念的转变

同时教学模式的改变不仅是教学方法和手段的变化，还包括教学理念的转变，实现从以教师为中心单纯传授语言知识和技能，向以学生为中心既传授语言知识与技能，更注重培养语言实际应用能力和自主学习能力的方向转变，并以培养学生的可持续学习能力为根本出发点。

教师观念的转变是学生实现有自主学习的第一步。虽然学生的自主学习体验始于课堂，但要求学生在课堂上实现自主学习并不意味着要求教师完全放弃对课堂的控制。并且教师需要从信息的传播者转变成顾问和学习资源的管理者。为真正实现自主学习，教师应该首先与学生一起商讨如何理解教学大纲，以及学生该如何把大纲和自己的学习目标融合起来，教师最好一开始就请学生阐述自己对自主学习过程有何期望以及自己的行动计划。因为这种方式比由教师讲述自主学习更好，更容易让学生接受。在传统课堂上，教师不仅要提出问题，还常常要帮助学生解决问题，一些教师也会鼓励学生通过自我发现的方式来学习。但当看到学生对某些问题争执不下而进展缓慢时，他们通常会急忙跳出来平息干戈，这也干预了学生的自然学习过程。实际上，这种关于问题的争执（个人见解间的摩擦与冲突）正是一种学习过程，如果教师过早进行干预，学生学习效果就会大打折扣。并且教师干预学生学习活动的主要原因是担心有许多内容没有时间在课堂上讲解，这些内容通常集中在语言的词语用法和语法结构方面。但事实上，这些担心完全是多余的，而教师可以告诉学生可以从哪里找到答案，然后放手让他们自己去找。

4. 学生方面的问题

高职高专英语的学习者是大一、大二的新生，也是正处于高职高专的基础阶段，刚刚经历了艰苦的三年高中，上了高职高专后思想上难免有懈怠。而且部分学生认为考上了高职高专就基本完成了求学的全部过程，高职高专混混就可以了，毕业找工作等事情应由父母全权负责，自己完全可以高枕无忧，没有学习的主观愿望。此外，对于 20 岁左右的年轻人来讲，他们以前接受的小学和中学教育早已使他们适应了讲授型的教学模式，要他们自己承担起自行组织学习的责任，确实困难重重。但是他们已经丧失了主动学习的天性，许多学生"学为考"思想严重，认为重要的不是应该怎么学，而是怎样用最快最省事的方法在考试中取得好成绩，而教师的任务就是帮助他们在考试中取得好成绩。由于他们已习惯且满足于对教师的依赖，很多学生难以接受自主学习模式甚至对此有抵触情绪。

教师要让学生知道，英语学得好的人不都是在课堂上由教师"教"出来的，而是靠教师在课堂内外"导"出来的。就英语学习而言，不能把"宝"都押在课堂教学上，而要靠自学。然后，老师要引导学生进行自主学习，指明学习时须努力的方向，并提出解决问题的意见供学生参考借鉴，待尝到甜头之后他们就会热衷于这种学习方法，并且欲罢不能。

更为重要的是要让他们明白，人生而有语言天赋，后天的学习只是把这种天赋开发出来而已，而不是靠他人传授得来。人有交流的欲望，就要用到语言，全球一体化又使得英语这种语言纵横世界畅通无阻。在未来社会，一个人如果不掌握英语，就如瘸腿一般，纵有鸿鹄之志，也只能仰天长叹，踟蹰不前。

第四节 信息化教学模式

一、信息化教学模式概念

信息化教学是一种与传统教学有很大差别的全新的教学模式。传统教学的英语教学基本上还是根据行为主义理论，强调的是刺激引起反应，而教师只是起到一个外部刺激作用，教学当中忽视了学生内在的心理反应。根深蒂固的教学模式是教学为中心的，学生在学习过程中处于被动的位置上，学生成了知识灌输的对象。因此，传统教学扼杀了学生的个性。此外，"统一式"授课也是弊端之一，教师面对的是全班学生，满足不了学生个性差异的要求，因而教师提供的有效信息量有限。20世纪90年代的多媒体教学，虽然在教学形式上有所变化，也脱离不了教师"导"的作用，但只是把"人"灌变成了"电"灌。而英语的信息化教学是利用文本书籍、光碟软件、网上资料三大资源为基础，强调的是以学生自学为主体，以便培养他们的存储能力、检索能力、多媒体表达能力、道德情感能力、协作学习能力、自主学习能力，培养学生的美感，例如，在学习weather这一单元的时候，要求学生：

①运用教学软件，例如，金山词霸、东方快车等，查出一些与天气有关的单词进行读、写、背。

②组成学习小组进行分工，到网上寻找有关天气的资料和一些国家城市的天气情况。

③对在学习过程中存在的问题，随时请老师或小组的同学讨论帮助解决并记录在个人文件夹上。

④把读到的和查到的东西通过小组合作制成网页。而教师归纳总结存在的典型问题，集体评议每小组网页的量和艺术性并布置下次学习的内容，评价时需要评定记录。这种教学法从根本上改变了传统教育教学理念，它在课堂教学、知识结构、课程安排、能力评价、协作学习、师生关系等方面都发生了质的变化，真正体现了学生"自主学习、协作学习"的核心思想。

二、信息化手段下的学习模式

网络信息化教学是一种教师与学生互动的学习模式。传统的英语教学是以教师为主体的，这会大大妨碍了学生创造性思维的发展，也限制了教师的知识空间。新的教学模式不但开阔了学生的学习视野，而且也给教师在专业知识上、信息化素养上、知识范围上提出了更高的要求。同时，随着学生创造思维不断发展，教师可从学生活跃的思维浪花中体会、学习到非常规的思维方式，进而促进教师知识的全面发展。而学生间的交流是掌握知识的重要途径。英语的常规教学，学生的知识信息主要来源于教师，且学生的学习交流一般都是在课后与放学这一段时间内，而且大多都是以本族语为主，故网络就为学生的英语交流提供了广阔的空间。笔者首先教会学生在一些网站上留言，然后把自己的问题放到网上去，让同学或其他人为他解答问题。学生也可以通过阅读、查资料等方法去解答其他人的一些问题，当为别人成功地解答好一个问题的时候，学生心里就会充满欢乐和成就感。

三、信息化手段下的教学方法

信息化是一种培养综合能力的教学方式。网络信息化的教学特点：信息资源永远开放；传播媒介多向交流；传递系统是多媒体的；知识是跨越时空限制的。（这些特点决定了网络环境下的英语教学过程具有以下特点：开放性与全球化；学习过程的交互性；学习内容选择自主性和个性化；内容形式的媒体化）这恰恰迎合了人本主义和素质教育的宗旨。也说明，一旦网络环境下英语课堂组织起来，必然带有松散性、不确定性、难控制性。在不脱离学校模式、班级模式的课堂形式下，这种教学设计的确是一种前所未有的尝试。

由于英语信息化的教学是利用现代技术学习国家教委规定的课程，因而在要求学生学习好英语课的同时，也要培养学生的信息化素养，提高学生的电脑技术水平。当学生在毕业时，在信息化素养、创造性思维的发展方面得到了很大提高。

当然，任何一个新生事物的诞生和发展，所经历的道路都不会是平坦的，它总会遇到这样或那样的困难和问题。试验中发现，传统教育不论在教育理念、课程设计上还是在教学方法、教学评价上都是一个非常成熟的教育体系，而近代教育理念虽然使其变革了许多，但由于其教学模式没有从根本上改变班级讲解授课制，因而它的历史惯性仍然很大。信息化教学首先遇到的问题是，如何准确地评价信息化教学的成绩，其中，包括学生的文化课成绩、综合素质能力、信息化素养、道德品质，教师的教学能力、文化素养、师德以及敬业精神等，因为这直接影响到学生的升学和评教问题。

其次是教材问题。整合课的形式是让学生自己设计，并创造教育资源。教育是通过学习过程中提高学生的各方面能力，也是通过网络学习文化课知识。整合课要求打破各学科间的界限，而且大部分知识来自教材以外，因而教材和资源的衔接具有跳跃性，让学生很难把握，学科系统将被打乱。目前，多数学校的英语学习是以现行教材为主，而现行的教材呈多样化，网络信息化教学的特点就是以单元教学为主，而不是以课为教学单位，到现在为止还没有相应的教材，这就给教师讲课带来很大困难。

此外，英语网络信息化的学习只有硬件不行，还必须有好的软件。目前，英语学习上的软件还是太少，好的软件更少，大部分都是以题海战术为主。另外，掌握网络信息化教学毕竟不像操作录音机和录像机那么简单，它需要掌握一些计算机操作知识和有相应的网络知识，但这些知识也不是两三天就能学会，这也制约了网络信息化学习的应用。

虽然有诸多问题和困难，但是计算机的发展在改变着人们的经济模式和文化观念，同时对英语学习也产生了巨大的影响，任何一种传统的英语学习方法都是无法同它相比的。作为一个全新的教学模式和手段，网络信息化教学会受到学校和社会越来越多的关注，也必将对传统的学校教学造成冲击和深远的影响。

第五节　基于翻转课堂理念的混合式教学模式

混合式学习是一种将传统课堂师生面对面教学与数字化学习相结合的教与学的新方式。混合式教学既能发挥教师在教学过程中的引导、启发、监控等主导作用，又能体现学生在学习过程中的积极性、主动性和创造性，并将传统的面授课堂教学与现代网络多媒体教学方式结合起来，以获得更好的教学效果。

翻转课堂是一种新出现的课堂教学组织形式，即在信息化环境中，课程教师提供以教学视频为主要形式的学习资源，学生在上课前完成对教学资源的观看和学习，师生在课堂上一起完成作业答疑、写作探究和互动交流等活动的一种新型的教学模式。且对传统教学流程的颠覆和基于"以学生为中心"的思考是翻转课堂的真正本质。

目前，海内外的学者普遍认为，翻转课堂不仅仅是能增加学生与教师之间的互动以及学生个性化学习时间的一种手段，它更是一种全新的"混合式学习方式"——是在以"B-Learning"为标志的教育思想指引下，对课堂教学模式实施重大变革所产生的成果。

一、概念

1. 传统课堂讲授教学与现代网络多媒体教学方式混合

长期以来，多数学校教育采用的都是传统的课堂教学，即"教师讲、学生听"的教学模式，教师是教学活动的主体，是知识的传授者，而学生是知识的接受者。这种模式虽然弊端较多，但是其根本目的服从于学科教学的需要，故系统、完整地传授人类社会几千年来积累的文化科学知识。因此，目前大多数的学科教学采用的还是讲授教学模式，通过教师将学科的基本概念、基本理论和原理等基础知识与技能传授给学生，并且学生通过教师的指导和引导，可以快速、集中、系统地获取大量知识，从而得到最快和最佳的发展。

但是传统的课堂讲授知识传递方式单一，不利于调动学生学习的主体积极性，甚至剥夺了学生课堂教学中的情感生活，造成了课堂教学的沉闷局面，不利于发展学生的创新能力。而现代网络和多媒体技术能为教学构建友好逼真的学习环境，能提供丰富形象的教学资源、多样的知识获取途径和多元的师生交流方式。混合式教学结合二者的优势，充分发挥教师的主导作用和学生的主体地位，使学习方式更加多样化、学习途径更加多元化、学习体验更加形象化，是目前教学改革中一种非常实用有效的教学模式。

2. 传统课堂讲授教学、部分翻转课堂和完全翻转课堂混合

翻转课堂颠倒了传统的教学观念和教学顺序，以一种全新的教学方式引起了广大教育工作者的关注，并成为教育教学改革中的"香饽饽"，越来越多的学校和教师将翻转课堂应用到教学实践中。但是也有人质疑翻转课堂教学模式使得教师的作用下降，调动不起学生的兴趣，学习效果不好，有研究也表明转课堂并没有大幅度提高教学效果。究其原因，翻转课堂教学的有效实施受到多种因素的影响。但如果把握不好，反而会流于形式，只做到形

似翻转课堂，可实际上学生课外没能完成自学任务，课堂上的研讨活动就无法有效展开，学习效果反而更差。

笔者认为，在课程教学中完全采用课堂讲授教学是完全采用翻转课堂都是不可取的，甚至在二者之间可以有交叉部分，即部分翻转课堂，教师选择教学内容的重点部分在课堂上进行讲授教学，而其他部分可由学生课前自主学习。也可根据内容选择特定主题或项目让学生以小组或学生代表形式进行基于主题基于项目的探究学习，在课堂上分享学习成果、讨论交流，由教师引导学生思考和讨论，并进行答疑解惑和补充说明。

这种混合方式是探索课程教学中实现翻转课堂的一个有效的尝试，既注重了专业知识的教学，又给予学生一定的学习自由度，不仅激发了学生参与学习的积极性，还能有效避免由于各种因素导致的翻转课堂形似而神不似。在混合式教学中，可以采取讲授教学、部分翻转课堂和完全翻转课堂三种混合形式，从而根据课程内容特点和学生特点灵活选择。

3. 教师教学活动和学生学习活动混合

在现代教育理论的指导下，虽然课堂教学活动的行为主体是教师和学生，但更加强调学生的自主性和能动性，所有教学活动的开展过程、教学环境的创设等都是围绕着"促进学生发展"这一目标进行的。在基于翻转课堂理念的混合式教学模式下，教师的教学活动和学生的学习活动如表4-1所示。

表4-1 教师的教学活动和学生的学习活动

教师活动	课堂讲授、准备和发布学习任务和资源、教师点评、组织讨论、解答疑难、批改作业、与学生互动交流、补充讲解
学生活动	课堂听讲、基于资源的自学活动、完成个人作业或小组作业、课题汇报、提问讨论、互动交流、课外拓展练习

翻转课堂颠倒了传统的教学理念和流程，强调"课外传授知识，课间内化知识"，这时学生学习活动和教师教学活动的顺序和组合也将发生不同的变化。学生成为课堂的主角，课堂活动主要以学生的问题探究或主题汇报、学习成果分享、讨论交流、提问等活动为主，以内化或修正知识理解，而教师则成为学习活动的引导者、指导者和对话者。

4. 形成性评价与总结性评价混合

基于翻转课堂理念的混合式教学模式既强调教师的课堂讲授，又强调学生基于资源的自主学习和合作学习，所以注重培养学生的信息素养和表达交流能力，引起了学生的认知模式、学习方式以及教师的教学模式和师生角色的深刻变革。因此，在课程考核时也要注重采用多元评价体系，注重形成性评价与总结性评价相结合，而且要加大形成性评价比例。形成性评价包括学生出勤、平时作业、个人或小组学习的质量和效果、成果展示、参与交流讨论的活跃度等，教师平时应做好记录。总结性评价通常以期末考试的形式进行，考查学生课程学习的整体结果是否达到教学目标的要求。

二、混合式教学字模式的构建

（一）混合式学习

混合式教学是根据教学对象和教学目标，来确定合适的教学起点和终点，将教学诸要素有序、优化地安排，形成教学方案的过程。结合教学设计分析、开发、应用和评价，通过调动教师讲授与学生学习的双边积极性，使学生掌握知识体系，并从学习工具、学习环境、学习者之间的互动、学习内容、学习步调制定等方面，去培养学生深度的学习能力及较强的信息素养，帮助其形成终身的学习能力。混合式教学模式充分体现了人本主义教育思想，把学生看成能动的主体，而不是被动的客体，要尊重学生的个性发展，促使学生掌握知识、获取技能。

（二）混合式教学模式构建

根据混合式教学的特点，混合式教学分为线上自主学习、线下翻转课堂和线上重温内化。

1.线上自主学习

要求学生在课前完成学习相关的在线课程内容，并完成分层次、差异化的预习任务，如学习笔记、预习报告、项目汇报、论坛提问、讨论等。

2.线下翻转课堂

由任课教师提炼本单元的知识重点，师生共同探讨难点、疑点。学生分享预习收获，并以个人陈述、演讲、角色扮演、小组讨论、辩论等形式呈现学习任务的完成情况。

3.线上重温内化

要求学生按时完成在线课程的相关练习并内化所学内容。为了综合评价学习者的学习效果，该课程构建了多维评价体系，该体系由过程性评价、表现性评价和结果性评价三个模块组成，量化并综合考核学习者的学习情况使考核结果合理化、全面化、立体化。过程性评价主要记录、考核学习者在学习过程中的参与度和知识掌握情况并及时给与反馈，包括线上学习的学习时长、练习题答题准确度、提问频率和线上讨论参与度以及各单元课程涉及的短文写作、句子或段落翻译、反思日志等，该模块约占比例20%；表现性评价主要是多维度观察、记录和评价学习者完成包括课堂展示、项目汇报、小组合作等表现性任务的情况。如，语言表达的流利度、准确性；汇报内容的丰富度、逻辑性；小组合作中的积极性、组织和协作能力等，该模块约占比20%；结果性评价主要是语言水平测试，包括口语和笔试。口试按照难易程度分为朗读答问、日常对话、话题讨论、观点陈述、辩论等，逐级进阶，占比为10%；笔试包括期中、期末两次，含听力、阅读、翻译、写作等基础题型，考查学习者听、读、写、译的语言要素，该模块约占比50%。

4.教师角色的转变

在传统的教学模式下，教师占主体地位，控制和管理着整个课堂流程，以输出为主，每次授课会完成相应的教学内容和教学目标；学生被动接受教师所传授的教学内容，课堂上以听和做笔记为主，故师生缺乏良好的互动。独立学院大多数学生基础薄弱，英语能力不足，在这种课堂模式下只有少数学生能在课堂上理解教师所传授的知识，而大多学生由于无法理解教师所讲授的知识，导致对大学英语课越来越丧失信心，学习动力不足。随着信息技术的高度发展，教师的角色需要转变，从"一言堂"转变为"主持人"，引导学生参与课堂各个环节，切实地提高学生的主体地位，并实现师生的良性互动，从而提高大学英语课堂的教学效率。

三、高职英语课堂混合式教学的必要性和可行性

（一）高职大学英语课堂混合式教学的必要性

高职学院非英语专业学生的英语基础薄弱，在传统的教学方法中，学生学习缺乏积极性和主动性，不少学生对于英语学习存在畏惧心理，且缺乏自主学习能力。但教师的教学技术手段陈旧，动手能力不强，课程课时有限，班型较大，学生基础参差不齐，教学目标难以实现；学生在学了十多年英语后，仍不具备相应的听、说、读、写、译的能力和水平。随着互联网信息技术的出现，教学理念和模式都出现了新的变革，翻转课堂、微课和慕课等教学方法和手段给外语教学带来了新活力。我国大学英语教学在20世纪90年代就

开始采用多媒体辅助的方法，然而经过了多年的实践后，人们发现如果完全脱离了教师的指导，仅仅利用网络远程教育学习，学习效果就达不到理想状态。高职英语教师的角色和所发挥的作用不能完全被取代，要结合具体的学习情况和教学情况构建本地化的模式，将传统的大学英语课堂教学模式和在线网络课堂教学模式相结合，使二者优势互补，改变以教师为中心的传统教学模式，并实现以学生为中心的教学模式，这样会有利于提高大学英语课堂教学效果和提升学生的英语综合能力。高职英语混合式教学模式是一种具有创新性的教学方式，更容易激发学生的兴趣。互联网和手机的大量应用使大部分学生都很依赖手机，无论课上课后，学生的注意力都放在手机上。在此情况下，高职英语的教学内容通过线上和线下的方式传递给学生，更符合新时代的教学模式。新时代的教师也要懂得与时俱进，关注学生的个体差异，做到因材施教。在混合式教学模式中，学生可以通过网络了解西方风土人情，学习西方文化，也可以通过观看英语视频和电影、收看国外节目等方式来学习英语；教师可以组织丰富多样的课堂活动来让学生内化知识，从而达到良好的教学效果。

将传统教学模式和互联网教学模式相融合的混合式教学模式能有效改善课堂效率低的问题；有利于顺应信息化教学的发展趋势，而丰富大学英语教学资源，实现优势资源共享；有利于提高学生的学习质量，增强学生自主学习能力、跨文化交际能力和英语综合能力；有助于保证学生学习时间和内化时间的延长，更好地完成教学目标，以实现"高效课堂"；有利于大学英语教师师资队伍的建设和发展，提升大学英语教师的专业能力和水平，适应时代发展的需求；有利于完善大学英语课程体系的建设，极大丰富教学资源，从而推动其他学科体系的建设和发展。综上所述，大学英语混合式教学模式适应了当代信息科技时代的发展，这种新的模式可以改变以教师为中心的传统教学模式，可以实现以学生为中心的教学模式，从而提高教学效果。

（二）高职大学英语课堂混合式教学的可行性

随着信息科学技术的高速发展，"互联网＋"时代的兴起，多媒体网络教学在全国应运而生，在此背景下校园网、多媒体教室和网络课程日益增多，成为大学英语教学中的重要辅助工具。学生获取知识的渠道拓宽，改变了以往的从教师教学中获取知识的单一途径，而教师的授课形式也发生了改变，不再是以往以教师为主的教学方式。网络的覆盖使学生可以随时随地地通过网络获取所需的知识，让教师在课堂上不仅可以使用多媒体教学，也可以通过手机或笔记本电脑实现教学互动。这种线上和线下的结合，满足了不同层次学生的要求，并极大地提高了教师的教学效果和学生的学习效率。

四、混合式教学模式有效实施的反思及建议

（一）教学反思

通过在英语课程教学中努力实践基于翻转课堂理念的混合式教学模式，笔者发现该模式确实能极大地调动学生的学习积极性，丰富学生的学习体验，锻炼学生的文献查阅能力、学术汇报能力和口语表达能力，以便学生对课堂教学氛围和教学式的满意度也大大提高，整体教学效果较之以前有所提升。

但反思教学，笔者也发现有一些因素制约了该模式在教学中的应用，突出表现在三个方面：第一，学生的学习基础较差，自主学习能力还有待提高，这直接影响到学生自主学习活动能否完成；第二，课程教学主要以文本资源为主，而跟课程内容相关的视频资源或其他类型资源较少，这直接影响学生参与学习活动的积极性；第三，教师的教学技能水平和综合素质高低，将直接决定混合式教学的成功与否。

（二）改进策略

基于翻转课堂理念的混合式教学要想在课程教学中取得更好的效果，需要从以下四个方面做出努力。

第一，转变师生观念和角色，提高学生的自主学习能力。在基于翻转课堂理念的混合式教学模式中，师生之间是一种平等、对话的关系，而课堂是师生之间共同学习、交流思想、内化知识的场所。教师要精心设计好教学所需的教学资源和基于主题的学习活动，把更多的时间交给学生去进行自主学习汇报和讨论，而自己转变成一个组织者、引导者、与学生的对话者。学生也要转变角色，认识到自己才是学习的主体，变被动的"要我学"为"我要学"，并积极主动地参与学习活动，努力提高自己的信息素养和自主学习能力，以保证混合式教学顺利进行。

第二，根据教学课程的特点和学习者特征灵活地对混合式教学模式进行改变和创新。混合式教学是学习理念的一种提升是由传统课堂转变而来的整合了各种教学方式的学习范式，也是以教师为主导、学生为主体的教学方

式。一个"混"字本身就体现着极大的灵活性，混什么、怎么混都需要教师在教学过程中根据教学内容特点、学习者特点、资源及条件等合理地进行设计，以获得最佳的学习效果。

第三，提升教师的教学技能和综合素质。教师定期参加一定的师资培训项目，系统地学习各种新型教育教学理论和教学模式、信息技术的应用、系统化教学设计、教学实施技能、教学研究技能等，如开展校本研修，参加教师工作坊研修，在教学实践中，开展行动研究，这些都有利于提高教师的综合素质和教学实践能力。

第四，高质量教学资源建设与共享，优秀的教学资源是教学取得成功的基石。首先，教师根据教学需求制作的资源比较符合实际教学需求，这些因课制宜的校本资源可经过收集、整理共享给其他教师使用；其次，教育主管部门围绕核心性课程，建设少而精的专门配套的教育教学资源；此外，应大力建设适合网络在线学习的开放教育资源、慕课和适合翻转课堂使用的微课、微视频以及适合移动学习或手机播放的碎片化资源，建设适合个性化、个别化教学需求的教学资源，并促进资源的共享和利用，这些也是混合式教学取得持续发展的重要保障。

第五章 高职专用英语任务型教学法

第一节 任务型教学法的基本概念

一、任务及任务型教学法的定义

要理解任务型教学法，首先要了解任务的概念和这个术语本身的含义。近年来，许多学者不同的角度对任务型教学法给了不同的定义。如 Long、Richard、Crooks、Lee 和 Ells 等都对任务进行了不同的定义，其中，Ellis 关于任务的定义被广泛接受。

（一）任务的定义

任务的定义如下：任务是一种工作计划，要求学习者以语用学的方式处理语言，以达到一种可以通过是否传达了正确或适当的命题内容来评估的结果，任务是主要以表达意义为目的的语言运用活动。

（二）任务的四项标准

这四项标准对任务进行了全面概括，凡是符合这四项标准的，即可定义为任务。这四项标准具体如下：

1. 任务首先要有意义

如果失去意义，任务也就失去了本身存在的价值。既然是任务，首先必须要有实际的意义，正因为意义才使任务区别于一般的写作或口语练习等传统教学方式，也正是因为意义才使课堂活动和真实的生活有所联系，才使学生能够在完成任务的过程中积累生活经验，也正是因为有实际意义，任务才能有效激发学生学习的热情。因此，意义是任务型教学法区别于传统教学法关键。

2.有需要努力实现的目标

任务是有一个目标需要努力去实现的，即任务的完成是以结果作为评价标准的，我们要为了这个结果去完成任务去安排活动。学习者在实现目标的过程中，通过语言的沟通，并达到学习的效果，因而目标是任务的灵魂。任务本身就是为了达到既定目标而设计的，因此整个课堂活动学生都是围绕这个目标进行讨论、协商、筹划以及最后展示，也就是说，目标是整个学习任务的努力方向。

3.活动需要进行结果评估

结果评估是非常重要的，因为在结果评估中大家可以看到自己所做的努力是否得到了教师以及同学的认可。在结果评估的过程中，大家可以看到别人的长处，也可以看到自己的短处，或通过同学之间的比较，通过教师的点评发现自己的不足，积极借鉴其他同学的成功经验，吸取其他同学的教训。此外，结果评估的过程中体现了教师的积极参与，故教师在学生任务成果方面要给予点评，对学生的任务完成情况、优点和缺点给出建设性意见。

4.与现实世界有紧密联系

与现实世界的紧密联系是任务型教学法的主要特点。任务就是人们在日常生活和工作中所做的一些实际、具体的事情，通过完成这些事情，培养学生的综合语言运用能力。并且正是因为任务与现实生活有着紧密联系，学生才能够在完成任务的过程中找到乐趣。

（三）任务型教学的定义

任务型教学法将具有实际目标的任务或活动用于教育目的。它以任务为教学单位，通过为学生提供使用语言的机会来发展学生的语言技能。而教师根据特定的教学任务设计出具体、可操作的交际任务，学生通过表达、询问、交涉、协调等方式完成任务，并在执行任务的过程中使用目的语言，从而学习和掌握具体语言项

二、任务的组成要素

一项任务包含六个组成部分，即参与者的角色、任务目标、输入、活动、环境和评价。

①参与者指的是教师和学习者，在一项任务中，他们的作用同等重要。

②任务目标是任务的结果，一个任务可能包含多个目标。

③输入涉及提供给学习者的数据。且输入内容多种多样，包括教科书、电影或小说。

④活动是指基于目标和输入的任务本身。

⑤环境是指语言任务发生的上下文环境和背景信息。

⑥评价是对任务结果的点评，其中包括教师的评价和学生之间的互评。

在任务使用中重点放在意义上，选择该任务是为了给师生提供有助于他们学习的信息。课堂教学以任务载体，通过任务的完成学习者可以使用目的表达意义，同时达到目的，并且取得结果。教师以结果作为评价的内容，学生在获得结果的过程中感受、使用目的语，从而达到学习效果。

三、任务的主要特征

根据任务的内涵，Ellis 总结了任务的六个特征，即任务是工作计划；任务关注意义；任务涉及语言的实际使用过程；完成任务需要训练四项语言技能中的任意一项技能；为了完成任务需要进行认知过程，如选择、分类、排序和评估信息等；任务有明确的交际结果。

四、任务的类型

（一）真实型任务和学习型任务

真实型任务是指接近或类似现实生活中各种活动的任务，也就是说学生离开课堂以后，在学习、生活、工作中可能遇到的各种事情，与真实型任务相对应的是学习型任务，学习型任务是指课堂以外一般不会发生的事情。

实际上，真实型任务、学习型任务没有绝对的界限，且课堂上大部分的教学活动是介于真实型任务与学习型任务的。有一些真实型任务，也只是在课堂范围内的真实，只是对现实生活的模拟；有一些学习型任务，会带有真实的成分，既可以在现实生活中找到的影子，也可以在现实生活中去模仿课堂教学活动从而达到问题的解决。也有一些真实型任务同时关联学习性知识。

（二）简单任务与复杂任务

按照任务的繁简程度，可以把任务分为简单任务与复杂任务。简单任务的特点如下：任务步骤少；任务的信息量有限；完成任务需要花费的时间短；使用的语言知识或技能少。

相对于简单任务，复杂任务有以下几个特点：完成任务的步骤较多；

需要小组分工合作，制订策略或计划，并共同完成；任务涉及的信息量大，需要进行信息的加工处理；任务涉及语言知识或语言技能较复杂；需要的时间长。

一般来说，简单任务和复杂任务可在课堂上交替使用，并且作为复杂任务的基础和铺垫，简单任务链条可以帮助学生逐渐地、有条理地完成复杂任务，让学生在完成任务的时候既有成就感又能感受挑战。

五、任务型教学法的基本框架

对于任务型教学法，研究者设计了不同模型。不同的模型当中，Willis设计的任务型教学法框架更为实用，被大多数研究者和教师接受和引用。因为这种任务型教学法的框架结构更易于掌握和实践，一般教师在课堂开展任务型教学都会自觉遵循这种体例模式。按照 Willis 的说法，任务型教学法包括三个阶段：任务前阶段、任务环阶段和语言焦点阶段。

（一）任务前阶段

任务前阶段对整个任务具有重要意义。这个阶段的主要目的是让学习者根据教师的要求做好完成任务的准备。任务前阶段的许多活动，主要目的是激活学生头脑中关于语言学习的背景知识与信息，为他们提供完成任务所需要的语言知识和文化背景知识，帮助他们重构这些知识，并减轻完成任务时的认知和语言压力。因为激活语言学习知识是任务前准备活动的重要环节，它可以帮助学习者输入新的语言和语法，重构语言系统。这种活动在某种程度上可以调动已有的资源，使学习者把新的信息与过往旧有的信息联系在一起。

（二）任务环阶段

经过任务前阶段的准备工作，学生对任务有了基本的理解和认识。任务环阶段是学生语言技巧的主要习得阶段。并且这一过程中既要关注学生语言使用的流畅性，又要注重学生语言使用的准确性，或鼓励学生重建语言。根据任务的难易程度，教师可以选择任务完成的方式是学生个人完成还是小组集体完成任务难度过高容易使学生产生挫败感，失去开展任务的信心。因此，可以选择小组集体讨论、共同协商的方式降低任务难度，教师还可以利用图表、图像等方式简化任务。当然，任务也不能过于简单，如果任务的难度低于学生的认知水平，则学生很容易厌倦，对任务失去兴趣。这时可以通过增加新的语言结构，指定学生使用固定的句型或词组来增加难度。且在教学过程中，教师要时刻关注学生的表现和反应，及时调整任务的难易程度，使任务既能启发学生思维，具有一定挑战性，又能在学生可控的范围内顺利完成，以激发学生的学习积极性。

（三）语言焦点阶段

语言焦点阶段是任务型教学法的收尾，这一阶段有三个主要的教学目标：引导学生注意语言形式；鼓励学生对任务结果进行反思；为重复执行任务提供机会。

一旦任务完成，可以引导学生转向关注语言形式，教师应该设法纠正在任务完成过程中学生的语法错误。因此，在此阶段涉及两种语法活动：

1.指出学习者的错误并纠正

例如，在任务设计的最后一部分，教师可以一边听报告，一边在黑板上记下一些表达式（包括错误的和正确的表达式）。通过记录在任务中使用的语言表达，学生会看到他们的一些错误，这时可以要求学生自己找出错误，教师纠正错误并做出解释。

2.专注语法活动

提供传统的语言练习是吸引学习者关注表达形式的好方法，传统的练习类型包括重复、替换、填空、改写等。这些活动可以帮助学习者深入学习、体会词语的含义和熟练运用相关的句型或语法。

这个阶段鼓励学生注意语言形式，特别是那些有问题的语言形式，这样可以帮助学习巩固在任务中阶段学习的语言结构。同时，在这一阶段，教师可以总结学生的表现，并尽量给学生以鼓励，积极发现学生的优点并进行正面表扬，激发学生的学习热情。并且教师也可以邀请学生反思和评估他们自己的工作表现，这样的方式，可以发展学生的元认知策略、自我规划、监测和评估体系。此外，让学生评估任务本身，也会为教师提供必要的信息反馈，为教师将来是使用相似的任务还是寻找不同的任务类型提供参考。

六、任务型教学法的特点

任务型教学法凸显信息沟通的重要性。运用任务型教学法就是要抓住信息分享与沟通的特点，教师有计划、有目的地设计出具有信息差的教学任务，引起学习者的好奇与兴趣，激发学习者的求知欲，让其全身心地投入任务的完成过程，使教学知识的运用和实践效果得到提升。在学习过程中，学习者学习的主要目的是能够在生活中更好地运用所学知识，而在教学中设计的各项教学任务大都是利用团队协作的方式来完成的，这样的课堂就留给了学习者更多的时间和机会，从而使学习者的知识实践性得到提高。

（一）任务型教学模式强调语言的结构和功能

任务型教学模式注重语言的实际运用，传统教学方法偏重讲解语法，却忽视英语听说能力的培养，缺乏真实的交际性。

从教学实践的角度来看，任务型教学以任务取代传统的语言结构或功能来组织课堂教学，在真实语境下学生通过实践体验任务教学，有助于培养学生的实际交际能力。而学生在完成任务过程中使用英语进行沟通、询问、讨论，提高了英语的使用频率，也在此过程中学会了对方在语言表达中使用的字词和句子。任务型教学通过完成任务鼓励学生积极参与课堂活动，培养出学生实际运用语言的语感，相对于传统、片面的语言结构分析和假设的交际情境教学，任务型教学更能激发学生的语言学习兴趣。

（二）任务型教学改变了学生被动学习的情况

以知识为中心必然带来教师的主导地位。因此，在传统教学中所有的教学活动都是在教师的引导和控制下完成的。传统教学对分立的语言项目进行讲解，以内容为中心、以结果为取向，忽略了学习过程本身，也忽视了学习者积极的认知参与。传统教学在教师控制下进行，教师不重视学生的需求和情感，忽视学生在学习中的地位；学生的求知欲与创造欲被压制，学生对学习内容不感兴趣，不愿参与课堂活动，就无法达到学习效果。

学生作为学习的主体，是知识构建过程中的核心环节，若如果忽略学习者的感受和情感，他们会产生抵触情绪，很难接受所学知识，不能达到预期的学习效果。且第二语言习得的研究成果反复表明，语言学习不是线性的积累过程。任务型教学提倡以学生为中心，充分照顾和考虑学生的主体地位。同时任务型教学通过任务安排使学生积极参与到课堂中来，使他们在完成任务的过程了学生在传统教学中的被动学习地位。

（三）任务型教学强调任务的真实性，注重学生英语综合运用能力的培养

任务型教学模式注重学生英语综合运用能力的培养。想要提高英语教

学质量，必然的途径是由只注重课堂教学向发掘习得语言的策略方向转变，并适应语言习得的规律。有意义的语言运用对语言学习的重要性不可低估，它不仅是语言学习的目的，更是语言学习的手段。任务型教学模式中的任务所使用的输入材料应来源于真实生活，同时，任务的具体情境以及具体活动应贴近其真实生活，让学生能够更多地接触和加工真实的语言信息，使他们在课堂上练习的语言和技能，这样在实际生活中同样能够得到有效运用。

真实性的任务模式为学生英语综合运用能力的培养提供了有利的学习空间，能够引导学生学会运用语言和更新学习大学英语的方法和技巧，并让学生亲自认知、分析、推理和反思，形成自我总结和自我评价的习惯。

（四）任务型教学课堂以学生为中心，气氛活跃

任务型教学模式体现了以学生为中心、教师指导者的教学思想。在任务型英语教学中，每个学生都平等地参与任务，并组成团队或小组共同协商、共同监督，并在亲身体验中进行自我评价、自我控制，以增强学生的责任意识。同时，任务型教学在课堂教学强调以学生为主体，让学生主动、独立地完成所安排的任务，鼓励学生不断探索新的学习方法，体现出了自主学习的教学理念，有利于培养学生获取知识和进一步实践的能力。

（五）任务型教学法有助于培养学生的语言学习兴趣

众所周知，兴趣是最好的老师。传统教学的整堂课围绕着有限的单词、句型操练，而学习内容和教学活动都远离真实生活，学习者感受不到这种学习的必要性，因而难以产生兴趣，既无法形成内在动机，也无法有效地调动学生的学习积极性。任务型教学模式布置任务的形式开展教学，学生在完成任务的过程中，积极性和主动性得到了很好的发挥，学生乐于参与到自主学习中来。同时，通过热烈的讨论、认真的交流，他们能够真正地融入课堂，有效地激发了学生的学习兴趣与动力。与传统教学相比，任务型教学更加有助于激发学生的学习兴趣。在完成任务的过程中，将语言知识和语言技能结合起来，促进学生积极参与语言交流活动，有助于培养学生综合运用语言的能力，能启发学生的想象力和创造思维。兴趣的培养有助于学生发挥学习自主性。

（六）任务型教学法注重学生学习能力的培养和人文关怀

任务型教学法以学生为课堂主体，提倡学生自主学习。在任务型教学

过程中，学生是知识意义的主动构建者，承担着执行者、参与者的角色；教师是教学过程中的协调者、设计者，其所讲授的内容并不是教材中提供的单一知识，而是充分利用现代化媒体和网络技术，构建一种轻松愉悦的社会情境打造一个互动、友好的学习交流平台。与传统教学法相比，任务型教学法颠覆了教师的课堂主体地位，采取自下而上的教学模式。教师走下讲台，深入学生中间，并了解他们的所思所想和学习中遇到的困难，深入有效的交流使学生更加亲近教师，同时教师也更加理解学生，所谓"亲其师而信其道"，融洽的师生关系有利于英语教学的顺利开展。

（七）任务型教学模式有效地营造了自主性学习的氛围

在模拟真实场景的活动中，鼓励学生通过课堂讨论、制订任务计划、进行信息沟通、查阅资料、筹划小组展示等环节，使用英语表达。同时，在完成任务的筹划中，培养学生与人沟通的能力、团队合作的能力、批判性思维和创新的能力。作为教师，由课堂的主体转变为任务的设计者、课堂的组织者活动的帮助者、建议者和任务的评价者。在这些角色的转换中，教师要体现对学生的积极鼓励，随时为学生提供知识和精神层面的支持，体现出对学生的信任，教师要对学生的进步给予及时的肯定和认可。并使学生感受到教师对他们的关心和关注，同时教师要引领学生并帮助学生参与课堂活动，使学生通过努力认真完成教学任务，找到自我成就感和学习的乐趣，进而产生学习的自主性。

第二节 任务型教学法对提高学生综合素养的作用

一、任务型教学法对学生学习意识的培养

任务型教学法一直强调"以学生中心"强调学生的主体地位，在任务型教学法的实施中，学生作为学习者本身是受益最多的。任务型语言教学通过学生之间的互动，共同探讨、摸索解决问题的方法，增加了语言输入与输出量，有助于激发学生的学习积极性；在课堂上，学生获得了学习的主动权从而感受到自主学习的乐趣，有助于提高学生学习的主动性；在任务完成过程中学生获得教师的鼓励，在任务展示的过程中学生获得同学的认可和教师的表扬，这就有利于增强他们的自信心。有了学习的积极性、主动性和自信

心，在行动中学生能够更加严格地要求自己，从而增强了学习的自律性。因此，可以说任务型教学法这种自下而上的教学方式，改变了学生以往的学习习惯，有助于发展他们的学习意识。

（一）学习积极性的培养

心理语言学的研究表明，人类掌握语言主要是通过互动或者沟通交流实现的。外语学习的研究也表明，学习者的语言体系是通过有目的的交流活动建立起来的。因此，课堂是否能为学生提供大量的交流机会就成了学生掌握语言和学习语言的关键。任务型语言教学的特点之一，是通过大量的小组练习使学生在完成任务的过程中充分运用语言进行沟通、协商交流。

人们学习语言依靠的是大量的可理解的输入，即大量的听和读。在此基础上，还要有足够的输出才能实现对语言的掌握和熟练运用。在小组活动中，同学之间既有机会进行大量的输入，即听的练习，又有机会进行输出的练习，即口语表达的练习。并在表达意义的过程中，学生会将他们过去的词汇、语法固定结构与新的语法词汇重新组合起来表达他所需要表达的意思，这就是语言的创造。

当学生的注意力集中在运用语言传递与接收真实的信息时，双方都认为此时的交流很有必要交换信息，若双方都对此很感兴趣，这就是互动。如果两个学生表演一段而彼此都知道对方要说什么，下一句话是什么，这就称不上真正意义上的交流了。交流可以使学生在模拟真实交际的情境中进行语言沟通。

任务型语言教学通过学生之间的互动过程，大量地增加了语言输入与输出的量，不但可以激发学生的学习自主性、积极性，还给学生提供了综合使用语言的机会，使学生可以快速掌握语言、综合运用语言，并重新组合以前所学过的语言，创造性地使用语言。故在这个过程中，他们的语言能力得到了发展。

任务型语言教学追求的正是语言习得所需要的理想状态以及大量的语言输入的真实使用。从语言的使用方面来看，任务型语言教学所采用的各种各样的任务可以使学生有机会综合运用他们所使用的学过的语言，并在此基础上自主构建新的知识。他们乐于有机会参与话题的讨论、表达想法、描述感受，择用他们喜欢的途径构建自己的知识模块，在互动中学会创造性地学习和使用语言。在完成任务的过程中，学生有机会体验自己的成功，也能够认识到别人的优点，并反思自身的不足，这些体验会让他们继续努力成为真正的学习者。因此，任务型语言教学可以最大限度地激发学生的学习动机。

（二）学习自主性的形成

缺少主动性的学习是假装的学习。学习者被迫接受知识，在主观上会产生一定的抗拒情绪，注意力就会减弱，并不能真正关注到所学知识。因为缺少内在动力，所以学习者很难真正获取知识。因此，凡是擅长学习的学习者，一定是通过自己的主观意愿主动学习的。一个自主学习者能够学会安排学习内容、学习方法以及学习时间，只有这样学习者才能对自己的学习产生责任感，而有了内部的学习动机，学生在课堂上的行动才是真实和有效的。

任务型教学法主张在设计任务时就充分考虑学生的特点和需求。即在完成任务的过程中，给予学生自由选择任务完成方式的权力，培养他们自己安排学习内容、学习方式、学习时间及善于制订学习计划并努力在实践中执行计划、实现目标的能力，并使学生在完成任务的过程中找到成就感与自我价值。

自主指的是学生为了获取知识进行自觉、主动、积极学习的行为。Van Lier 认为，自主性有两个主要特征：选择和责任。而学习者首先要能准确地选择他所要学习的内容以及采纳的学习方法，与此同时要能对自己选择负责。

任务型教学中，教师不囿于所设定的任务中的语言知识模型，而要给予学生更大的自由发挥空间。学生可根据自己的兴趣有选择地进行练习，体现出"选择"的特征；学生根据自己的选择能更好地完成任务，达到语言操练和应用的目的，体现了"负责"的特征。

在完成任务的时候，学生可以选择单独完成或与其他人合作完成；每个小组都可以自由选择他们所确定的某种任务，或者某种任务最终的呈现方式。比如，设计商业广告，各小组可以自行决定他们所要宣传的产品以及广告的形式。小组成员内部的分工，也由他们自由协商确定，如可以根据组员各自的特长来分配具体的工作。再如，在一个小组任务中，有的同学擅长文字组织，可以负责文稿编辑工作；有的同学擅长出主意，可以负责材料的收集以及组编；也有同学口语比较好，可以负责最后的小组展示。让大家通过发挥各自的专长，以主动学习的方式共同完成任务。在此过程中，学生可以学会自我指导和控制自己的行为，产生强烈的学习动机并自觉关注学习过程。因为有了自主选择的权利，所以他们学会了为自己的学习负责，并且对自己的学习有了责任感和义务感。同时，在小组展示的过程中，他们的努力得到赞扬或鼓励，这种成就感有助于促进他们进一步投入以后的学习。

（三）提高学生自信心

心理学家认为，学习者的自我感觉会对学习产生重要影响。如果学习者对自己有信心，那他们就会乐于制定目标并努力实现；如果对自己失去了信心，那么他们会呈现出焦虑、紧张和害怕的情绪，从而带来学习上的阻碍。

在任务型教学模式的任务环节下，教师要想使教学更富有教育性，就要充分了解学生个性特点、学习能力以及个人需求，帮助学习者理解任务的意义和目标，制订合理的计划，促使学生建立能够控制自己行为的信心。通过教师的帮助和自身的努力，学生在完成任务的过程中看到成绩和希望，就会体会到学习的乐趣与成就感；也会在完成任务的过程中得到教师的帮助，获得教师的鼓励，在展示的过程中获得同学的认可和教师的表扬，这些都能够帮助学生树立信心，使其以更大的热情投入学习。任务型教学法会鼓励学生探索学习的途径，发挥学生的个性，调动学生的学习积极性，从而培养他们自主学习的习惯。

（四）加强自律性

自律学习者要有明确的学习目标、良好的学习动机和愿望，以及学习策略。自律学习是认知、动机和情感的整合，它有以下四个特点：

第一，自律学习者会不断调节自己选择的任务带来的挑战。不论是讲故事写报告还是做展示，他们都会使任务的难度掌控在他们自己的能力范围内，并且使这些任务具有挑战性和趣味性。

第二，自律学习者能够自如地调控自己的学习计划、分配资源、寻求帮助，他们了解自己的学习策略并有效地使用这些策略。

第三，自律学习者遇到困难时知道如何充分地利用学习资源寻求老师和同学的帮助。

第四，自律学习者能够很好地与他人合作。他们不仅愿意与自己水平相当的伙伴合作，也愿意与高于或低于自己水平的同伴合作，他们愿意互相交换和分享学习成果。

通常，自律学习者会选择与提高自己能力水平和满意度相关的学习目标。基础好的同学在完成任务的过程中会选择更有挑战性、更能凸显个人水平的途径，并最大限度地发挥个人能力，他们努力追求与众不同的成果。而教师不仅要鼓励学生充分发挥自己的才能，而且要及时肯定学生的做法。同时，设计各种适合学生发挥的语言活动，帮助学生形成自己的学习策略和习惯，找到自己的所长，使学生努力迈向更高的目标。

二、任务型教学法对高职学生批判性思维的培养

批判性思维是以逻辑方法作为基础，并结合人们日常思维的实际和心理倾向发展而来的一系列批判性思维技巧。批判性思维最早可以追溯到苏格拉底探究性质疑（Probing Questioning），苏格拉底认为，一切知识均从疑难中产生，越进步疑难越多，疑难越多进步越大。反省性思维意味着在深入探究期间判断被悬置，它包括问题的定义、假说的提出、观察、测量、定性和定量分析、实验、解释、进一步的实验以检验暂时的结论等。

（一）批判性思维的来源

批判性思维指的是技能和思想态度，没有学科边界，任何涉及智力或想象的论题都可以从批判性思维的视角来审查。

（二）批评性思维的特点

批判性思维是对问题的合理认识和谨慎反思，而非对事物的一味否定。"批判"意味着对是非进行判断以及对被认为是错误的思想和言行进行批驳否定。批判性思维有如下两个特点：

1. 批判性思维不仅是一种课堂技能，更是一种思维模式和习惯

现阶段批判性思维更多地被作为一门单纯的课堂技能所认识和培养。众所周知，批判性思维能力有利于人们提升认知能力，对解决学习中出现的问题能为人们提供更多的可能性。并且批判性思维作用于我们生活的方方面面，绝非仅限于课堂。它要求我们在生活中对待任何问题时都通过个体的思考，对看到听到的事物的真实性、精确性、过程、理论方法等做出个人判断，从而正确、合理地指导行动。因此，把批判性思维作为一种长久的思维模式和习惯来培养势在必行。

2. 批判性思维不等于逻辑性思维

批判性思维和逻辑性思维有共同点。批判性思维首先是一种逻辑思维，

它从属于逻辑性思维，在分析事物时也需要演绎和归纳等各种方法。但是批判性思维有别于逻辑性思维，批判性思维更关注思维的真实性、精确性、意义和价值，更强调思维的见识性和思维性。而逻辑思维的结果往往是符合逻辑的但未必是有意义和价值的。

（三）批判性思维在高等教育中的作用和意义

"批判"是对已有的各种观点接受之前必须进行的审查和质疑。批判性思维是人类应具有的基本能力，好的教育意味着能够给予学生以良好的批判能力的发展。任何科目的教师，如果坚持给予学生准确知识，坚持使用传统的教学方法或者是对教学过程要求严格一致，也是很难培养学生的批判性思维的。故人们在受教育的过程中不应该过多地受到传统的约束，而应该能够自由地发表自己的观点。由于传统教育长期地强化学生的服从人格，过于强调规则的权威性，忽略了对学生反思能力的培养，使学生的批判性和创造性思维逐渐退化，学生往往能确切地"知其然"而很少"主动探索"其"所以然"。面对日益变化的信息社会和纷繁复杂的社会环境，批判性思维方式有助于学生形成独立人格，有利于学生形成开放、质疑、求真的科学认知态度，并解放思想，减少个人偏见，有助于学生对不同的观点采取宽容的态度，审慎地做出判断，有警觉性地接受解决问题的多种方法。

批判性思维能力是可以通过教育和培训形成的一种思维习惯和能力，且批判性思维应当成为组织课程的基本原则。随着对批判性思维本质理解的逐渐明确，批判性思维的培养被普遍确立为教育特别是高等教育的目标之一。大量的数据统计及回归分析证明了在现代教育中开展批判性思维的重要性。在新时代背景下，高等职业教育应该培养学生批判地思考和分析、解决问题的能力。在课程教学中，教师应注意培养学生批判性和创造性分析的技能、独立思考及团队合作的技能，而非对学科知识的简单的认知性掌握。因此，批判性思维倾向的培养，有助于学生逻辑性、分析性、系统性、自信心、认知成熟度的提高以及自我效能（自我效能是指一个人对于能够成功完成某一任务的能力的信心）的实现。

当前，教育工作者已经开始意识到改变传统的以教师讲授为主的教学模式的必要性，即改变"记忆型的教学文化"的课堂教学的必要性，主张把学生从被动地接受知识中解放出来，使学生积极地探寻知识的真实性和价值性。根据报告，在美国，89%的教师认为批判性思维是他们授课的主要目标（包括合作解决问题、事实探究、案例研究和项目合作等），但是只有39%的人能够解释清楚什么是批判性思维，而只有19%的教师真正实行了批判性思维的培养。该报告说明部分教师即使在知道批判性思维的重要性的前提下，仍然没有在课堂上培养学生的批判性思维，这可能是由于教师自己本身就缺乏批判性思维同时缺乏培养批判性思维的策略。

（四）培养高职学生批判性思维的方法

1.利用课堂任务培养学生的批判性思维

课堂是学生学习的主要场所，充分利用课堂提供的有利环境培养学生的批判性思维，是切实可行的。高职学生整体批判性思维能力较弱，主要体现在思想内容缺乏深度、迷信权威、缺乏反驳意识和能力、缺乏论证等方面。因此，需要在课内教学、课外要求、课程设置等方面对高职学生整体批判性思维能力的培养进行深入而广泛的探讨。其教学任务不仅要在课堂教学中展开，同时要延伸到学生的课下时间，教师利用翻转课堂的方式要提前安排教学任务，使学生"有事可做，有事要做"，且合理安排课余学习时间，课上、课下的学习互为支撑，能促进学生自主学习能力和自我管理能力的发展。

2.调节课堂气氛，加强学生的思辨训练

在课堂中培养学生的批判性思维，首先，要求教师转变传统的教育观念，变"以教师为中心"为"以学生为中心"，打破"师道尊严"的格局，营造和创建平等民主、和谐轻松的课堂教学氛围。教师要给学生敢想敢说的环境，并且为学生提供分析、评价他人思想言行以及其他事物的平台。对于学生独特、创造性的想法和见解，教师需给予肯定和鼓励，从而引导和启发学生独自从新的角度去思考问题、悉心分析问题，从而大胆找出新的解决方案。故批判性思维是在不同的思想交流和碰撞中自然发生的。总之，任务型教学法重视信息差异、情感差异、观点差异等，有助于培养学生的批判性思维能力。

3.科学设计教学任务，合理安排课堂活动

科学合理的教学任务能让学生参与知识形成的过程，是培养学生批判性思维的重要渠道。并且教学任务带给学生的不仅仅是学习的兴趣、热情，学生更能从合作中得到更多的锻炼批判性思维能力的机会。

同时，这需要教师在课前做大量的备课工作，设计好合理、有效的教学任务，力求使每位同学参与其中，享受知识形成的过程，并且在此过程中要充分发挥学生的主体作用。在交流中，教师的主要作用是帮助学生面对不同的观点学会用语言表达复杂的思想，并逐步地在课堂讨论中形成一个自由批判和表达的课堂环境。

4.更新课程设置理念，注重教学任务的真实性

在教学中，各类课程都可以融入批判性思维能力的培养，比如口语课程、跨文化交际课程、西方经典课、英语阅读课程等。任务型教学法鼓励学生从生活中学习，在学习中融入生活，倡导自主学习。但传统的教学大多脱离实际，以教师为中心的模式决定了教师传递信息的角色，这在一定程度上损害了学生学习的积极性，并且剥夺了学生思考和创新等各方面的权力。任务教学法要求学习者自己去思考、去发现，把学习和生活有机结合起来，给学生提供了更多实际的学习环境，促使学生学以致用，调动一切可以调动的积极因素让课堂成为培养学生批判性思维的主要途径。思辨能力与基础语言技能不是矛盾的关系，而是相互促进、紧密联系的关系。并且批判性思维是课堂高效的重要条件和促进因素，课堂则是批判性思维的重要发展途径和实现媒介。教师和学生需要在正确认识批判性思维的基础上积极发挥其主体作用，努力培养批判性思维并使批判性思维在教育和生活中得到充分体现。

三、任务型教学中的合作学习

传统教学观认为，教学是教师对客观世界进行再现和描述的过程。传统教学以"教"为主，是"教师灌输式"教学，教师占据教学的主导地位。在传统教学中，知识被看成是一成不变的，由教师机械地灌输给学生，学生机械地和被动地接受，并没有发挥学习的主动性和能动性的空间。

随着科学技术的不断进步和社会分工的细化，国际和人际交流与合作将日益频繁。因此，是否具有协作精神、能否与他人合作，已经成为一个人能否成功的重要因素，这也使得合作意识、合作精神与合作能力成为现代人必备的素质之一。在外语教育这个合作项目中，尽管教师与学生所处位置不同，扮演了教与学的角色，但他们也是在平等基础上进行的合作。教师和学生有着共同的事业和目标，而只有他们共同参与、配合，才能实现真正的合作。但是随着教育改革的不断深化，人们逐渐意识到除了教师与学生之间的合作外，学生与学生之间的合作也是外语教育一个重要的组成部分。这种合

作关系也是改善学习环境、提高学习效果、实现和完成外语教育合作项目必不可少的一环。

（一）合作学习的理论依据

合作学习是长期以来得到了充分实践肯定的一种教学模式，在语言学习与教学中有着极大的优势，合作活动可以在加速发展认知水平方面显示出比个体活动更强的优越性。相互交流是学习进步的关键，应注意学习者之间的互补关系，并认为能力强、知识多的一方必然会去指导、鼓励他的合作者，从而共同进步。学习就是共同认知活动的产物以及影响个体认知重构过程。

获得外语能力有两种途径，一是习得；二是学习。习得是通过理解语言和使用语言进行交际的一种"自然"过程，如母语的学习；而学习是有意识地掌握某一语言的语法规则，通过正式的教学获得知识，不会导致习得。因此，教师应该尽可能地给学生创造较自然的学习环境，让学生与学生之间进行"自然"的交流，而且有意识的学习只能起到监控、修正和编辑的作用。因此，他认为在语言学习中应该尽量减少"监察"的作用，而应让语言学习者处于宽松、和谐的交际环境，从而降低情感过滤，增强学生自信，这些都恰好符合合作学习的原则。

（二）合作学习理论的要素

合作学习是为达到共同的学习目标，学习者以小组形式参与活动，并在一定的激励机制下为获得最大化个人和小组习得成果而采取的一种互助学习策略。合作学习自20世纪70年代初在美国兴起以来，发展迅速、实效显著，现在已成为当代教学改革较为成功的典范之一，深受世界上许多国家的欢迎与关注。

国外大量研究和教学实践表明，合作学习能够大面积提高成绩并改善班级内部的学生心理氛围，形成学生良好的心理品质和社会技能。因此，合作学习在"以学生为中心"的教学模式中更受关注。它表现为小组成员分工协作，以团体成绩为评价标准，以标准参照评价为基本手段，通过相互交流，创建真实的语言学习环境，共同完成既定的任务。尽管合作学习的形式千差万别，但都包括以下五个基本要素。

1. 积极的相互依赖

学生发现他们需要相互合作来完成小组任务，教师可以通过给学生制定共同的目标、平均分配材料、分派职责任务来形成学生的积极的相互依赖，积极的相互依赖是合作学习的核心。同时，学习者必须时刻牢记小组的利益，习惯于考虑"我们"而不是"我"，组员之间互利互助才能共同进步。而教师可以通过设立共同目标、共同奖励、分享材料、分配任务等方式来实现学生的相互依赖。

2. 面对面的促进性互动

学生可通过互相帮助、分工合作、相互激励来促进彼此的学习，小组成员应进行面对面的直接交流。而教师要确保学生积极参与小组讨论，充分与他人交流，而不仅仅是被动地与课本、机器交流。

3. 个人责任制

教师要经常对每个学生进行评论并把结果告知小组及每个成员尽管学习者共同学习，每位同学都必须独立担当并完成一定的角色和任务，以示他已经掌握了所学知识的重点，并避免任务只落在小组个别成员的头上。教师也可以进行个人测试，或随机抽取学生进行个别测试。

4. 个人技巧

教师把一些社交技能像学习技能一样有目的地、准确地教给学生，这些社交技能主要包括领导能力、决策能力、取信于人的能力、交际能力以及化解矛盾的能力等。

5. 小组过程

小组需要有一个确定的时间来讨论他们的共同目标及如何维持小组间工作关系，教师可以通过分配任务来安排小组的活动程序。

（三）任务型教学中的合作学习

传统教学的目的是让学生被动地接受知识并重视知识的确定性。在教学过程中，课堂由教师主导，而学生的主要任务是消化、吸收教师所教授的知识。课堂教学强调教师和课本的权威性，忽视学生的个体差异，学生缺乏独立性、自主性的思维和判断能力。但教师的课堂主体地排斥学生之间的合作学习。而任务型教学，提倡以任务为载体开展课堂教学，主张学生参与课堂，在做中学，而且大部分的任务都需要学生之间进行交流合作，是以小组的方式共同完成。任务型教学法是合作学习的"土壤"，为学生开展合作学习提供了良好的学习气氛、学习环境和学习机会。在完成任务的过程中，学生与教师深入交流从而得到专业的指导和帮助，并在与队友的合作中努力探讨完成任务必要的步骤和计划，通过小组内部学习培养学生良好的人际交往能力和团队合作意识。任务型教学通过各类的课堂任务训练学生运用英语表达意思并完成交流的能力，提高学生的语言交际能力。

1. 任务型教学法需要学生之间的合作

任务型教学法经常需要学生以小组为单位，共同完成一项难度较大的任务，如创造性任务。创造性任务是由不同任务组合而成的综合性任务链，这种类型的任务往往耗时较长，而且可能延伸到课外进行网络查阅以及资料收集，所以往往需要学生分工合作，共同完成。任务示例：

大学生参加课外活动情况调查：

①讨论、确定调查对象。

②制定调查方案。

③开展调查。

④收集资料，分析数据。

⑤得出结论，撰写报告。

⑥班级交流。

这项任务共由 6 个步骤组成，而且每一步都需要小组成员共同努力，比如讨论、确定调查对象，因为涉及面对面的实际调查，所以大家就需要集思广益找到最合适的调查对象，这样才能顺利开展后续工作除了要进行大量的调查访谈外，还要进行数据采集分析、撰写报告、PPT 制作展示。如果只有个人应对如此繁重的任务，不仅不能保证质量，而且会极大挫伤学生学习的积极性和热情。因此，任务型教学提倡小组合作学习，鼓励学生通过合作沟通的方式共同完成任务。

2. 任务型教学法鼓励学生的交流与合作

任务型教学中教学任务的设计包含学生的交流与合作，合作学习在很多任务中都是必要的。在选择决定型任务中，教师要给学生提供一系列选择，由学生进行小组内部讨论，在小组成员达成一致意见后共同做出决定。比如，以小组为单位阅读一则广告，在提供的产品中选出一种并为它设计广告词。这个任务中，学生只有交换意见才能决定选择哪一种产品，进而完成设计广告的后续任务。因此在交流型任务中，学生主要是表达不同的想法和不同的观点。再如，关于是否喜欢电动汽车，学生根据自己的想法发表不同观点，他们可以各陈己见，而不必互赞对方的意见。

由此可见，任务型教学课堂就是学生交换意见、交流信息、共同讨论、合作学习的课堂。脱离了合作学习，学生就无法依靠一己之力完成教学任务。可以说任务型教学和合作学习是紧密联系、不可分割的整体，它们之间相互依存、相互支持，共同为学生创造自由自主的学习空间和学习环境。

3. 任务中的分工与合作

在一项任务中，小组成员必须开展分工合作才能在教师规定的时间内有质量地完成任务。一般的小组工作流程是：在得到任务后，大家首先进行讨论并制订工作计划；其次，根据工作计划，结合个人特点进行分工；各自完成分内任务之后，小组内部汇总，大家再次讨论并完善最终结果。在完成任务的过程，小组成员既有共同学习也有自主学习，二者有机结合、相互关联。

以大学生参加课外活动情况调查为例，在完成调查任务的过程中，首先是讨论、决定调查对象，其次由 A 负责设计调查问卷，A、B、C、D 进行调查并收回调查问卷；B 负责整理数据，进行分析。然后在 B 的基础上，C 负责撰写整个调查报告。调查报告写好之后，大家共同传阅，提出意见，完善并改进调查报告。完稿后由 A 根据报告制作 PPT 演示稿，大家共同对 PPT 提出意见，修改完善。最后 D 负责整理调查报告和 PPT，并汇报给全班同学。

在完成该项调查任务的过程中，由 A、B、C、D 四位同学各自独立完成的工作有 1—2 项，而需要合作共同完成工作有 6 项。可见，合作学习在任务型教学法中所占的比例和对学生产生的影响之大。

4. 任务型教学中的集体观念

在任务型教学中，多任务是由小组成员共同完成的，涉及小组的任务考核成绩也是共同的，小组的成绩就是个人的成绩。因此，学生在完成任务的过程中都会积极发挥出他们最优秀的品质，并努力提高小组成绩。当所有小组的任务完成结果汇总展示的时候，小组的荣誉感团体感尤其明显，每一组同学都希望自己所在的小组成绩最高，且每一个小组成员都会为此而积极努力，贡献自己的力量。合作学习、团队精神、友爱互助伴随任务型教学每一项任务的开展、完成与展示，各个任务的环节无不显示着学生的集体精神以及团队合作的信念，这不仅有利于培养学生的自主学习能力，更有助于塑造他们与人合作的品质和良好的心理素养。

四、合作学习中教师角色的定位

合作学习对英语教学提出了更高的要求，而合作学习理论对于高职英语教学改革和创新人才的培养具有很好的借鉴作用。由于传统英语教学强调语法和翻译教学，所以从教师信念的角度来看，在此背景下成长起来的英语教师对于合作学习中新角色的认同度以及接受度必然会与原有教师有冲突，且在合作学习中教师的角色必然会发生变化。

在传统教学中，教师主要是知识的传授者、灌输者，也是课堂活动的主导者。在合作学习过程中，教师成了指导者、促进者、组织者、帮助者，教师所担任的角色具体可归纳为以下三种。

（一）教师是学生学习环境的设计者

教师要给全班学生安排、布置合作学习的活动，而且要使学习者产生一种学习责任感。教师是学生学习环境的设计者，这里的学习环境分为外部环境和内部环境两种。外部环境指课堂环境，即教师根据学生的认知结构、主观的经验对教材进行合理调整后所呈现出的学习情境或学习内容，因此教师安排给学生的学习内容，必须是对学生有价值的与学生的生活经验相关的，能让学生在学习活动中感受到要学的知识是重要而有趣的。外部环境要求兼顾趣味性、社会性、综合性、开放性和实践性；内部环境指在学习活动中要激发学生的学习兴趣，从而形成学生强烈的学习动机，这是学习活动顺利开展的重要条件。内部环境包括教师在课堂上表现出来的对每个学生的尊重、帮助和真诚的关爱。

（二）教师是学生建构知识体系的合作者

教师在合作学习中要强调学生对概念和信息的加工，教师要决定给学生多少信息输入，将哪些信息留给学生自己去发现，并要鼓励学生完成合作学习中的信息加工。虽然学习活动是教师引导学生自主活动、主动建构知识意义的过程，教与学是教师价值引导和学生自主建构的辩证统一。但如果没有教师的合作参与、有效指导，它将成为一种盲目、低效的劳动。因此，积极聆听、适时点拨将成为教师在合作学习活动中恰当的角色体现。

（三）教师是学生互动评价的指导者

在实施小组合作学习的教学策略时，教师绝不能期望学生一下子就能接受和掌握该策略，而且必须要有一个熟悉和改善的过程。因此，教师需要在课前制订出具体的措施和执行计划，并在使用该策略的初期进行必要的预演。在教学中，教师负责掌握时间并调整各组学习进度，对学生的合作学习进行指导。

四、任务型教学体现的人文关怀

人文关怀一般认为发端于西方的人文主义传统，其核心在于肯定人性和人的价值。它要求人的个性解放和自由平等、尊重人的理性思考、关怀人的精神生活等。人文关怀是指尊重人的主体地位和个性差异，关心人丰富多样的个体需求，可以激发人的主动性、积极性、创造性，促进人的自由、全面发展。

任务型教学的课堂为学生提供了自由的学习气氛，使学生能够以课堂主体的地位通过努力积极的探索知识。同时，良好的师生关系使学生不必有所拘束，他们可以自由提问，随时获得教师和同学的帮助。可以说，任务型教学伴随着人文关怀。在教学中，师生地位平等，因此教师尊重每一位学生，关心他们的个体需求，努力在更大程度上为他们提供自由思考和学习的空间。具体来说，任务型教学中的人文关怀体现在如下方面。

（一）尊重学生的主体地位

任务型教学中，教师承认学生不仅是一种物质生命的存在，更是一种精神、文化的存在。在任务型教学模式下，教师能够有更多的机会、更多的时间与学生开展交流，因为教师不必成为课堂的主体，所以不必紧追教学进度，不必盲目填鸭式教学。相反，他们有了更多的时间思考如何引导学生，如何激发学生，如何使学生成为学习的主体，如何带领学生畅游知识的殿堂。因此，教师走下讲台的同时，也是站在了和学生平等的地位上，更多地去关注学生的感受，学生不再是教师教授知识的"容器"，而是更加立体的独立的存在。

在任务设计环节上，教师要思考如何以更加适当的、科学的方式安排任务；在任务的执行过程中，教师要注意如何给学生提供更加智慧的建议和有效的帮助；在评价打分的紧张阶段，教师要精心打造自己的每一句话，力图激发学生更大的潜力，鼓励他们树立更坚定的自信心。

（二）关心学生多方面、多层次的需要

在任务型教学中，因为强调学生的参与，所以教师有机会给更多的学生提供帮助。同时，教师的及时认可和鼓励又促使学生以更高的热情度投入学习，教师不仅要关心学生知识层面的需要，更要关心学生精神文化层面的需要；不仅要创造条件满足学生的知识需要、技能需要，更要着力于学生自我发展、自我完善的需要。因此当学生全力投入学习，认真完成任务，以出色的成绩展示的时候，教师要给予其毫不吝啬的赞美和表扬。教师一个肯定的眼神或一句中肯的建议，也许就能帮助一位同学树立起昂扬的斗志和年轻人的梦想，让他的内心充实而丰满。在学生成长的过程中，教师要给予学生更多的鼓励和关注，让他们像鼓起风帆的大船，从而努力驶向理想的彼岸。

（三）促进学生自由、全面发展

学生的全面发展应当是自由、积极、主动的发展，而不是由外力强制的发展；应当是各方面素质都得到较好的发展或达到一定水平的发展；应当是在承认个体的差异性、特殊性基础上的全面发展；应当是与个性发展相辅相成的全面发展。同时，教师应充分关注每一个学生自身成长与发展的需要，关注学生独特的理想、信念和情感，从而努力创造让每个学生都能够根据自己的选择发挥聪明才智的课堂环境。

孔子提倡的因材施教理念，在今天的任务型课堂中仍然适用。学生的个体差异很明显，不论是知识、性格或是学习态度。尤其在高职学生中，这一现象尤为明显。而高职学生的英语基础参差不齐，学习态度也迥然各异。但是作为教师，关注的应该是学生的当下，包括课堂上的参与、任务的完成情况、平时的表现和点滴的进步等。教师应当关注学生的现阶段表现，尊重他们各自的性格特点，积极发现他们的进步和优点，并努力帮助他们积极参与课堂、参与任务，并在此过程中帮助他们体会到学习的乐趣和自我价值实现满足感。

总之，任务型的教学相对于传统的教学模式，赋予了教师更多的角色，同时也使教师肩负起更多的责任和义务。教师的任务不只是授课，应在任务的设计、实施和评价过程中，都体现着教师对学生的平等关爱和一视同仁。

这种人文关怀拉近了学生和教师之间的距离，形成了良好的师生关系，使学生更愿意亲近教师，也使教师更多了一层对学生的关爱。这有利于激发学生的自主性、积极性和创造性，有利于促进学生自信心的建立和帮助学生自由全面地发展。

第三节 任务型教学法对教师的要求

一、任务型教学法中教师的角色

开展任务型教学法是在外语教学改革中积极的尝试和有意义的探索，也是全方位实现教学从传统方式向现代方式转型的要求。这种教学方法在推动英语课堂教学改革的同时也对教师的角色提出了新的要求，因此，英语教师需要对自己进行重新定位。

任务型教学法强调以学生为主体、强调在做中学习、强调把语言应用的基本理论转化为具有实际意义的课堂活动、课堂任务，强调在实际运用的环境中发展学生的语言运用能力。这种看似简单的教学方法实际上对教师自身的水平和角色转换提出了巨大的挑战。任务型教学法关注学生的学习过程，强调师生互动、生生互动，并以建立自然真实的语言学习环境为目标，这与过去单纯的课堂讲授完全不相融合。

在任务型教学过程中，教师想要使学生完成合适的、具体的教学任务，就要以参与互动合作交流的学习方式去激发学生内心的学习热情和对知识的渴望，再通过调动学生的积极性去发掘学生内部潜力，从而提高学生的语言实际应用能力。同时，教师还要在教学中与学生增进情感交流，了解他们的个性特点给予学生情感方面的及时肯定与关注。任务型教学法是一种集调查、思考、设计、交流、合作为一体的综合教学途径，在任务型教学任务前、任务中和任务后的不同阶段，教师应该起到如下作用。

（一）在任务前阶段，教师是课堂的设计者、教学任务的呈现者和引路人

任务如果能给学习者带来一种成功的感觉，也就能激发和促进其语言学习过程。因此，教师的第一个角色是课堂任务的设计师。在传统课堂中，教师只需要以传授者的身份把自己准备的知识讲授出来就完成了教学，而任

务型教学需要教师从课堂的主体地位中退让出来并成为整个课堂的设计者。教师需要根据学生的英语水平为他们创造合适的任务；要把握教学的模式、节奏，找到适合学生特点的教学任务；要保证学生能够在课堂中通过任务的学习对知识有所了解，同时收获语言实践的经验。因此，任务型教学对教师提出了更高的要求，在课前教师要仔细研究教材，再根据教学目标和学生的实际水平设计出各种各样、深浅不一、生动有趣而又贴近学生生活的课堂教学任务。

（二）在任务中阶段，教师是教学活动中学生的帮助者、激励者

在实际任务阶段，教师要后退一步，使学生成为课堂的中心，让学习者自主完成任务，因为只有在学生寻求帮助的时候才可以给予其必要的帮助和支持。任务型教学往往让学生以小组为单位来完成一项教学任务，因此，在小组分配的过程中，教师要根据学生的个性品质、情感心理、语言能力以及组织能力确定各组分工。这样才能够使每一小组的成员都积极地参与到活动中来，做到既能够自主学习又能够合作交流，使每一位同学都能够得到创新和实践的机会从而真正实现任务型教学的目的。

在任务中阶段，学习者需要进一步发展完成任务的能力，他们必须学会自主规划和选择合适的任务完成策略。教师的任务是确保每个人都尽其所能地完成他们的任务，也给每个人提供适当的建议。

学生在完成任务的过程中很在意教师的评价，他们希望得到教师的认可，从而实现自己的价值并满足自己的成就感。因此，在活动的过程中，教师要积极地去发现学生的优点、亮点，给予学生充分的肯定；在遇到困难时也要及时地帮助他们、鼓励他们，使他们看到希望。因为任务完成的过程必然会体现学生的个性差异和任务完成的优劣等级，教师要以充满正能量的积极的鼓励者的身份出现，而不是刻意地去找出任务完成过程中的问题使学生充满挫败感。教师要考虑到学生的实际基础，也要看到他们努力的结果和进步，要给予学生及时的肯定，使他们能够充分认可自己，并充满信心地参与下一次的课堂活动。

（三）在任务后阶段，教师是任务结果善意的评价者

在任务型教学的最后环节中，学生要进行任务展示，因此必然会有教师的评价。对于学生任务完成的情况，教师要积极肯定学生付出的努力，给

予学生积极的反馈评价和建议。教师的评价要使学生能够得到情感上的正面肯定，并体会到学习的快乐气氛，从而激发他们参与活动的热情，以培养他们的自信，鼓励他们进行批判性思考和创新。

虽然任务型教学是以意义为中心的教学，强调语言的信息交流功能，但任务型教学也并不完全忽视语言形式、排斥语言知识教学。在任务后阶段，教学的重点便从语言意义转向了语言形式，在这个阶段，教师的角色是学生学习的促进者。对于学生在展示环节存在的一些问题和错误，教师可以先记下来而不必当场打断学生展示。在课堂活动结束后，再通过语言聚焦的形式集中安排语言特征知识讲解，学生能更容易掌握语言的使用方法。

二、任务型教学中的师生关系

教学本质上是人与人之间的互动，在互动中学生的学习兴趣得到培养，学生意识到他们可以自主学习知识，探索思维乐趣，从而激发出学习的激情，鞭策自己不断进步。因此，好的教学一定是建立在教师和学生之间密切关系之上的。

教学包括三个方面的内容，即师生关系、教学内容和好奇心，理想的教学应是教学内容、师生关系和好奇心各占 1/3。

任务型教学中的师生关系和传统教学中的师生关系有较大的差别。在任务型教学中体现的是以学生为中心的教学模式，因此，如果学生与教师关系不融洽是无法使学生顺利地参与到课堂活动中来进而推进整个任务型教学的开展的。在很多课堂上都有这样一个问题，即有一些学生因为非常不喜欢某个教师而不听其安排，然后找借口、找理由不参与教学活动，从而导致成绩大幅度下滑影响了学业。那么，如何才能形成恰当的师生关系呢？

第一，教师要和学生成为朋友。在任务型教学中，教师和学生首先要成为朋友，这是因为朋友意味着双方平等。而在传统教学中，教师地位远远高于学生，因此，学生不敢跟教师有很多交流，他们对教师心存敬意。而教师本身也不愿意走下三尺讲台，跟学生成为朋友，他们担心过多的沟通会影响到他们的权威地位。而在任务型教学中，教师需要在课堂上与学生进行深入的沟通，帮助学生、鼓励学生、认可学生、赞扬学生。只有和学生成为朋友，教师才能得到学生真正的信任，从而让学生愿意接受自己的指导和意见。因此，成为朋友是学生和教师展开交流的前提和基础，只有在地位平等的基础上学生才愿意跟教师沟通。

第二，深厚的专业知识和授人以渔的智慧是师生关系的核心。平等的地位和友好的关系是良好的师生关系的前提。此外，教师还要有足够的专业知识。因为教师的主要职责是传授知识，教师只有不断提高自身的素质，才能够给学生以充分的帮助和专业性的指导，才能够设计出更科学、更合理的符合学生特点的任务。在任务设计的环节，教师不但要考虑到学生的特点，而且要考虑到教学目标，并把两者有机地衔接在一起，这就需要教师有深厚的专业功底，要注意语言教学的科学性、真实性、生动性以及趣味性。只有对各个方面综合考量，教师才能够设计出恰当任务使任务型教学在课堂上顺利推广。

第三，良好的师生关系，教师对学生的人文关怀是必不可少的组成部分。教师的职责除了传播知识外，还有培养学生形成良好的人生观、世界观和价值观。因为教师要帮助学生成为合格的人才，帮助学生树立远大的志向，鼓励学生追寻心目中的理想。当学生在学习或生活中遇到挫折或困难的时候，教师要给予积极的影响和帮助。在课堂上，良好的人文关怀体现在教师的一个微笑、一个眼神或一个手势上。

三、任务型英语教学中教师角色的转换

任务型英语教学对英语教学的知识重点进行了有效转移，改变了传统教学模式中学生被动接受知识的授课方法。坚持以人为本的教育思想，强调教学的实践性和体验性，也强调培养学生的语言创造能力和语言运用能力，使课堂教学更具有发展性，课堂教学的主体逐渐由教师转移到学生身上。但是在传统教学模式向任务型教学模式的转变过程中，教师尤其要注意以下几个方面的问题。

（一）建立协作的师生关系

在课堂上，教师和学生的关系应该是互相平等、互相尊重、互相理解与信任的。要使学生在课堂上主动、积极、放松、大胆地表达想法，教师首先要情绪饱满、面带微笑，让学生觉得和蔼可亲。对于学生提出的问题，不管是否合理、恰当，教师都不能带有任何偏见和情绪而是要给予积极、耐心的引导，要认真地进行合理解答。

（二）培养学生的学习主动性和独立思考的能力

任务型教学注重对学生学习主动性和独立思考能力的培养，无论是在课内还是在课外，教师都要留给学生独立学习的机会，培养他们学习的责任感，并教会他们学习和思考。教师在设计任务的过程中不应给学生过多的限制，在完成任务的过程中应鼓励学生充分展开自己的想象，并找到解决问题的不同方法和途径。对于勤于思考、努力创新的学生，教师要给予及时的表扬，有助于其他学生向先进的同学学习。

（三）激发学生参与学习的热情，培养他们对于英语的学习兴趣

兴趣是一切学习的起点，是最好的老师，也是最好的内部动力。兴趣能够推动学生主动接受所学知识，因为当学生有了对英语学习的兴趣后他们就具备了积极的心态，他们就会主动探索学习的方法，努力获取学习资源，并全身心地投入学习。因此，教师如果能够在英语学习中激发学生兴趣，无疑会对他们的英语学习产生巨大的影响。培养学生的学习兴趣可以通过如下三个方面来尝试。

1. 变换教学方法，尝试多种授课形式

可以通过讲故事、演话剧、创作小诗、练习绕口令、做游戏、课堂辩论和小组竞猜等方式来丰富课堂内容，激发学生的学习兴趣，使原本枯燥的课堂变得生动活泼，也使学生能够在轻松的氛围下学习英语。这些不同的教学方式的引入使课堂的节奏变得丰富而紧凑，学生通过完成不同的任务来参与课堂，全身心地投入英语学习，并实现语言的运用和实践，对于提高他们的英语水平有很大帮助。

2. 紧跟当前社会热点

英语教学的特点是语言学习，而语言是内容的载体，因此，我们可以把学习的内容与当今社会的热点联系在一起。教师可以收集国际、国内的信息，适时适度地引导学生展开时事讨论，使学生从中得到启迪并形成独立见解，从而提高他们的批判性思维能力，同时提高他们学英语的兴趣。

3. 设计合理的课堂任务

在课堂任务的设计中，难度的设计要科学合理，也要符合学生的实际水平。若任务过于简单，学生不免敷衍了事；任务难度过高，学生又找不到完成任务的途径，怨声载道。因此，在任务难度的设计上既要充分考虑学生

的特点，又要有一定的挑战性，使学生在摸索的过程中寻求到有效的解决办法。这样在完成任务的过程中，学生会觉得不仅有语言的收获，也有认知上的收获和自我价值的体现，从而愿意参与课堂活动。

（四）对学生个体差异要给予充分关注

在课堂任务执行的过程中，不同的学生会体现出极大的个体差异，有些学生乐于表现、积极活跃，能够出色地完成小组的任务。对于这样的同学，教师要给予及时、充分的肯定，使他们找到自我成就感并给他们更多的表现机会，在表现中使其获取更多的认可。教师的赞扬以及来自同学的肯定，会使这部分同学在课堂活动中投入更多的精力和更大的热情，而且他们会不断提高对自己的要求、不断磨砺自己以达到更高的水平，为其他同学树立良好的榜样。通过典型的力量带动班级的学习热情形成良好的学习氛围，对于学生整体学习习惯的养成有积极促进作用。

对于基础较弱的同学，教师要付出更多的耐心，给予更多的知识梳理以及具体事例的分析讲解，帮助他们理清思路并构建完成任务的思路框架和具体解决策略。更为重要的是教师要帮助这类学生树立信心，让他们相信自己通过努力也可以完成任务。并且教师要通过细致的知识讲授使他们从没有思路到逐渐敢于摸索思路，进而能够主动寻求独特的见解。

四、教师专业素养提升与职业发展

任务型教学作为一种新兴的教学模式对教师的知识、能力、理论水平等都提出了巨大挑战。在此背景下，教师只有不断学习并努力提升自身的综合素质，才能应对任务型教学的挑战。要想适应当今英语教学的任务型教学要求，教师必须不断加强自我专业素养。

（一）专业知识水平的提升

随着社会的不断发展和科技的日益更新，英语课堂教学不再局限于传统的教学模式，这就对教师的专业教学水平提出了越来越高的要求。随着网络的不断普及，学生能够获取的资源越来越多，学生的实际英语水平也越来越高。很多原来只掌握在教师手中的资源，现在都可以从网络随意获取，比如，听力资源、口语材料、写作模板。如果教师不能够在专业知识水平上有很深的造诣是无法满足当今学生对课堂学习的需求的。教师的基础职责就是把自身的专业知识传授给学生，教师只有不断加深理论研究和教学专业建设，才能在课堂实践中真正提高教学水平。并且教师也只有加深对专业知识水平的学习，才能跟上当前社会发展的步伐，才能满足当前课堂教育改革的发展要求。因此，英语教师应加强理论学习水平、定期参加教学理论、教学方法和教育技术等方面的培训，研究高职英语教学规律，创造性地探索新的教学模式，提高自身教学能力。

（二）教师职业能力发展

教师在职业发展过程中需要关注如下几方面能力的提升。

第一，任务设计能力。提高任务设计能力是成功推进任务型教学的前提，任务型教学主要是以任务作为语言的载体，推动课堂教育的开展。任务设计成功与否直接关系到课堂质量、学生的收获以及课堂气氛。因此，设计科学合理并行之有效任务，是任务型教学的核心问题。成功的任务设计可以学生参与到课堂活动中，使其既收获语言知识又锻炼自身的学习能力；相反，失败的任务设计可能会使学生一无所获，既浪费时间，导致课堂秩序混乱，又使学生失去对老师的信任。因此，教师务必要提高自身的任务设计能力。

第二，人际沟通能力。在任务型课堂的教学过程中，教师的主导地位体现在组织课堂教学、安排教学任务、与学生沟通、为学生提供指导和建议。因此，交际的能力显得尤为重要。教师从教学的中心地位转变为教学的组织者和学生学习的促进者，其主要职责不再是知识的讲授者而是学生参与课堂活动的指导者。学生参与到课堂活动中并顺利地完成教学任务，也是离不开教师和学生之间的沟通。这里的沟通既包括教师对于任务要求的说明，也包括在执行任务过程中对学生的建议和帮助以及在任务后阶段对学生表现的评价。这些环节都是需要教师具备良好的沟通能力、语言水平以及人际交往能力。

第三，课堂组织能力。课堂组织能力是教师在任务型课程推进过程中具备的一种关键能力。因为任务型教学不同于传统的 PPP 教学，它不需要教师站在讲台上照本宣科，它更多的是需要教师把所有的学生吸引到课堂活动中来，使他们参与任务、完成任务。因此，教师的课堂组织能力就尤为重要。

第四，教学科研能力。教师一方面要组织课堂教学；另一方面要不断进行教学科研。同时，教师的教育研究不仅是课程改革的要求，也是教师自身职业发展的要求。科研可以使教师与教学真正融为一体，促进教师专业成长与发展，不断提升教师的自我更新能力和可持续发展能力，以增强教师职业的价值感和尊严感。

第五，学习能力。在以知识为中心的传统外语教学中，虽然教师只要熟练掌握本学科的知识就足以应对课堂教学，但是以综合语言能力为目的的任务型教学法却对教师提出了更高要求。因为它把语言教学和日常生活中的语言应用结合在一起，是突破了语言学习本身，涉及生活各个方面，所以教师如果只专注词汇语法、规则结构的讲解是无法胜任任务型教学的。

第六，运用先进科技和教学手段的能力。当前，随着科技的不断发展，很多软件和设备以及先进的教学理念、先进的教学方法不断涌现。因此，在课堂教学的过程中教师必须不断学习，将先进的科技运用于教学，并积极学习、研发微课、慕课等先进的教学方式，使多媒体手段与传统的教学课堂结合，并拓展学生学习的途径和领域。教师要积极利用网络视频资源、图书馆题库资源等，将之作为课堂教学的辅助工具以帮助学生合理安排课余学习时间。

五、任务型教学中应当关注的问题

在我国，任务型教学法经过多年来的理论研究和课堂实践，很多学者和教师已经非常了解而且可以熟练地运用其来开展课堂教学。任务型教学的引进，丰富了课堂内容、活跃了课堂气氛，使学生能够融入英语学习，积极参与课堂任务，体会语言运用进而掌握目的语言。然而，在任务型教学中仍然存在需要特别予以重视的方面，只有把这些方面的因素都关注到，任务型教学的质量和水平才能得以提升。

（一）教学任务设计的科学性

任务型教学主要的核心就是任务的设计，并且任务设计影响着全部教学知识点的贯彻以及整个教学活动的开展。部分英语教师在任务型教学活动中由于对教学任务的特点认识不够全面，缺乏对大纲教学内容的准确把握，在进行任务设计的过程中，由于无法兼顾必要的知识点和语言现象，没有按照教学任务设计原则进行教学任务设计，缺乏对学生英语水平个体化差异的了解，故设计出的教学任务缺乏针对性、真实性、趣味性以及可操作性，不够科学合理，导致学生不能顺利地完成教学任务，失去了参与教学任务的兴趣。

（二）在任务中平衡意义与形式的比例

任务型教学法虽然强调学习者交流的机会，但并不意味着不需要注重形式，尤其对高职院校的学生来说。注重形式可以带助学生注意语法规则和句型，这对他们语言运用的流畅性非常有帮助，特定的语言练习可能会帮助学习者对开始使用但还没有完全掌握的语言形式形成深刻记忆。在任务前阶段，可以给学生提供一些短语或特定的句型用于完成任务，通过语法练习使他们能有机会在实践中熟悉并使用这些表达方式。学生并不排斥语法习题，反而如果老师不给予针对性的语法练习，会使一些学生觉得在完成任务中学不到什么具体知识。因此，把完成任务和语法练习相结合既注重了语言的意义又兼顾了语言的形式，且能够有效提高学生语言运用的流畅性和准确性。

（三）课堂的结构和组织的合理性

相较于传统型的课堂教学任务型教学仍然是新兴的教学方法，教师需要进行大量的摸索和课堂实践，才能够逐渐把握其中的技巧。这需要教师一方面深入了解课程的教学内容；另一方面深入了解当下学生的心理特点和学习特点。而当前部分教师的任务教学活动还不创新与全面，仍停留在传统的教学模式上对教学任务缺乏科学的实践管理与系统的分工，无论在任务前、任务中及任务后，都不能使教学任务达到科学、有序的效果。教师的课堂活动组织能力关系到学生是否能够顺利地完成教学任务。因此，学生如果不能清晰、明了地掌握教师布置的任务，就会产生烦躁与焦虑心理，其完成学习任务的质量一般就不高。教学组织活动的不合理，还会导致教学活动任务受阻，课堂气氛紧张、压抑，进而影响学生交际能力和创新能力的培养。

（四）完善任务型教学的评价和考核

个别教师对学生英语的学习评价相对单一和片面。而教师作为评价者，一定要考虑到学生的个体差异以及学生对自身英语学习的评价，从而进一步激励学生客观、主动地认识自己。在任务评价中，教师应当注意语言的使用，对于典型性问题，可以通过语言聚焦的方式进行系统讲解；对于个别问题，则可以采取课后单独与学生沟通的方式帮助学生解决。

（五）任务型教学法可以和传统的教学模式相结合

在任务型教学过程中，我们并不提倡完全与传统的教学模式相对立。有一些非常适用于设计教学任务的教学内容，可以以任务的形式让学生进行自主学习，这样可以活跃学生的学习气氛，使他们乐于参与课堂，活跃教学。但是有一些课程内容，可以以传统的教学方式作为补充，因为传统的教学方式有其优势的地方，如语法和句型的强化训练，可以使学生对知识点有比较扎实的记忆，因此，两种教学的方法可以平衡使用。

（六）教师与学生之间的充分交流

有一些老师仍然停留在传统的教学模式当中，对于学生的提问，给予的回答不够充分、态度不够亲切，这就阻碍了学生与教师之间的有效联系，使学生在完成任务的过程中即使遇到困难也不愿意向教师提问，进而采取敷衍了事的态度。受教师这种态度的影响，学生不能充分、积极、主动、自由地思考，课堂气氛沉闷，故相应地，学生在学习过程中的收效自然甚小。教师必须充分关注与学生之间的沟通，建立良好的师生关系，给每一位学生以关注，亲切和蔼而富有耐心地回答他们提出的每一个问题，使他们能够在与教师的沟通过程中建立对教师的信任，进而建立自己对完成任务的信心并树立正确的学习态度，塑造学习热情。

（七）学校的行政支持

影响任务型教学成功应用的因素有很多，学校的行政支持也是重要的一方面。如果一个班级的学生人数超过30人，任务型教学法的效果就会受到影响。但学生太多，教师很难满足学生的提问需求，这会使学生与教师交流的机会大大减少。此外，学生人数过多也会带来任务完成时间的延迟，影响任务顺利完成。同时，当一个或一组学生报告时，其他同学可能会继续讨论，课堂秩序也难以控制。因此，在具体教学实践中，小班教学有利于任务型教学课堂实践的开展，小班教学也使教师有精力关注学生个性的差异，如态度、动机、性格等，这些个性特征在一定程度上也会影响任务型教学法的具体实施。

随着任务型教学法的深入实践，教师需要跟上语言教学的最新发展趋势，且只有在深化理论学习的基础上，教师才能有力地推动课堂教学改革。如果学校能够定期对教师进行关于任务型教学法的在职培训，并将大大促进任务型教学法的推广和成功应用。与此同时，教师的理论学习也有助于任务型教学法应用领域研究的进一步深入。

第六章 职业能力培养教育在高职英语教学中的应用研究

第一节 更新高职英语教师教学理念

一、教学理念的兴起与背景

教学理念的研究兴起于 20 世纪 80 年代，教师的教学理念会直接或间接地渗透到课堂教学过程中。大学英语教学作为一个动态的教与学的过程，英语教师应充分理解自己的教学理念与实践。而教师对教学过程的理解体现为教师为课堂教学所做的准备及所创造的课堂教学环境。中国现阶段的大学英语改革作为高等学校教学改革工程的一个重要组成部分，将以教师为中心的教学模式转变为以学生为中心的主动式学习模式，需要教师改变陈旧的教学理念，以实现师生互动协作，从而提高大学英语教学质量。但由于教师理念研究这一领域在中国外语教学界还处于起步阶段，而将教学理念和教学过程联系起来的研究还比较少。

"教师是英语教学活动中的决定性因素，其教学行为受到教学理念的支配。而教学理念是内化于教师认知系统，决定教师职业成就的一套隐性的教学活动指南。而教师对英语课程、教师和学生的角色等各个教学因素的认识和采取的教学手段都受到教学理念的制约"。因此，教师教学理念将直接影响教学效果，也是英语教学改革成败的关键。

高职英语教学体系的改革要更加强调实践性，使学生英语应用能力明显增强。这就要求教师具有驾驭英语知识点并以此培养学生听、说、读、写能力的能力，要更加注重服务性，使英语教学以就业为导向，并为专业服务。

这就要求教师具有广博的知识，并具有引导学生应用所学的知识和技能进行广泛的实践活动的能力，要更多地采用多媒体技术和计算机技术，明显提高英语教学的效率和水平，这就要求教师具有现代技术的操作和应用能力。这是一项艰难的改革，首先，要求高职院校的决策者和教师更新观念；其次，对高职英语教师的教学理念提出了更高的要求。教与学是语言教学活动中相互依存的两个方面。高职院校大部分是中专升格而来，在教学中仍然延续着中专的模式，教师被置于主体地位而学生只是客体。长期以来，我们都习惯于教师作为教学主体主动灌输；学生作为客体被动接受的方式，教学的艺术往往局限于寓教于乐的层次。同时，随着市场经济的发展传统的教学理念和方法不能跟上高职学生未来职业对英语学习的需求。作为高职院校的教师，一方面要跟上职业领域高速发展的新要求；另一方面还要把握教学专业中快速发展的新技术；同时，高等职业教育的培养目标是培养社会所需的高技能人才。并且其职业特点要求直接面向具体工作实用技能的教育，也就意味着所学、所教应紧密联系实际，要实用、有用。故运用能力本位教育更新高职英语教师教学理念既符合高职教育规律，也符合高技能人才培养和高职英语教学改革的需求。

二、高职英语教师教学理念更新的重要意义

（一）让教学更富创意，让课堂更有活力

众所周知，教师更好地教是为了学生更好地学。在传统教学中，教师习惯性地满足于"讲授"而剥夺了学生发表意见的机会，因此教学中只有教师的"独白"而几乎没有学生的声音，没有学生与教师的"对话"，也就没有了学生思维的主动发展。每个个体的智能特点和表现形式是不同的，其学习类型和发展方向是有差异的，这就要求英语教师改变原有单一、接受式的教学方式，以建立和形成发挥学生主体性的多样性的学习方式。

传统的英语教学往往以教师为中心，学生在课堂上成了被动的语言接受者。多元智能主张要废除这种教师主宰课堂和灌输式的传统教学方式，应充分发挥教学双方的积极性以学生为主体。多元智能理论观点十分重视全脑学习，并强调个别差异，发展学生的多元智能，而英语教学离不开"以个人为中心的教育"的考虑。英语教师应该由主讲者转变为学生学习的指导者、组织者和参与者，积极组织学生参与大量的语言运用学习活动，并要为学生

学习、使用英语创造条件、提供指导，并帮助学生通过自己的语言实践来掌握知识，培养运用语言的能力。教师要充分尊重和突出学生的主体地位，尽可能利用一切行之有效地方法与手段，也可以采用启发式、讨论式、研究式等教学方法，充分调动学生学习的主动性，并让每一位学生在课堂上"活"起来，真正成为学习的主体。

（二）让发展更为全面，让学生更加聪明

教育最主要的目的不是知识的传授而是发掘并引领这些智能的发展，学生离开学校后的发展很大程度上取决于是否拥有运用语言和数理逻辑之外的智能。为此，教育的重点是培育学生在言语、语言智能和数理、逻辑智能以外的其他方面的智能。发展学生的智能优势，就要使学生明确自己的优势，考虑如何使用这些优势技能并引导其进行人生的抉择，让他们有大量的机会强化自己偏爱的智能。

传统的英语教学一直偏重对学生听、说、读、写技能的培养，但在语言技能的训练中往往强调模仿记忆却忽视了学生观察、记忆、思维、想象能力和创新精神，且往往只注重在英语课堂教学中让学生接受现成的知识和结论，故养成了学生乐于接受而不善于独立思考的坏习惯。其知觉、想象、虚构和幻想统统被排除在课堂教学之外。教师要尊重学生的个别差异，为他们提供锻炼和成长的机会，根据学生的实际和智能的差异采用多样化的教学策略和方法，因势利导、扬长避短，这样学生就可以在一天中某个时刻有机会激发自己的智能并学到知识，保障每位学生都可以得到全面的发展。教师选择教学材料时要根据学生群体发展规律和个体发展差异，精心选择那些既贴近学生生活又具有知识含量的发展性内容，并为学生获得终身学习能力、生存与发展能力打下坚实的基础。在上课之前，教师可以根据学生的水平、认知水平、接受能力、心理因素和态度等情况，制订相应的教学计划、准备教案，设置课堂活动并根据学生的学习状况随时进行修订。英语教师要多动脑筋，精心做好课堂设计，利用幻灯、投影、录音、录像、网络及多媒体课件等现代化教学手段辅助教学。这些现代化教学手段为学生个性发展创造宽松、和谐、愉悦的环境和氛围，能在教学活动中真正实现因人而异的教学效果。这样对学生个性的发挥、潜能的挖掘、能力的培养，都有极大的帮助。

（三）金无足赤，人无完人

在整个教育过程中，教师要关注学生"全人"的发展。英语教师应该承认学生有着巨大学习潜能是有着个性差异的人。清楚认识到每个学生都是可造就的，每个人都有长处和短处，能使学生学会正视不足，通过不懈地努力都能学好英语，来充分发展其内省智能。多元智慧理论实质肯定了"天生我才必有用"的教育意义，因此今日的英语教师应较以往更具有敏锐的观察力，了解学生具有不同的智慧与不同的解决问题的能力，尊重学生之间的个别差异，认真地思索如何建构多元、富创意的英语教学环境，并使学生获得更多地学习英语机会。

教师应具备在多方面对学生做出全面而客观的评估，而不能仅仅以语言智能作为唯一的评估标准，当然也不能机械地以标准化测试作为手段。教师应强调多元的价值取向，不仅允许学生对问题解决有自己不同的答案，而且还要鼓励学生独辟蹊径，形成自己的独立见解和思想认识。

（四）在"迁移"中借鉴，在"整合"中创新

以往许多人认为一个英语教师所需要的唯一的基本工具就是拥有完整的语言知识。随着时代的进步与发展，人们对英语教师的要求越来越高，因此一个优秀的英语教师不应该只是接受语言学系统的培训者，而是一位不断学习、不断成长、终生寻求进步的学习者，要努力实现教师专业化。

学校教育质量的好坏决定于教师的素质高低，只有高素质的英语教师才会培养出高素质的学生。显然，只有掌握了语言学理论和其他学科理论的英语教师才能对自己的教学提出更高的标准和要求，从而培养出善于学习、勤于思考、具有独立分析问题和解决问题能力、有创见的学生。因此英语教师只有不断提高自身素质，才能给学生树立起学习的榜样，也才能对他们进行思想、文化、交际、审美等深层次的素质培养，要做一个能启发学生多元智能的教师，重新检视自己的教学理念，不断地充实自己、终身学习、不断创新。

三、以能力为本位更新高职英语教师教学理念

（一）教学中"以教师为中心"转为"以学生为中心"，树立"以学生为主体"的教学理念

传统的英语教学"以教师为中心"的教学模式和理念存在着种种的弊端，而能力本位教育强调"以学生为中心"，同时加强对"学"的研究，旨在发

挥学生的主观能动性，将课堂教学的重点由"教"转为"学"。在"以学生为中心"的教学模式中，教师的作用只是进行了一种换位，从"以教师为中心"的教学模式下所充当的"大包大揽者""布道者"及"演讲者"的角色转换为有利于突出学生中心地位的"课堂语言实践活动的组织者""学生学习时的引导者""使学生参加活动的鼓舞者""学生语言活动的评价者"，甚至"教学活动的平等参与者"，等等。

提升学生的主体作用可采取启发式教学法，而启发式教学方法是在英语学习中提高大学生注意力，以调动学习积极性，激励大学生充分利用所学材料解决问题，发挥已具有的语言能力，积极参加言语活动的有效方式。同时提问是最常用和有效地启发手段。提问在教学过程中的不同阶段可以有不同的目的和作用，在讲授新材料之前提问可以帮助学生去预习了解新材料的内容和重点等；在讲授新课程过程中，提问可保持学生高度注意，了解学习理解情况，从而提高讲授效果；在讲授新内容之后，多用提问检查理解并推动学生运用所学材料积极参加语言实践。在实践训练中多用提问启发学生思维，使学生更主动更顺利地进行语言交流活动。除了提问，课堂讨论也是启发教学的有效方式，通过对所学材料的有关，内容设定话题，组织大学生讨论，促使大学生积极思考、认真准备，并通过口头表述出来。

（二）强化并实践"授之于鱼，不如授之于渔"的教学理念

培养学生的自主学习能力应是教学的根本任务，而"授之于鱼，不如授之于渔"的教学理念强调的正是学生自主学习能力的培养。所谓自主学习能力是指获取知识、应用知识、独立提出、分析并解决问题的能力，也是一种让学生自己负责的学习方式。学习者是知识的主动建构者，教师是意义建构的帮助者和促进者，而不是知识的传授者和灌输者。因此，大学教师应该把学生当成即将被点燃的蜡烛而不是有待填充的空瓶子。大学英语教育的终点是让学生形成一个内化的稳固的语言体系，并掌握一些学习外语的策略和方法，以便在将来脱离了以教师为主导的课堂模式之后能自主地学习和使用英语。大学英语对非英语专业的学生来讲是一个了解、扩展、强化专业知识的工具，其桥梁作用更为突出，且更需要延续性。但是长期以来，我国的英语教学一直沿袭知识灌输型的老套路，致使大部分学生缺乏自主学习意识。因此许多大学生一旦走出校门，离开了老师的引导和监督，就不知道该如何

继续学习英语，长时间对已有知识的搁浅会最终导致"一切归零"。但许多具有大学学历的成年人迫于工作需要，不得已又要"一切从零"开始，参加各种英语培训班。这种现象的普遍性凸显了我国大学英语教学的某些弊端，同时也提醒教师自主学习才是最长远、最高效的英语学习模式，能够彻底改变重复性断裂式学习模式。

（三）以学生为中心的小班授课，增加口语练习

高职学生普遍存在着口语水平低的现象，主要是因为不具备语言环境。学生能够练习口语的唯一机会是课堂，而传统的教学方式又忽视口语训练，这样就造成了大多学生只会读、不会说的情况。为了克服以往翻译语法教学法造成的"哑巴英语"的顽疾和改变"重知识、轻能力"的倾向，应在授课的内容和侧重点上也做一些调整。针对学生英语水平和口语能力普遍低的问题采用听说小班授课，使学生有更多的时间练习听说。内容上做到丰富、逼真、有趣，力求采用丰富多彩的教学内容，并在完成规定的教学内容之余，组织学生欣赏现代诗歌、名人演讲、电影对白、英文歌曲等。新的高职英语教学大纲明确规定培养学生具有较强的实用英语阅读能力，这也是培养学生语言应用能力的重点和关键。

（三）引导学生学会学习，调动其主观能动性，培养自主学习的行为习惯

英语学习是一门实践性很强的课程，学习者的主观能动性对学习语言有较大的影响，只有学习者清晰意识到自己的学习目标并希望达到所希望的效果时，学习才可能成功。为此，职业院校的教师应充分意识到大多数的学生对未来的职业生涯充满向往和憧憬的特点，紧紧抓住这一心理特征，让学生自觉地去阅读课文，并收集相关职业材料，或找到一些与自己未来职业有关的文章，学生之间进行相互交流，用英语对收集的材料进行归纳和总结、用英语表达出来，培养了学生用英语综合表达的能力。教师鼓励学生放开手脚、广开思路，鼓励他们用自己的语言把想法和认识通过问题形式表达出来，以达到培养学生分析问题和创造性解决问题的能力，英语实践教学贵在多体验、多实践、多参与、多创造。

（四）开展分层教学实践，贯彻以能力为导向的"因材施教的原则"

随着我国招生政策的改革和普通高等院校的扩招，高职院校招生和登

记入学的学生比例迅速增大。但高职院校生源的复杂性决定其学生的英语知识能力水平参差不齐，教师上课只能顾及大部分学生，基础好的学生"吃不饱"，基础差的学生"咽不下"，致使这两部分学生失去英语学习兴趣，故课堂教学难以顺利开展。全体学生继续实行统一的教学内容和贯彻统一的教学目标已经不能适应当前学生的实际情况，改变传统"一刀切"英语教学模式已经成为高职英语教学改革的课题之一。职业教育的一项基本任务就是要把一部分在基础教育阶段遭遇"学业失败"的学生导向"学业成功"，使他们找回自尊和自信。同时，又使那些基础相对较好的学生最大限度地挖掘潜能，从而使大部分学生走向"成功就业"。最为有效的方法就是因材施教，并采取适合高职学生学习心理特点的教学方法来开展教学活动。分层教学就是从学生的知识基础、学习条件及实际出发，通过班级组织与教学形式的变化，创设"因材施教，分类指导"的环境。而教师通过分层组织教学、改革教学法，使不同层次的学生经过努力共同达到教学目标。分层教学的过程既是教师了解和研究学生的过程，也是学生个体正确认识自我学习能力和水平的过程，分层次教学能充分体现符合学生个性差异和个人需要原则，也符合能力本位的教学原则。同时，也能促进教师更加深入地研究教材、教法、教学目标和学生从而创建学生和教师双向和谐的教学和学习环境。

职业院校的英语分层教学可采用定向培养目标模式，结合能力本位课程改革理念，而我们可以更多地考虑公共基础课与专业学习的结合、"基础英语"与"行业英语"的结合，在如何使学生能适应岗位需求，为就业服务上下功夫。在更宽广的范围内，我们更多地将能力理解为一种职业胜任力，以此按照学生的毕业去向和专业分层分班教学，把英语课程内容与专业结合起来，并强化英语为专业课程服务的功能。"职业定向"的分层教学过程中，借助学生对自己的正确估计，教师引导学生找到合适的位置，满足个人的定向发展，编写与开设专业相关的专业词汇以及其他补充资料。也可以以专业词汇为学习的突破口，激发学生英语学习兴趣，精心设计教学，突出实用为主、够用为度的原则。在课程学习中，除英语基础知识的学习外，补充课外的内容并可根据专业选择不同的专业英语课本，提升英语总体水平和适应未来职业岗位的需要。

与此相配套的，在作业上也应进行相应的改革，将作业的重点放在体现知识和技能的应用性以及培养学生的应用和创新上，实行课后作业项目化，引导学生利用现代化手段获取信息并能整理信息的能力。作业的内容体现专业特点和专业内容，也使学生在完成作业的过程中体验专业知识和专业文化。

虽然分层次教学在我国已经推广实践了十几年，但在高职英语教学中的推广和使用还处在实验阶段。由于分层次教学模式学生调动大、不利于管理、对教师水平要求较高等特点，许多教师一时还无法接受这一教学模式。因此，如何让分层次教学走进高职课堂正是能力本位教育在高职英语教学应用中的一个关键问题。

（五）提高教师综合素质，做"双师型"教师

基于能力本位教育的理念，高职教师不仅是理论知识的传授者还应是学生实践能力的培养者。作为高职院校英语教师，从人才培养目标和高职教育规律出发，"双师型"素质是为其必由的发展方向。"双师型"教师，是指既能传授专业理论知识又有较强社会职业能力的教师"双师型"教师的本质含义，就是"双师素质型"。普遍认为既具有作为教师的职业素质和能力，又具有技师（或其他高级专业人员）的职业素质和能力的专业教师是"双师型"教师。以英语教师素质专业化发展为例，高职教育的培养目标与专业人才培养模式决定了从事高职教育的英语专业教师应该是"双师型"教师，也就是说要求英语教师不仅具备深厚的专业理论功底，而且应掌握熟练的专业技能，并具有良好的职业道德与素质，即具有"技能＋专业"的"双师型"素质特点。

第二节 基于职业能力教育理念的高职英语教学内容的研究

一、以职业能力教学理念改革高职英语教学内容的意义与原则

（一）以职业能力教学理念改革高职英语教学内容的意义

高职英语教学内容的构建应以能力本位为前提、以就业为导向、以培养高素质技能为目的并以职业能力和职业素质为核心。这也决定了高职大学英语课程教学内容的设计要了解学生实际和社会需求的基础上突出应用性、实践性，重组课程结构，更新教学内容，其教学内容要突出基础理论知识的应用和实践能力的培养。因此，在高职大学英语教学内容设计中注重能力本

位教育的渗透和体现，符合《高职英语课程基本要求》中的要求，也适合高职人才培养的需求、符合高职教育规律。

目前的高职英语教学内容往往缺乏鲜明的针对性，教材较为陈旧且与专业课程结合不紧密，不利于学生能力的培养。高职英语教学应以完成提高学生文化素养和提供就业上岗后满足岗位职责所需要的英语基础为主，内容应当结合专业需要、突出培养能力，并体现"必需、够用"为度的原则。在知识教学上，应注意根据《基本要求》制定的培养目标，满足不同行业对毕业生的职业知识和职业需求，为培养方向增加适当的能体现基层岗位职责、人际关系或体现现代企业和部门合作等方面的内容，让学生由浅入深，适应今后的企业文化和工作环境，顺利实现角色的转变；在教学进程上，应注意根据学生的语言发展的实际水平，在基础教学任务完成后，以行业准入的职业英语水平要求为主要学习方向，从行业普及的英语要求到职业特殊需要的英语能力，循序渐进、由浅入深，逐步从行业英语基础知识向专业英语应用的实质性过渡，突出英语的可适用性，故需要了解各专业课和专业基础课教学要求，征求相关专业课教师对英语学习内容的要求；征求了解部分毕业生对英语课程内容及教学方法意见和建议；调查和了解在校学生英语学习的一些具体状况和要求。有条件的学校可以安排教师到不同行业、不同企业的一些有代表性的岗位，向一线技术人员了解从事一些职业对英语的具体需求，再通过一定渠道细致的调查研究，进一步明确教学内容和教材的编排，既重基础，又体现专业特性，且符合培养应用型人才的需要，体现学以致用的原则，让英语教学服务于各专业教学，以顺应职业教育的需求。

（二）以职业能力教学理念改革高职英语教学内容的原则

高职英语教学内容的设计必须以需求分析为基础，以培养学生职业能力为目的，着重解决学生未来工作可能遇到的问题，有助于学生未来的职业成长。同时，高职英语教学内容体系的构建，必须加强与企业的交流与合作，改革教学内容体系以满足社会和学生多元化的语言需求。因此，基于能力本位的高职英语教学内容的设计应遵循如下原则：

1. 应用性原则

要以解决实际问题为中心，打破学科界限，使内容组织服从于所要解决的职业领域的问题。在实际教学中根据各专业的特点，除了有基础英语教学课时，还应设有专业英语教学课时和对应的实习课时；除了掌握一般的基础知识以外，各专业还应有选择地侧重掌握英语专业术语、训练简单对话和阅读的能力，并结合应用实例和实习内容，培养并加强学生在本专业范围内的英语应用能力。例如，针对经济贸易专业的学生，不但开设大学英语基础课程，还应开设商务英语、外贸函电、电子商务等专业英语课程，以达到学生基础英语与专业英语的有机融合。

2. 注重实践性

将英语语言知识与学生所学的专业融合起来而英语只是一门语言工具，是为专业服务的，所以高职英语课程基础知识的教学应结合英语应用能力等级考试和实际工作要求，培养学生听、说、读、写、译的能力并以此为铺垫，并结合各专业的教学内容，加强学生在专业范围内灵活运用英语的能力，以期达到专业加英语的复合技能。围绕"能力培养"这一核心，增加实践性教学环节的比重，使学生有机会将专业知识与职业技能结合起来，以增强职业适应性。

3. 注重开放性

教育实践和理论研究表明，创造能力之大小强弱，在很大程度上取决于创造主体知识面的宽窄及各类知识的综合运用水平。在课程设置时，不能局限于英语课堂本身的人文环境，应注重校园文化等隐性课程的开发，为学生提供宽广的知识背景以此来拓宽学生的知识面、拓展学生的其他技能，同时学会知识的通透融合、相互整合并转化为能力，使学生在学习过程中获得多视角的创新方式和能力。

4. "实用为主，够用为度"原则

高职英语教学内容体系构建要遵循实用、够用原则，主要指教学内容为某一职业岗位服务，充分体现职业教育的针对性，故避免本专业教学内容的完整性和系统性。因此，高职英语教学内容必须为培养学生某种职业能力服务。

二、职业能力教学理念下的高职英语教学内容

虽然高职英语教学改革已经多年，但笔者发现目前的高职英语教学培养的学生仍然不能有效地应用英语，其根本原因是这种教学并非从根本上坚持职业教育理念，体现了其职业教育的特点，而这一特点则是由高职院校本身的特点决定的。

所谓的高等职业教育理念是指对高等职业教育的理性认识、理想追求及所持的教育思想，是一种观念，更是一种境界。

（一）变语言知识的讲解为学生综合实际应用英语的能力的培养

近年来，随着我国高等职业教育招生规模的不断扩大，进入高职院校的学生的英语水平越来越低。在实际的英语教学中，很多学生连简单的英语也表达不准确，如"My family has three people"和"I like with he out play"之类的英语表达经常出现。于是，很多老师认为，既然学生的英语差，那就趁此机会给他们补补，于是大讲特讲英语语言知识，一节课下来，老师讲得筋疲力尽，而学生听得昏昏欲睡，这样的教学大大偏离了高职英语的教学目标：坚持"实用为主，够用为度"的原则，注重培养学生实际使用英语的能力。英语是用以交流的工具，而听说则是其实际应用的最直接的体现。高职学生是未来"应用型"人才最直接的代表，也是高职教育的主体，他们的实际应用英语的能力必须在高职英语教学中得以培养。

（二）在大量的一般词汇教学中增加与未来职业相关词汇的学习

有人曾把英语比作高楼大厦，因为英语单词比作砖块，所以对于重点词汇，教师从不放过。然而在现行的高职英语教材中，绝大部分的重点单词实际上学生在中学阶段已经重点学过，所以这种做法实际上是对高中英语教学的否定和对时间的浪费。而且这些单词与高职学生未来职业或工作岗位没有太大的联系，教师可以适当补充与学生所学专业、行业或职场相关的词汇，并引导学生学习，再现英语教学的职业性，凸显了高职英语课程在整个人才培养方案中的基础性地位和工具性作用。

（三）由日常生活中的口语交际内容的学习转为职场英语口语操练

现行的高职英语教材上的口语部分以日常生活如介绍、问候、感谢、致歉、爱好和指路等话题为主，略带一些职场英语，但这远远满足不了高职学生未来的工作需求。教师可以根据行业、企业的需求，编写适合高职学生的、以职场或行业为模块的口语手册或讲义，并将其内容引入英语课堂，指导学生进行操练。

（四）由对一般文章或段落的读写译转向对未来职业相关材料读写译

长期以来，很多高职院校要求学生在校要过级，甚至有些院校还将过级与毕业证挂钩。因此，高职的英语教学不可避免地会为过级服务，所以在读方面，侧重于对社会、文化、日常生活等材料的短文阅读；在译方面侧重于对上下文的理解或对正确通顺的汉语译文的鉴别能力；在写方面侧重于短文或某些简单应用文的写作或表格的填写。因此，教师应当以职业教育理念重新安排涉及这些内容，在实践中更好地为学生专业服务团。

（五）由应试转向对学生素质和学习策略的培养

在我国，由于人口和教育资源的比例失调，升学的压力大，应试教育在很大程度上依然存在，与之对立的是素质教育。素质教育是我国社会主义现代化建设和迎接国际竞争的迫切需要，也是社会的需求和教育领域自身的要求，高等职业教育要全面贯彻党的教育方针，加强素质教育，强化职业道德为社会主义现代化建设培养千百万高素质技能型专门人才。

学习策略是指学生在学习活动中用来保证有效学习的规则、方法、技巧及其调控措施，俗话说，"师傅引进门，修行在个人"。在高职英语教学中，教师必须改变教育理念、树立职业教育观念，使学生掌握有效地学习方法，增强自主学习能力，打造既注重素质教育又注重学习策略的现代化的高职英语教学。

（六）加大西方文化教学

随着社会的发展、世界贸易的加速发展，国家与国家之间的交流沟通已经是当代社会化发展的必然趋势。在这种背景下，由于所处的地理位置、社会等环境的不同，导致中西方文化差异。在跨文化交际中，人们总是习惯于用自己的说话方式来解释对方的话语，因而作出了不准确的推论，以致产生误解和曲解，影响交际效果。因此要培养高职学生在涉外交际活动中的英语应用能力，教学必须进行西方文化教学。

在现行的教材中，教师为让学生更好地理解某些教材内容，增设了一些西方文化教学，但要满足将来的涉外交际还远远不够。

总之，高职英语教学要以"服务专业，服务学生成长"，将技能、素质和策略等内容进行"多元整合"、以"就业为导向"，突出应用能力培养，与之相适应的、必须改变英语教学环境：构建主义认为知识的建构受时间、空间和环境的影响，知识离开了时间、空间和环境就失去真实性，对于学习者来说也失去意义，所以在教学中，教师要为学生提供一个真实的有案例基础的学习环境，同时课堂教学还应当考虑到学生用外语进行交际的需求。构建主义提出了支架式教学的教学思想，其含义是通过支架（即教师的帮助），把管理学习的任务逐渐由教师转移给学生自己，最后撤去支架。支架式教学包括预热（即把学生引入一定的问题情境）、探索（即教师引导学生去尝试）和独立探索（教师放手让学生独立地去探索）三个环节，根据构建主义思想，语言教师的任务就是为学生搭建"脚手架"，尽可能地为学生创造运用语言的环境，又怎样创造语言情境呢？最理想的做法是建立模拟实训场所，或者利用实物等多种手段或媒体（投影、图片、录像、声音模拟等）来创设情境，形象直观、生动活泼有助于学生理解所学的英语知识，并灵活运用英语进行交际。有了这种逼真的环境，学生不出校门，就可体会真实的语言环境，"真刀真枪"地开展业务，实现与将来从事职业的无缝对接，使学生一走上工作岗位就能胜任工作要求。总之，高职英语教师必须树立职业教育理念，并以此为指导，改变教学内容和教学环境，真正体现高职英语为专业服务，实现高职英语教学目标，为我国现代化建设培养出高技能的专门应用型人才。

第二节 基于职业能力教育理念的高职英语教学方法和手段的研究

一、以职业能力教育理念改变高职英语教学方法与手段的重要意义

（一）改变传统的教学方法，跟上时代的发展需求

传统的教学手段相对单学生在学习过程中往往感觉乏味，并难以长久保持注意力。一本教材、一张嘴的教学手段使不少教师将许多宝贵课堂时间消耗在日复一日的教学程式上，教师劳心费力，教学效果往往不尽如人意，教学效果受到极大的影响。与传统教学相比，计算机多媒体教学软件的运用可以用生动形象的方式将历史事件、人物、地点等立体地呈现给学生，图文并茂，画面具有动感，容易给学生留下深刻的印象，学习内容易记难忘，也不容易产生乏味感，听、说、读、写、译各项技能的训练可以同时进行，真实的材料、真实或近似真实的场景可反复使用、资源共享等特点保证了多媒体的效果和效率。此外，可以设立一定的课外实践基地，让学生在一个学期中的某一时间段走入外贸企业、外事部门，近距离的接触和应用英语。适应高职教育的目标，培养适合时代需要的实用型人才，改进传统的教学手段，采用先进的教学手段，提高高职英语教学质量刻不容缓。能力本位教育教学过程同其他

的教育过程一样它是教学目标在具体教学活动中的实践。并且任何教学活动需要一定的外在组织形式来实现。以能力为本位的高职英语教学强调学生的英语实际应用能力和职业素质，在学时不多的课程中，既要传授英语基础知识，又要培养较强的职业应用能力，这对所有的高职英语教师来说将是一个巨大的挑战。选择一种或多种教学方法来适应具体环境下的不同层次的学生，并以最大限度地提高英语课堂的教学效率，这将是改革高职英语教学的一个核心。世界上的外语教学法多种多样，但要寻找一种适应各种情况的万能教学法是不存在的。高职英语教师不应迷恋于某一教学法而放弃探索其他教学法，这将违背以职业能力为显著特征的高职教学，同时也严重束缚了教师的创造性和灵活性。高职教育按需施教，学以致用才能更好地为社会服务。

高职英语教育一直沿袭"单词—课文讲解—练习"的传统方式，形式单一，其教学重点没落在听说读写译的培养上，学生没有兴趣和学习动力。因此，要改变这种单一的无效的教学方式也是迫在眉睫。针对高职学生的特点和未来职业特征，在围绕英语应用能力的培养的同时，灵活多样地采用多种教学方法，组织各种教学活动设置多种形式的英语课堂环境，让学生更多地参与学习中，提高教学效果和教学质量。

（二）现今的高职院校英语教学方法与手段存在诸多不足

1. 缺乏创新教学方法与手段的意识

能力本位教育教学过程同其他的教育教学过程一样，它是教学目标在具体教学活动中的实践。任何教学活动都是通过一定的外在组织形式，以能力为本位的高职英语教学强调学生的英语实际应用能力和职业素质。在学时不多的课程中，既要传授英语基础知识，又要培养较强的职业应用能力，这对所有的高职英语教师来说将是一个巨大的挑战。选择一种或多种教学方法来适应具体环境下的不同层次的学生，并以最大限度地提高英语课堂的教学效率，将是改革高职英语教学的一个核心。

虽然世界上的外语教学法多种多样，但要寻找一种适应各种情况的万能教学法是不存在的。高职英语教师不应迷恋于某一教学法而放弃探索其他教学法，这违背以职业能力为显著特征的高职教学，同时也严重束缚了教师的创造性和灵活性。针对高职学生的特点和未来职业特征，在围绕英语应用能力的培养的同时，灵活多样的采用多种教学方法，组织各种教学活动，将职业活动中的竞争机制引入课堂，适当地让学生感受未来的职业活动。在课堂中可就学生关心的话题展开讨论或对轻松的话题进行聊天，使学生掌握一些实用的表达方式。如对学生的检测可采用抽查或派小组代表的方式进行辩论、讨论或发表自己的观点，以活泼多样的形式来进行口语训练，锻炼学生的口头表达能力，并培养他们对英语学习和未来职业的正确态度。但课堂不仅仅是教师展现知识和能力水平的舞台，也是学习者展示自我的平台，教师在有限的时间和空间里应把这个舞台还给学生。发挥学习者的主观能动性，主动创设情景来训练他们的英语写作和口语能力，以现实生活为主题，再通过演讲、竞猜等活动，培养他们的合作学习、自主学习、创造性学习等多种能力，这也是未来职业人生所必备的素质。

2. 缺乏链接学习资源、更新教学手段的平台

在课堂教学手段上，传统教学中的黑板、粉笔和课本早已受到实效性的极大限制。随着以计算机和网络技术为核心的信息技术的快速发展和在教学中的深入应用，现代教育技术已经成为英语教师不可多得的教学资源。在现代开放式的教育教学活动中，教师运用多媒体以及网络教学资源，并结合教师的课堂授课以及学生的自主学习，形成了以学生自主学习为主，教师引导学习为前提，多媒体教学资源和手段为辅助的教学模式。这种教学模式打破了传统教学的课堂和课外的界限，满足了不同层次学生的学习需求。教师可准备不同难度的阅读和视听材料，使每一位学生都能针对自己的情况进行学习。应用现代化的教学手段可以大大缩短学生在校内所学知识与实际工作需要之间的距离；同时通过制作多媒体课件，收集各种图片、相关的职业信息，增强了学生的学习兴趣和主动参与意识。教师利用网上教室通过创设实际岗位中的语言进行交际，让学生两人一组进行对话练习，录下学生的对话并放出来，让学生们对照一下，教师进行必要的讲解，这样可以很流畅地实施教学。课后学生还可以登录到口语练习栏随时进行反复操练。学生的写作和教师的评改都可以直接在电脑上完成，从而使课堂教学内容成倍增长。除了上课的课件外，教师可指定相关的网站让学生进行网上学习，教师在每一课中可以设定几层链接，它们可以是：相关的图书资源、作业区、练习、岗位英语、自我测试等。通过以上链接，学生可以按照指令，自如地完成课外补充材料，完成老师布置的作业，参加思想交流与热点讨论，为巩固知识，

学生还可以自行在网上做网上测试，并由电脑打分。而网络教学的神奇功能是传统教学无法比拟的，它给现代的学生和教师提供了一个广阔的平台，让英语学习和教学多样化，这本身符合能力本位教育的核心，从而使英语教学的效率得到极大提高，增强了教学的时效性和趣味性。

3. 未充分利用课余时间完善英语教学

当然仅仅局限于课堂的英语教学是远远不够的，必须充分利用课余时间，点点滴滴地积累。为此校园内组织各种各样的学生英语学习团体是非常有必要的。也可组织全校性的英语学习兴趣小组，建立校园英语口语角；在有条件的院校，可成立英文发射台，把英文发射台和有线广播台结合起来，开设英语播音栏目，使有线与无线相结合，满足全校学生的收听要求。目前，在一些条件成熟的院校搭建"英语村"，并根据学生英语训练所常见的语言环境，分别设置家庭、交通、旅游、购物、贸易、餐饮、银行、宾馆、保险、航空等模拟语言区，让学生在具体而纯粹的英语环境中进行英语口语练习，在轻松的氛围中获得语言技能，激发学生对英语学习的兴趣。同时，在课余活动时间，特别是周末可以看上映最新的英文电影，旨在介绍英语国家的文化，也在影视欣赏中增长英语知识，培养学生的英语听力；定期地组织英语学习讲座、英语短剧比赛、英语演讲比赛、英语朗诵比赛；利用英语协会的学生轮流策划举行各种类型的活动，开展英语文化展示和英语技能竞赛等活动。这些活动大大活跃了校园文化，让学生充分展示才能、张扬个性、增强自信、培养兴趣，也锻炼了学生英语能力，提升了学生的综合素质，提高了职业就业能力。

二、基于职业能力教育理念的高职英语教学方法和手段

（一）以多样化的教学方法激发学习兴趣和信心

1. 角色扮演

在课堂上，教师进行必要的讲解之后，请学生们自由组合分角色朗读对话，也可扩展为英语话剧表演。角色扮演的目的就是培养学生学会如何正确地确认角色、学会了解角色内涵，并迅速进入角色，圆满完成角色承担的工作任务，为学生进入未来的职业岗位奠定一个良好的基础。

2. 个人演讲

课堂不仅仅是教师展现知识和能力水平的舞台，也是学习者展示自我的平台，让教师在有限的时间和空间里应把这个舞台还给学生。发挥学习者的主观能动性，主动创设情境来训练他们的英语写作和口语能力，以学生的现实生活为主题，进行课堂英语演讲。充分发挥学生的主观能动性，锻炼他们的英语写作和口语能力，培养他们合作学习、自主学习、创造性学习等多种能力。

3. 小组讨论

在课堂中将学生分成小组，就学生关心的话题展开讨论（discussion）或对轻松的话题进行聊天（chatting），然后各小组采用抽查或派小组代表的方式进行辩论，讨论或发表自己的观点，以活泼多样的形式来进行口语训练，锻炼学生的口头表达能力，并培养他们对英语学习和未来职业的正确态度。进行辩论，以此锻炼学生的口语表达能力，培养他们对英语的正确认识。

4. 情景再现

学生在分角色朗读的基础上，根据所学对话的典型句型，自己动手模拟编写内容相似的对话进行表演，模拟教学力图为学习者创造一个使学习反馈充足的环境。

（二）积极利用现代化教学资源和手段营造良好的英语环境

随着以计算机和网络技术为核心的信息技术的快速发展和在教学中的深入应用，现代教育技术已经成为英语教师不可多得的教学资源。在现代开放式教育教学活动中，教师运用多媒体以及网络教学资源，可以结合教师的课堂授课以及学生的自主学习，形成了学生自主学习为中心、教师引导学习为前提、多媒体教学资源和手段为辅助的教学模式。这种教学模式打破了传统教学的课堂和课外的界限，也满足了不同层次学生的学习需求，使每一位学生都能针对自己的情况进行学习。

制作多媒体课件、收集各种图片以及相关的职业信息增强了学生的学习兴趣和主动参与意识。教师利用网上教室通过创设实际岗位中的语言进行交际，让学生两人一组，进行对话练习，录下学生的对话并放出来，让学生们对照一下，教师进行必要的讲解，这样可以很流畅地实施教学。

布置相关资料搜索作业，实施网络教学增强了教学的时效性和趣味性。学生的写作和教师的评改都可以直接在电脑上完成，从而使课堂教学内容成倍增长，教师可指定相关的网站让学生进行网上学习。学生可以按照指令，自如地完成课外补充材料,完成老师布置的作业,参加思想交流与热点讨论。为巩固知识,学生还可以自行在网上做网上测试,并由电脑打分。

(三)科学运用多种先进的教学方法

1.差异教学

课堂教学只有立足学生的个性差异,满足学生个别学习的需要,根据每个学生的知识基础、认知结构、学习兴趣、学习态度和风格等不同特点,实施差异教学,才能有效促进学生在原基础上充分发展,并提高课堂教学有效性。而分层递进教学作为差异教学的重要实施途径,应该在有效教学的课堂中得以应用与实施。

有学者对高职学生的成绩进行调查,并分析结果得知,学生的英语水平差别很大。如果强行实行统一的教学标准,必定会使相当大的一部分学生无法跟上整体教学进程而被迫放弃,这不是我们想看到的。唯一能有效改变这种状态的就是根据学生的英语基础水平分层次教学,也就是一种在英语课堂中实行与个层次学生能动性相适应的、着眼于学生分层提高的教学策略。可由学校安排合适时间对学生进行一次入校后的英语摸底测试,综合高考和测试成绩把学生分为低、中、高起点的 3 个层次,并且要留有自主选择和拓展的余地给学生。

2.情境教学

英语情境教学是指在教学过程中教师尽力创设一个融视、听、说一体的语言环境,有目的地引入或创设具有一定情绪色彩的、以形象为主体的生动具体的场景,以引起学生一定的态度体验,从而帮助学生理解和获取知识或技能,并使学生的心理机能得到发展的教学方法。既然高职英语教育以“使学生掌握一定的英语基础知识和技能,具有一定的听、说、读、写、译的能力,从而能借助词典阅读和翻译有关英语业务资料,在涉外交际的日常活动和业务活动中进行简单的口头和书面交流,并为今后进一步提高英语的交际能力打下基础”。为教学目的,这就决定了其教学必须具有实用性,使学生在今后工作和社会交往中能用英语有效地进行交流。情境教学法就非常适合上述目标的有效完成。这种教学方法使教学生动并贴近生活,故使学生倍感亲切,让教学内容通过课堂活动或职业实践模拟来完成。以高职旅游英语为例,设法创造各种仿现实的情景模拟场景,可以让学生进行表演练习,例如,旅行社办公室接待；来电咨询；面对面讲解行程内容、服务标准、确定日期、签合同；出入关手续、海关申报单、卫生检疫单、出入境申请单的办理；全陪、地陪以及领队工作等。这样进行教学提高学生的英语学习兴趣，调动他们的积极性，活跃课堂气氛，增加其敢于运用英语的信心，不但可以巩固学生的专业知识，还可以增强英语听说的实际交际能力。情景教学法非常适合高职英语教学，其不仅能有效提高行业英语的教学质量，还使学生在轻松的环境中获得实用的英语知识和交流技巧。

（四）以社会需求为导向，丰富教学内容

1. 体现高职英语教学内容的职业性

教学内容的职业性与笔者在前一部分提到的"基础英语＋行业英语"教学模式相关。在开设基础英语（Basic English）基础上开设职业英语（Vocational English），或将二者融合在教学中，教学内容要职业性，就必须增加与学生未来职业岗位相联系的实用性英语教学内容，并围绕工作任务合理延伸，使课程内容更加实用，为培养学生的英语职业能力做好准备。

2. 人文教育是高职英语教学不可缺少的主题

由于社会需求的压力，目前高职大学英语教育偏重基础英语讲授和英语应用技能的训练，弱化了学生在英语学习中的人文知识的培养。事实上，高职英语的学习过程有两个：一是学生英语语言的学习和实践，逐步掌握英语知识和语言技能；二是了解英语国家风土人情和文化背景、陶冶情操、扩展视野、提高人文素质。教育心理学认为，单纯的语言教学不是教育。语言是文化的载体，它包含了丰富的民族知识和价值取向。

（五）提升英语学习指导策略

高职学生的英语学习有效性不高，严重影响高职英语有效教学的进行，如果学生进行有效学习，情况会大有改观。所以，培养学生有效地英语学习是英语教学的首要任务，也是保证学生可持续发展的手段。

1. 培养和激发学生学习动机

只有当学生对学习活动具有强烈的正确动机时，他的主观能动性才能发挥其最大的功效。学生的学习兴趣就是学生学习知识的强大动力，兴趣在保持和激发内在动机方面有特殊作用，是推动学生学习的内在力量。所以在高职英语教学中如果重视学生学习动机的激发和学习兴趣的培养，鼓励学生多投入英语教学中，就能提高高职英语教学的有效性。实践证明，老师可以通过帮助学生明确英语学习目的来培养兴趣；创设现实的和虚拟的英语情境教学环境，充分使用多媒体、网络技术等现代化教学手段，结合专业特点，产生动态、立体、视觉性强的教学效果；穿插生动的英语故事、幽默的英语笑话、国外的风土人情等内容，并营造愉快的英语学习氛围，满足其借助英语获得知识和快感的愿望。

2. 创设问题情境，激发学生积极思维

问题情境就是使学生面临一定的迫切需要解决的问题。因此英语教师设置问题情景，引学生进入问题中，鼓励学生使用以往的知识通过思考来解决，这样才能培养学生解决问题的积极性。

3. 培养与激发学生学习自我效能感

自我效能感（self-efficacy）是指人们对自己在特定的情景中是否有能力成就某种行为的预期和主观判断。研究证明，学生的自我效能感水平与学生自我监控学习行为成正比关系。在高职英语有效教学的呼声下，正确认识高职学生的英语学习自我效能感及采取适当的培养策略，对于发挥高职学生的英语学习主观能动性，提高高职英语学习积极性和兴趣，以促进学生全面发展具有重要意义。

第三节 基于职业能力教育理念的高职英语教学模式的研究

一、我国高职英语教学模式的发展背景

我国高职教育起步较欧美地区要晚，许多教学方法和模式都还处于摸索和探讨阶段，尤其英语教学的过程中还存在着许多问题。其中，不考虑高职学生自身的特点、忽略教学实际、沿用普通高等教育中针对大学生英语教学的教学方式与模式较为明显。因此，急需按照高职教育中对能力本位的要求，建立全新的英语教学模式。

鉴于目前高职教育的职能及特点，英语学科需要从理念及实践中探讨和摸索与之相适应的教学模式、基于能力本位教育的思想、转变教育理念、更新教学内容，改进教学手段并调整教学评价体系，即对高职传统教学模式进行改革。进而构建以能力教育为本位的高职英语实践教学模式。

能力本位教育（Competency-based Education，CBE）是始于 20 世纪 60 年代的一股世界范围的职业教育与培训思潮，该教学体系以职业综合能力为基础，以胜任岗位要求为出发点。CBE 的核心内容为：使学生具备从事某一职业所必需的实际操作实践能力，并将这种能力作为出发点来确定培养目标、设计教学内容、方法和过程、评估教学效果等。目前这种教学模式已成为当今世界各国职业教育与培训的主导理念和方向，CBE 尤其重视职业技能的获得，强调知识的相关性，但不很强调系统获得，这与我国目前高职院校的人才培养目标有相似之处，因而值得我们借鉴和应用。

"以就业为导向，以服务为宗旨"是高等职业教育的培养目标。高职教育这样的培养目标和人才定位，使得高职教育的教学目标必须定位到"能力目标"上，让学生具备解决实际问题的综合实际应用能力。高教部颁布的《高职教育英语教学课程基本要求》明确提出了"实用为主、够用为度"的高职英语教育原则，尤其强调高职教育培养的是技术、生产、管理、服务等领域的应用型专门人才。在英语课程的教学中不仅要加强语言基础知识和基本技能训练，同时要重视学生实际使用英语进行交际能力的训练和培养，做到打好语言基础和培养语言应用能力并重，强调基本技能训练和培养实际从事涉外交际的语言应用能力并重，结合专业学习开设专业英语课程，如涉外文秘英语、外贸英语等，使学生所学的英语得到实际的应用，为就业服务。随着经济全球化和中国加入 WTO，英语与从事生产、营销、服务类等工作岗位联系越来越紧密，故具备一定的英语素养和英语应用能力是高职学生综合职业能力的基本要素之一。因此，高职英语教育必须由学科型单一教育向能力型综合教育转变，依照实用性原则、结合不同专业的需求、突出培养专业人才的能力，把以理论知识为重转变为以英语应用为重的教学。从教材到教法强化英语能力教学，为高职学生学习其他专业理论和技术提供必要的英语能力支持。

二、传统高职英语教学模式的弊端

目前，高职学校的英语教学仍然是主要以教师为中心的、"灌输式"的传统教学模式，以传授英语语言知识为主，较为忽视学生英语实际应用能力的培养。教学方法仍然以讲解和传授为主，课堂内容的组织基本走老路，而缺乏趣味性和一定的针对性，往往仍然以公共必修课的形式出现，影响了学生的学习积极性和学习效果。在这种教学模式下，教师作为课堂的主体，是唯一的信息源，占用了绝大部分的发言权；学生作为课堂的客体，往往被动地接收信息，很少系统参加语言实践的机会。这种教学模式影响了相当一部分学生学习的积极性、主动性，很难从根本上培养学生的英语应用能力并提高他们的综合素质。

传统教学模式显现出教学指导思想跟不上时代的发展和社会的需求，该教学目的与语言作为交际工具的本质相距甚远，教材和教学内容及教学方法不能适应社会发展和实际运用的要求，因此需要转变教育理念，以学生的需要和应用能力培养为中心，从教学内容、教学手段和方法、评价体系等方面进行改革。在实践探索的基础上改革传统模式，进而构建以能力教育为本位的新型的高职英语实践教学模式具体来说。

（一）忽视了学生的主体性作用

传统的高职英语教学沿用的是"以教师为中心""以语言知识为中心"和"以教材为中心"的教学模式，而这种模式忽略了学生在教学中的作用，并且在一定程度上剥夺了学生利用课堂的机会进行语言实践应用的权利，甚至阻碍了学生的语言应用能力的形成和发展。具体来说，主要体现在以下几个方面：首先是价值取向和教学观念的分歧严重降低了效率。近些年来，高职英语的教学现状很难达到语言教学的范畴，充其量只能称之为学科教学，其特性主要表现在：强调英语单词、句子结构和语法知识，而只侧重于记忆和机械操练，而忽视了英语作为一种语言真实所具有的实际意义，即工具性、交际性和人本性这三个根本特征。其次是传统教学方法和模式的落后。不少高职院校在当今高校大批扩招的基础上盲目追求规模的扩张而忽视真正的内涵建设，尤其对于师资队伍的建设相对不够重视。

导致教师教学方法陈旧、教学手段单一，且只重视知识传授，而忽略了将知识应用于实践，依然沿用几十年的传统单一的一支粉笔、一本教材和一位英语教师的教学模式，明显缺乏了教学模式的改革与创新。最后，是大多数高职院校在英语的教学中仍然沿袭传统的精读教学模式，即把英语教学目标的重点放在培养学生英语阅读能力上，而没有将听、说、写、译能力的综合培养作为主要的教学目标，这不利于英语语言能力的综合协调与发展。在这种传统的教学课堂模式下，课堂学习的大多数内容都是彼此之间毫无关联的语言知识。因此，这种教学模式很难建立起语言输入和输出之间的有效联系，最终导致学生英语语言的综合应用能力较弱。很明显，精读英语的教学模式是仅仅针对学生阅读能力的提高而提出的解决方案，它并不适用于促进英语听、说、读、写、译各项能力之间的协调发展，更不适于提高听说能力水平。因此建立起以根据培养目标和现实情况的教学模式势在必行。高职英语教学的课程可分为读写译课、视听说课、英语文学选修课和自主学习课（如网络课）以及第二课堂活动（如英语协会）。在完成目前英语课堂教学总学时数的基础下，再将课堂英语的教学按技能特色分为读写课型和听说课型，两种课型均为必修课，各占英语教学总时数的1/2。并且这两种课型的进度要求一致，基本上是建立在同一题材上不同的语言技能训练。

（二）没有最大程度发挥英语课堂的作用

1. 作为英语语言基础的读写课

在传统的英语教学中一直沿袭着以阅读为主的教学方式，在课堂中，教师讲、学生记，完全以教师为中心，基本过程一直是从生词到句型或语言点再到课文的翻译或讲解，最后是练习。这样的教学过程一味强调的是知识的传授，而真正地忽略了学生以语言作为工具来对交际能力进行的培养。因此，在教学改革中强调的是要改变课堂上以教师为中心的传统模式，能让教师在课堂上不仅要注重单词、短语及句子的理解，而更应该重视学生语言应用能力的培养，并利用语篇来培养学生的实际交际能力。从某种程度上说，老师仍是知识的传授者，同时又是课堂活动的指导者、组织者、帮助者和促进者。

2. 作为英语语言实际应用的听说课

语言的主要功能在于使用语言达到交际交流的目的，因此，听说课的重点在于培养学生的综合语言应用能力。针对这一特点，我们制定了体现实践活动范畴的课程体系，即根据读写译课中所学涉及的主题内容，把听说课程的活动内容设计成若干个实训项目，再对每一个实训的项目提出相应的教学目的和要求、教学重点和难点、教学方法和手段以及对课时都作出了具体的规定和说明。极力创造真实的语言场景环境，并把读写译课程中学习到的语言知识和文化知识运用到口语的实践活动中来，进一步促进从语言能力向交际能力的转化。

3.作为英语课堂教学辅助的选修课

因为学生在校学习的时间有限，且学生对将来英语的应用需求又有所不同，所以英语教育工作者就必须从学生的实际出发，有针对性地选择实用性强、功能较广的一些英语课程作为选修课，这对于学生的英语第一课堂起到了辅助的作用。

4.作为英语课堂教学补充的自主学习课（网络课）

目前，互联网的使用在学生的学习生活中起到不可忽视的作用。因此，学生可以通过在基于校园网基础上的英语学习网站中进行自主学习，同时还可同步进行听说读写译能力的专项技能训练。英语学习网站的内容一般分为两大部分：一是教材的辅导部分，即所有使用教材配套的光盘资源；二是课外资源部分，其中包括与英语教学相关的专项技能训练、模拟等级考试、英语新闻、英文电影和英文幽默故事等。同时，学生也可以充分利用学校的局域网，在可以通过自主点播来学习的局域网教室里进行自主学习。同时，学校还应明确规定学生进行自主学习或网络学习的基本课时数，并派教师进行专门管理和指导，再将学生的自主学习时间和效果以适当的方式按照比例计入学生平时成绩和期末考试成绩，以此来确保学生自主学习的落实。

5.作为英语课堂教学延伸的第二课堂

仅仅依靠传统的课堂教学模式来实现对英语交际能力的培养是远远不够的。因此，开展丰富多彩的英语第二课堂活动，有利于增强学生英语学习的兴趣，调动学生英语学习的积极性，提高英语语言的实践能力。如可以通过开办"英语角"、举办英语俱乐部社团活动、进行各种英语知识竞赛、开展各种欧美知识系列讲座、举行大型英语综合晚会等活动来达到吸引学生关注英语学习和应用的目的。

三、基于职业能力教育理念的高职英语教学模式

（一）更新教育理念

在高职英语教学中，虽然相关基础知识是必要的，但教学的重点在于"知识的应用"，而非知识本身。因此，高职英语教学应根据职业岗位上职业能力的需要，以够用为度予以设置，使其不致成为学生过重的负担，也使学生好学、乐学。老师每天都在和学生接触，在接触中，老师的一言一行、一举一动都会潜移默化地影响学生，学生也在不自觉地模仿老师，所以教师

对待自己的本职工作必须兢兢业业、一丝不苟，赋予自己的全部真情和爱，做到爱生活、爱工作、爱他人、爱社会、爱国家。当然教师首先要爱学生，用爱滋润学生的心田，让学生学会用这种善良、真诚之心去爱自己、爱父母、爱他人、爱集体、爱社会、爱国家，并用充满爱的眼光去发现生活中真、善、美，教师的内心世界如果是阴暗潮湿的，便会在言行中不自觉地流露出来。人常说：要给别人一份光和热，自己心中就得有一团火，所以教师就得在生活和工作中充满朝气，内心充满阳光，时时处处表现出乐观豁达、积极向上的精神境界，并用健康的人生观传授知识，用阳光的心态和人格魅力感染学生，不把一些社会上的污秽丑陋不健康的东西带进生活，更不能带进课堂并传播给学生。许多老师在自己的教学和生活中就格外注意自己的言行，并注意节约每一个粉笔头、每一张纸，为学生做一个低碳高效、保护环境、勤俭节约的表率，用自己的人格魅力和真挚爱心教育学生。教书的同时更注重育人，用言传，用身教，身体力行地为学生做出一个正直、善良、宽厚、仁慈、博爱的示范，使得育人达到"随风潜入夜，润物细无声"的效果。要学会做事，先要学会做人，高职学生的人生观、价值观还都处于初步建立状态，这时候如果能够有效呵护、精心培养，会在育人过程中产生事半而功倍的效果，便就不会在他们单纯而又敏感的心灵留下阴影，更不会使他们的心灵有所扭曲，高职英语教师也应该在教学中把教学与生活科学地结合起来，凸显生活中美的一面、阳光的一面，变干枯乏味以妙趣横生、其乐融融，赋予教学以鲜活的生命并积极主动地承担起育人的重担。在教学过程中净化学生心灵，陶冶学生情操，而不是只传输知识，不能让学生个个成为知识上的巨人、道德情操及价值观上的侏儒。只有这样，才能还高职英语教学以本来面目，让学生在快乐中健康地成长，也才能为社会培养出一个个合格人才。改革主要在于促进学生英语应用能力的提升，加强他们的就业竞争力，要达到这一目的，首先要转变教学思想，更新教育理念，高职英语教学要从"知识本位"教育转变到"能力本位"的理念上来，不仅仅把过级考试当成英语教学目的，而要将教学重点转向学生英语应用能力的培养。教师的角色从知识传授者转变为语言实践的指导者，教学模式转变为以学生为中心。

英语是一门让高职生感到畏难的课程，学生的语言技能是需要通过学生个人的实践才能培养和提高的。该课程的教学效果应当以学生的学习效果为依据，这往往取决于学生的主观能动性和参与性，因此高职教育必须突出以学生为主体。在教学实践中，学生应当成为教学的主体和中心，教师扮演的角色应该有所改变，从主体变为主导。

（二）完善教学内容

目前的高职英语教学内容往往缺乏鲜明的针对性，教材较为陈旧，与专业课程结合不紧密，也不利于学生能力的培养。高职英语教学应以完成提高学生文化素养和提供就业上岗后满足岗位职责所需要的英语基础为主、内容应当结合专业需要、突出培养能力，体现"必需、够用"为度的原则。在知识教学上，应注意根据《基本要求》制定的培养目标，以满足不同行业对毕业生的职业知识和职业需求，为培养方向增加适当的能体现基层岗位职责、人际关系或体现现代企业和部门合作等方面的内容，而让学生由浅入深，适应今后的企业文化和工作环境，顺利实现角色的转变。在教学进程上，应注意根据学生的语言发展的实际水平，并在基础教学任务完成后，以行业准入的职业英语水平要求为主要学习方向。从行业普及的英语要求到职业特殊需要的英语能力，循序渐进、由浅入深，逐步从行业英语基础知识向专业英语应用的实质性过渡，突出英语的实用性，需要了解各专业课和专业基础课教学要求，征求相关专业课教师对英语学习内容的要求；征求了解部分毕业生对英语课程内容及教学方法意见和建议；调查和了解在校学生英语学习的一些具体状况和要求、有条件的学校可以安排教师到不同行业、不同企业的一些有代表性的岗位，而向一线技术人员了解从事一些职业对英语的具体需求，通过一定渠道细致的调查研究，进一步明确教学内容和教材的编排，既重基础又体现专业特性，并符合培养应用型人才的需要，体现学以致用的原则，让英语教学服务于各专业教学，顺应职业教育的需求。

（三）调整英语教学评价标准

合理有效地教学质量评价体系对于提高教学质量具有重要意义，在科学的教学评价体系中，评价标准要多样化，既要有结果性评价，也要有过程性评价。传统教育模式的评价标准主要为结果性评价，往往以书面评价、单向评价为主，一般单纯采取笔试和听力的考评方式，有一定的局限性，不能全面、科学地评价学生能力的高低，也不符合能力本位的教学思想。能力本位教育模式下的考试手段应该不仅仅是卷面考试和听力测试，也可以采取多种方式，以准确全面考查学生的英语综合能力。根据平时教学中对学生听、说、读、写、译等方面能力的培养、训练所分布的学时、要求和讲授的比重不同，并实行"平时成绩＋听力测试＋口语测试＋笔试"相结合的方式进行考评。同时考查英语语言基础知识和基本技能两个方面，由于高职教育主要是为企业一线培养高素质技能型人才，因此，对高职英语教学效果的评价应当以是否有助于学生综合素质的培养和是否有利于职业发展潜力的提高加以衡量、参考职业英语测试体系。除了相关应用能力等级考试测试外，还应当在教学过程中依据岗位需求适当加入一些岗位现场测试手段和内容，例如，通过观察学生完成学习任务的过程，并即兴提问评价学生的英语口语应变能力；通过笔试和作文，评价学生掌握知识的范围和达到的程度；还可进行场景模拟，评价学生履行某种岗位职责中的综合英语应用能力等，但注意把握"实用为主、够用为度"的高职教学原则，突出语言能力教学的针对性，切实保证学生综合英语水平的提高，以顺应时代的发展、企业的需要。

高职教育的目的决定英语教学务必探索一些新的教学模式，走一条以能力和素质的提高为目标的新路。要达成该目的，既要确立学以致用、突出能力本位教育的思想，又要以此来转变教育理念，改革英语教学的内容和手段，适当调整英语教学的评价标准，并使高职英语教学紧跟社会发展的需要，实实在在培养出大批符合社会需求的复合型人才，使职业教育具备更强的竞争力和生命力。

第四节 基于职业能力教育理念的高职英语考核方式的研究

一、能力教育理念下的高职英语考核方式

考核是教学效果的检验手段，科学合理的考核必须能够全面地反映专业培养目标。故对教与学的综合检查，需要适当的考评办法以及考试制度，以便检查评估教学目标的实现程度。同时，语言教学的目的不只是让学生掌握某种语言的系统知识结构，还要掌握运用这种语言的能力。考试无疑是检测学生获得语言知识和技能以及对教学质量进行检测的一种重要手段。但是仅仅用单纯的笔试卷面成绩来评价学生掌握这种语言知识和技能的优劣，是很不全面的。因为笔试这种考评方式有一定的局限性，不能真正考评到学生

的英语实际应用能力，也无法实现提高学生学习主动性和积极性的目的，更不能因此提高学生的英语应用能力。并且能力本位教育模式下的考试手段应该采用多元化考核方式，融合多种方式，以便更准确全面地考查学生英语综合能力。多元化评估主要是由培养目标决定的，即学生的英语综合应用能力。特别是听说能力，要让学生在以后的工作和社会交往中自由流利地进行口头交流，增强学生自主学习能力，提高综合素质，对学生的成绩考核要多元化主要着手以下几个方面：

（一）考核内容应重视突出应用能力的考核

高职教育"能力本位"的目标决定了其课程考核的重点应该从知识体系转向应用能力，应用能力主要分解为听、说、读、写、译五大方面的技能。课程考核要真正能够对学生的知识、能力和素质进行全面测试。据调查，高职学生中约有 45% 的学生认为，考试内容应"着重考核思维能力、创新意识和初步创新能力"；35% 的学生认为应"着重考核基本概念、基本知识和基本技能的掌握和应用"，这说明大多数学生是希望通过课程考核来检测和巩固自己所学知识和技能的。所以，课程考核内容不能只是把课堂教学内容简单再现，而应是与培养目标、考核能力相结合，从而使学生能在解题时对所学知识有更深层的理解、分析和融会贯通，最终要有意识地培养学生的创新意识和创新能力。

（二）考核过程要注重终结性与过程性的结合

科学合理的考核方法要求考核教学的全过程，包括学生的学习态度、学习出勤率、学科理论成绩、实践效果等。同时，注重教学过程中考核方式的过程性、全面性和阶段性。学生的学习态度、学习方法步骤和策略及提出问题、分析问题和搜集处理信息的能力，合作与交流的能力均是要着重培养的。对于融合语言能力、素质发展和胆识训练的英语课程来说，随堂考核能够较全面系统地记录和展示学生的课堂表现，同时也可以较为真实客观地反映学生的学习态度和效果。因此可对学生进行随堂考核，可以采取即兴表演的方式，让学生模拟对话或用自己的语言复述所学内容。另一方面，课堂出勤即学生参与课堂的学时数，也应该被纳入学生的考核成绩，因为它能够充分再现学生的学习态度和课程学习时间。

考评要既反映英语语言基础知识，又兼顾了基本技能，其教学过程包含了听、说、读、写、译五个方面的能力培养，因而平时成绩应该包括听力口语的成绩。课程考核可以分成以下两大部分：过程性考核成绩占的60%成绩以百分制计算，过程性考核有平时考核（课堂考勤、课堂表现、平时作业），阶段性实践考核（听力考试和口语考试）平时成绩主要参照课堂学习态度和教学互动的参与积极性、上课出勤率、各项作业的完成情况；口语和听力考核主要是鼓励学生开口说英语的能力以及对文章单词的掌握情况；终结性考核占学期总成绩的40%。该考核主要以书本内容为基础，主要考核学生对基本语言知识和技能的掌握程度和应用能力，教师可以建试题库，扩大考试试题范围，增加题目，充实考试内容使终结性考核更标准化。如果学生能努力学习、复习基本语言知识，并考试及格式没有问题，从而增强学生学习的积极性和自信心。对于考试不及格的担忧使得学生在学习过程中压力过大，效果也不好，有一定比例书本知识考核对于减少内心学习焦虑有很大帮助。

（三）加强社会实践考核

高职教育办学具有很强的就业导向性，这是由其职业性决定的，且注重劳动力市场需求，基本出发点是以能力培养为本位。因此，除了课堂教学之外，教师还应该充分利用实习、实训基地，注重培养学生相应的职业能力。如在假期和周末，组织学生有计划地参加一些社会实践活动，既让学生得到锻炼，又能够在真实场合中客观地考核学生的职业能力和综合素质。加强社会实践考核还有利于提高学生对专业实习和实训的重视程度，符合高职要求贯彻的"学一点、会一点、用一点、边学边用、学用结合"的教学原则，然后把这一考核按照一定的比例计入课程总评成绩。

（四）英语课程考核要与职业或从业资格证书相关

高职院校的学生都要求在拿到毕业证书的同时还要取得多个职业资格证书。职业资格证书是国家劳动部对劳动者具有从事某职业所必备的学识和技能的认证，是求职就业的"敲门砖"，也是用人单位招聘、录用人员的主要依据之一。职业资格证书考试即是针对某一专门职业的知识和能力需求，考查考生所能达到的从业资格和能力水平的手段。并且高职学生最低要求是要通过英语应用能力考试（A级），在考核的内容和形式上可以与该考试接近，便于学生考证。

第七章 为培养职业能力，高职英语教学教师队伍如何建设

第一节 高职英语教师自身的角色构建与素质发展

一、新形势下，高职英语教师师资队伍建设要遵守基本原则

英语师资队伍的建设直接影响着高职英语课程教学改革的实施及人才培养目标的实现。根据《高等职业教育英语课程教学要求》对高职英语教学及英语教师提出的新要求以及目前高职英语教师队伍的现状，在新形势下，高职英语教师师资队伍建设要遵守高职高专英语教师师资队伍建设的基本原则。

高职高专院校英语教师师资队伍的建设应该符合高职高专院校人才培养目标的特点和发展需要，并且高职高专院校培养的人才应该是拥护党的基本路线，适应生产、建设、管理、服务第一线需要的德、智、体、美等方面全面发展的高等技术人才。

二、课程建设中，必须注重英语教师角色的重构

随着网络的快速发展，在基于网络的各类教育蓬勃发展，各级各类学校充分利用多媒体网络资源进行教育教学改革且成效显著。有关网络环境下的教育教学研究也成为研究热点，因此网络教育在教学研究中的应用越来越受到国内的高度重视。网络教育的发展对教师提出了新的要求，专家学者意识到教师角色在现代教育教学环境下的重要作用，也对此展开了相关研究。目前国内外研究均认为，网络环境下的教师角色不是传统的、以教师为中心的、单一的、单向的知识传授者。而是要适应现代信息时代的、以学生为中

心的、动态的、多元化的知识引导者。在建构主义理论的指导下，从知识构建与反思性教学的角度，去尝试对高职高专教育英语教师的角色进行重新定位。网络教育指的是在网络环境下以现代教育思想和理论为指导，充分发挥网络的各种教育功能和丰富的网络教育资源优势，并向教育者和学习者提供一种网络教和学的环境，传递数字化内容，以增长学习者的知识和提高学习者的能力为目标，开展以学习者为中心的非面授教育活动。

三、英语课程建设中，教师队伍建设得到明显提升

以"3343"人才培养模式为主导，重新构建课程体系；修订课程标准，优化教学内容，改革传统的教学方法、教学手段；注重整体教学改革的布局和调整，使理论课教学和实践教学各成体系；根据总体改革思路，按照"边建设、边实施、边提高"原则，将"顶层设计"和"管理落地"有效衔接，并建立了校企共同参与的课程建设和质量监控体系，对教师进行深度培养。

通过课程改革师资队伍建设得到明显提升。在建设期中，教师的思想进一步解放且观念发生了改变。"引、聘、训、评"封闭培训系统得到进一步落实，摆正了自信与自知的关系。而教师的教学能力和水平得到进一步加强，有效地促进了专业建设、课程建设、人才培养质量的提升。

项目管理、质量意识、绩效考评、创建理念、品牌效应得到强化，推动了建设，也锻炼了外语教师队伍，注重了特色、提升了实力，对教师可持续发展奠定了坚实基础。

在这个基础上，教师就要保证自己担负的课程按照现代职教理念进行设计，组织和实施以学生为主体，知识、理论、实践一体化的课程，并实施落实到课堂上，落实在实训环节中。要保证实施的成效学校就要制定课程设计、测评、实施标准，不要总强调改革，而要提供考核标准和评价方法。

高质量的师资队伍是教学质量的保证，公共英语师资队伍是高职院校教学的重要组成部分，因此，高职高专公共英语教师队伍的建设意义非比寻常。通过骨干院校建设，对教师队伍的建设和教师自身完善两方面探讨公共英语师资队伍建设的方法，极大提高了师资队伍水平。高等职业教育是培养技术型人才是培养高等专门人才、高等技术应用性人才的一种高等教育，也是我国高等教育的重要组成部分。高职院校教师是办好高等职业教育的主体力量，是发展我国高等职业教育事业的关键。以及高职院校能不能为社会主

义现代化建设事业培养出更多更好的高级专门人才。

四、加强高职院校大学英语师资队伍建设的措施

（一）拓宽师资来源和培训渠道，改善师资队伍结构，提高科研能力

1. 加大英语教师引进力度

各高职院校每年要划拨一定的专项经费用于引进高学历、高职称的英语教师。不但使英语教师数量增加，而且提升高学历、高职称教师比例使教师队伍结构趋于合理化。

2. 积极寻找和创造卓有成效、多样化的师资培训渠道与方式

高职院校应重视和加强英语教师的教育与培训工作，有计划地选派骨干教师到国内外高等院校深造和学习，攻读相关学位，逐步提高学历和职称。建立健全教师进修培训机制，在不影响正常的教学情况下加大培训力度、拓宽培训渠道、丰富培训方式、扩大对教师的培训面、提高教师学历层次、知识结构和科研能力，实现教师队伍整体水平的提高。

3. 鼓励英语教师到基层企业锻炼

高职院校应鼓励教师定期到基层企业学习，熟悉其运作环节，索取最新的市场信息。如鼓励英语教师去公司做外销员、商务师、导游、翻译等，提高整体素质，适应市场需要和高职教学的发展要求。

4. 加强兼职教师管理

对兼职英语教师建立相应的考核机制，建立外聘信息网，保持兼职队伍的相对稳定性，缩短教学磨合期，以弥补本校教师队伍的不足。定期从有关行业、企业、院校等社会部门聘请既有实践能力，又有较高理论水平的高素质教学人才，从而迅速建立起一支以专职教师为主、专兼教师结合的高职英语教师队伍。

5. 设立专项基金，培育科研队伍

设立专项基金，鼓励教师从事相关教学研究是高职高专教育深化改革的需要。教师要做到善教书，会科研；学校可建立相应的考核机制。如对于市级以上科研项目，可设配套奖励与资助，为提升教师的科研能力创造条件。同时，高职英语教学界也要加强横向联系和交流，培养良好的学术研究氛围，力争造就一批高职英语教育专家和大师。

（二）转变教师教学观念，提高教师自身素质，改革课堂教学模式，更新教学手段

1. 确立正确的教学指导思想，转变教学观念

英语是一门语言工具，它的主要功能就是让人们用来交流思想并表达意念。所谓语言技能就是运用语言的能力，通常指的是听、说、读、写、译等能力；更准确地说，就是言语能力。因此，英语教学就不单纯是知识的传授，而应从跨文化交际这个角度来培养学生使用语言的能力，满足职业岗位的需求。面对英语教学要适应经济、社会需求这个新形势、新任务，广大教师首先要以转变教育思想观念为先导，并进一步提高以就业为导向的高职教育的认识，树立高职特色的人才观、质量观和教学观坚持以提高人才培养质量为目的，以培养技术应用型人才为主题进一步明确英语教学改革的指导思想。要打破传统的以传授知识、应付考试为目的的教学模式，需要建立以职业需求为导向、以能力培养为中心的新的教学体系。坚持以"必需为主，够用为度"的原则，做到让学生学一点、会一点、用一点、边学边用，使英语教学改革具有高职教育的特色。

2. 丰富教师自身知识，提高教师自身素质

教师应该努力提高自身的业务素质，掌握一些相关学科如语言学、心理学、教育学、第二外语以及历史、地理等知识，并不断充实自己的理论水平，提高自身的科研能力。同时，学校也应对教师"减负"，使教师有时间和精力进行教学创新和理论探讨。

高职学生学习英语的目的不是进行研究而是进行与其业务相关的涉外交际。其涉外交际涉及范围非常广，这就要求教师要不断地丰富自身知识，提高自身修养、扩大知识范围。在讲述知识点的同时，培养学生的跨文化交际能力和语言综合应用能力。此外，根据需要在实际教学中还应向学生传授语言以外其他领域的知识。

3. 改革课堂教学模式，培养学生的自主学习能力

高职教育必须突出以学生为主体、以培养学生应用能力为中心的教学理念，教师扮演的角色应该是学生学习的"合作者""促进者""指导者"。要培养学生的英语综合应用能力，教师就必须转变其角色与定位，并改革现有教学模式、教学方法、测评体系。应"以学生为中心"，把课堂让给学生，

突出学生在教学实践活动中的主体地位，理论联系实际；变学生被动接受为重，在启发、引导以及互动式语言交流，为学生创造足够的语言实践和交流的空间和时间；精心设计课外互动，积极提供学生自主学习和实践创造的语言环境；充分利用多媒体和现代化的教育技术，开展网络教学创新教学方法；突出能力测评要以学生的语言综合应用能力为出发点，建立多元化测试体系。在"以学生为中心"的教学模式中培养学习者的自主学习能力，提高学生实际运用语言的能力。

4. 运用多种教学手段，提高教学效果

近年来，随着科技的发展和计算机的普及，外语教学的现代化手段得到迅速的发展，计算机技术和通信技术也逐步进入课堂，尤其多媒体现代教育技术的广泛应用，这对传统的课堂教学模式提出了严峻的挑战，加速了教学方法和教学手段的改革。在教学过程中多媒体课件使教学更直观丰富，更能加深学生对授课内容的印象，提高教学效果；网络教学体系的丰富性和趣味性的特点更能激发学生的好奇心和求知欲，同时有助于培养学生的学习自主性。英语教师应融多媒体教学、计算机网络教学和传统教学模式为一体，形成立体交互式教学模式。课后教师还可利用微信、QQ等方式与学生交流，解答学生课堂上未能解决的疑难问题。因此，多媒体技术的引入能最大限度地改进我们的教学手段，以便提高我们的教学质量，满足时代的需求。

（三）认真组织和开展课堂教学观摩教研活动

1. 组织课堂教学观摩活动

课堂观摩就是平常所说的听课活动

在观摩其他教师的公开课或常态课时，要重点关注课堂上教与学的过程，分析课堂上教师与学生的交流与合作来反思自己的教学行为。在观摩有经验的教师授课时，要认真学习他们启发学生的技巧和对教材重点难点的处理方法。并且教师之间互相观摩课堂教学应以"取人之长、补己之短"的态度去进行。教师在听课后应积极地反思教学过程，并找出优点和不足，为教学提供良好的反思契机。通过这种对课堂教学的直观反思，有利于培养英语教师真正以科研的态度对待教学，从而走上科研之路，使教师在教学中少走弯路。

2. 观看录音录像

教师可以充分利用现代化教学设备对教学实践进行记录，然后以旁观者的视角冷静地观察、分析整个教学过程。录音录像是一种生动、直观的反思教学素材，它能够引起教师积极地反思，其反复播放的特点使教师能够反复琢磨每一个教学环节，并注意到教学中的细节，更好地反思己的优点和不足，这种方法最好和教学日志结合起来使用，观看后及时写下自己的分析、体会。

3. 研讨总结，做好反思

教研室是基层的教学及研究组织，各高职院校应充分重视教研室建设和教学研究，为教师的成长提供浓厚的学术氛围。对于教师，积极参加教研室活动相当必要。在教研活动中，鼓励教师畅所欲言，让青年教师可就教学中的实际问题向富有经验的教师求教。教研室要坚持开展"备好一堂课，讲好一堂课，评好一堂课"的专题教研活动，这是教师之间互相学习的好机会。

在教师培训过程中，要倡导反思型的教师教育模式鼓励教师积极开展反思性教学，使其对教学进行批判性思考，并积极探索新的教学方式。Doyle提出了"教师发展过程即教师自我反思、自我更新的过程"的新观点。反思，作为发展教师教育中的重要措施，越来越受到人们的重视。通过反思，可以激发教师对教学过程的洞察力获取更多的教学反馈信息，为进一步改进教学打下基础。

4. 倡导行动研究

所谓行动研究，就是教师自身采取措施改进自己的教学行为，贯穿于自我质疑、自我解惑的行动过程之中。在行动研究的过程中，教师主要针对自身某个具体教学环节、教学步骤，通过收集信息（如调查问卷、观摩教学、师生座谈等）发现其中的问题；然后展开研究，找出解决问题的办法；最后实施教学研究计划。教师可以对这一系列研究过程及实施结果进行归纳、总结，并写出行动研究报告。

第二节 学会听评课例，善于借鉴吸收

长期以来，英语教学中存在的是"多教少学"，因此，如何针对现状提高课堂教学有效性是我们必须重点研究的课题。我们以同课异讲的课例为实践基础，分别进行研讨，同时结合新教学理念，从一线教师的角度，简单阐述一下课堂教学改革的一些思考，我们的目标是让教研改革顺利进行。

作为一名教师，听评课是我们日常化的教学任务。在听评课时要变换心态，将欣赏的眼光去投入到每一节课的教学活动中。有的老师的课朴实率真，如平时的一日三餐，尽管不是色香味俱全，但也是营养丰富，也是每个人生活中不可缺少的；有的老师言简意赅，如医生给病人诊病一样，对症下药、药到病除。有的老师的课如同演唱会，在演员与观众之间产生了共鸣。这种共鸣让你感觉师生之间交流的默契和知识的融合贯通。有的老师的课给人以艺术享受，如一幅艺术品，让我们去慢慢地体味欣赏，让学生懂得什么是美，并学会发现美。

一、听评课的过程

听评课既有利于教师之间相互学习、取长补短、共同提高、共同前进，有利于良好教学风气的形成，促进教学改革的深入，也有利于青年教师学习优秀教师的先进教学经验，使自己能更快地成长为一名合格的教师。

教师之间恰如其分地肯定成绩，指出不足，突出重点原则，从而对执教教师不仅要进行横向比较，更应纵向比较，注重看教师个人是否比以前有进步。对进行教改实验的课，评课时不应求全责备，能总结出一两条新鲜经验加以推广就好，故要支持教师勇于探索、积极创新。

进行评课，首先应该根据教研活动目的或听课的目的确定评课的目的。评课过程中，要根据上课教师提供的课堂教学实例，交流教学思想，总结教学经验，探讨教学方法，帮助、指导上课教师和参与听课活动的教师提高教学能力。通过评课，使参与活动的全体教师，并从一个课堂教学实例中吸取长处，学习教学方法，弥补不足，以达到共同提高的目的。

我们对于每堂课以学案为主线，把学案分为预习学案、当堂学案和反馈学案。对每课时的重难点让学生做到课前心中有数，课上重点突出、课下反馈巩固；以学生为主体。尊重每一个学生，不放弃每一个学生，调动每一个学生的参与意识。

我们应该对学生不抛弃、不放弃、学会等待，因为教育是慢的艺，在潜移默化中促进学生能力提升。要以欣赏为主，正如罗丹所说："生活中不是缺少美，而是缺少发现美的眼睛！"时刻以欣赏的眼光去向同行学习，向学生学习。三人行必有吾师焉，尺有所短，寸有所长。弟子不必不如师，师不必贤于弟子。

我们要关注师生互动、关注学生如何自主、合作、探究学习；关注学习的过程和方法，以及学生情感态度价值观的形成；关注学生如何学会发现问题、提出问题；关注开发和利用课程资源；关注课堂教学中的过程性评价。

我们可以观察在课堂上教师主体作用的发挥程度，比如，教态是否亲切自然，指导学生学习是否得法，处理课堂偶发问题是否灵活巧妙；还可以看学生主体作用的发挥程度。如，课堂气氛是否活跃，学生是否参与教学过程，全体学生的积极性是否得到调动，学生正确的学习习惯是否养成，学生分析问题和解决问题的能力是否得到培养。

在把握评课的内容方面，首先，我们关注的是教学思想，即依据课堂教学活动的实例，评议教学思想在课堂教学中的体现程度。包括教师面向全体的思想以及培养学生能力和发展学生整体素质的思想，运用现代教育观树立学生主体地位的思想等。

其次，做好教材处理评议。即从教学内容处理角度，评议讲教师对教材体系及知识体系是否把握得准确、教学重点是否突出、教学难点是否突破、课堂教学容量是否妥当等。

再次，做好教学过程评议。即评议教师在教学组织活动中，教学环节安排是否合理、教学的组织形式是否科学、教学的整体结构是否严谨、教学节奏是否得当等。

最后，评估教学效果和个性特色。也就是评议教学内容的完成程度、学生对知识的掌握程度、学生能力的形成程度、学生思维的发展程度等和讲课教师的创新情况、个性特色等。

二、具体授课对比

本次"同课异讲"教研活动由教龄不同（五年以下教龄、五年以上教龄）的甲乙两位教师进行执教，内容为高职《希望英语》Unit2 部分内容。

高职学生在进校的时候英语基础薄弱，两位教师讲课风格表现不同。教师甲和教师乙在处理如何面对旅行的问题时，采用了不同方法，教学效果可能会不一样教师甲处理教材时根据"旅行"的不同分类，给学生讲解。这就超出了本课要学的内容，学生往往不能深入了解。从导课到讲课，学生用时 35 分钟欣赏旅游的美景片，而课堂练习时间明显不足。

教师甲突出强调了知识点的对接，而忽略了思维的转化；教师乙处理教材时引导学生学习"旅游"的理论知识，分别用了6幅实例图片来解说，接着引导学生对所学理论知识进行归纳、体现旅游的实例、设置旅游情境，开阔学生认识事物的思维，强化英美文化理论素养。

接着由旅游的种类到具体描绘一次旅游，从抽象到直观，并为旅游设计提供了一幅简单的"基本型"，供学生欣赏、模仿。在此基础上，再提供一幅复杂的国外"旅游"设计草图，让学生有想象创意的空间、让不同水平层次的学生都学有所获。从导课到讲课所用时间不过15分钟，剩下的大量时间（20分左右）内让学生动手设计练习，这样就达到了"少教多（学）练"的效果，提高了课堂教学的有效性与针对性。

这种授课方式注重学生思维的转化，从抽象到直观、从难懂到易懂，知识点概括做到化繁为简，重在知识点的对接，注重对旅游认识的思维方法引导，以实现了课堂灵性的融通。

高明的教师在教学时不但教学生学知识，更重要的是教学生学习思维方法。当然，一节课要达到优良的教学效果，还要有适当的课堂练习做保障，并在课堂教学中还要随时做点评，以保证学生高效的课堂技能学习。

三、教学成功的体现

这堂课教师在教学中不仅重视确立学生的认知目标和能力目标，同时还开始注重情感目标的确立。教学中学生作为个体，其主观因素和情感因素都是教学中不可忽视的问题，把情感作为教学内容与目标，正是体现了"以人为本"的教育思想。在充满美感和智慧的环境氛围中，学生主动积极地投入学习活动，达到"学以致用"的目的。

教师尽可能地在课堂教学中创设语言学习环境，并使英语课堂教学情境化。要求教师充分挖掘自己的知识积累、生活积累、思想积累、语言积累、教法和学法积累，从而真正体现英语教师的教学才能，并体现教学艺术技巧性的完美和成熟程度。

（一）创设与生活实际相结合的情境，让学生感受生活美

旅游这个话题里不管是单词、句子、对话或是活动任务，都比较多地给我们编排了丰富的情境。或动或静，图文结合，有情有景。如果我们再结合周围生活实际，在呈现语言材料时，联系身边的事或物进行教学。让学生在很真实的情境中进行语言学习，不仅体现了语言学习的"交际性"和语言

理解带来的乐趣，更重要的是激发了学生的学习兴趣，体验到了这种情景中的"生活美"。

观看旅游风光介绍，让学生深切感受到外界的巨大变化，在真情实境中体味到了生活的另一种美。当然这种情境的创设要求教师时时刻刻观察身边的每事每物，并在钻研教材、分析教材时，善于捕捉教材内容与生活的结合点，真实、流畅地展现生活场景，从而让学生有情可依、有境可看、有话可说，达到"学用结合"的目的。

（二）创设与国外文化相结合的情境，让学生感受文化美

英语教学作为教育的组成部分，具有跨文化的人文性，对于培养学生的思想文化素质具有十分重要的意义。并通过学习英语，教师不仅可以让学生了解异国的文化与社会，还可以创设与本民族文化相结合的情境，让学生学习英语，并让他们从小体验我特有的民族文化、接受美的熏陶。

（三）创设与自然环境相结合的情境，让学生感受自然美

大千世界，美轮美奂。教师要善于发现自然界的景物美，善于利用自然界景物更新和变化，再结合教材中的某些内容创设情境，并让学生在这种情境中进行语言交流，真切感受到自然界中的美，真正领悟到"一草一木总关情"的意味。在这一课，我们还可以让学生用英语具体描述风景。通过这一直观、具体情境创设，让学生直接感受到了语言学习的实用性，同时也感受到了自然界的美。

四、同课异讲的反思

（一）适当的情境创设有利于培养学生实际操作的能力

由于英语学习是一门语言的学习，因此，它决定了英语课堂教学的实际操作性。在这节课中，教师非常重视培养学生的"实际操作"能力，比较好地把握学生从"模仿"到"操作"的转变。

（二）适当的情境创设有利于培养学生反馈评价的能力

在课堂教学中，教学评价可分为显性评价和隐性评价两类。显性评价是直接让学生对他人的活动作出诸如 good、right、nice 等评价，简单而明确；而隐性评价在英语课堂教学中（至少在目前阶段来说）显得尤为重要。因为在英语课堂教学中，所以学生一切教学活动都是在师生互动和生生互动中进行的。

能够对他人的活动作出正确的反应，或应答、或提问、或对话等，显然就是一种非常好的隐性的评价。创设一个恰当而又生动的情境，让学生在自然而又具体的语言环境中进行语言学习。同时对他人的话语或表情动作进行顺畅、正确、得体的反应，其实不仅是培养了学生的交际能力，而且培养了他们的反馈评价能力。

在"旅游"这个教学片段中，教师就充分认识到这一点，她所创设的Guessing game 和 Doing asurvey 两个情境，不仅让学生进行了语言学习，而且在让学生在互相纠正、互相反馈中进行了交流，在互相评价中习得了语言。

（三）适当的情境创设有利于培养学生运用拓展的能力

在课堂中情境会话要体现其效果，让学生的交际能力要得到充分体现，要培养了学生"运用拓展"的能力，这和英语的"学以致用"的目的性完全一致，这节课在这方面就有所体现。

在课中，当师生双方共同完成教学任务后，教师及时地设计了一个Ding asurvey 的情境，从而让学生走出座位进行调查，互相交流。教师设计这样一个贴近生活的场景，使学生有情可抒、有景可依，这样的情境，有利于学生进行发散性的语言训练，有利于他们进行开放性的练习。同时让学生走走、问问、写写中培养和提高他们的交际能力，从而达到"学以致用"的目的。

（四）情境的创设应注意学生学习的主动性

在英语课堂教学中培养学生语言学习的能力，关键在于教师认识并理解主动学习的内涵，并通过实践与探索，采用一种自觉、积极的教学行为，从而把培养学生语言学习的能力落实到课堂教学中去。

教师应注意将学生置于学习的主动状态。教师要把握好学生的心理变化，如学生的"期待"心理与"满足期待"心理等；教师要善于捕捉并满足学生的心理需求，同时按照这样的需求去创造适合的语言环境，巧妙地引导学生去发现字、词、句的用法。

在本案中，教师创设的第二个情境 Guessing game 就是让学生在猜一猜、说一说的游戏中习得语言，以满足他们的"期待"心理，获得成功体验。在这里教师创设的情境与培养学生英语学习能力，达到了和谐统一。

（五）教师应注意客观地评价学生的学习能力

让学生在教师创设的情境中开展活动，教师一定要做到该放手时就放手，不要"扶持"得面面俱到，要给学生以足够的时间和空间去学习。在本案中，教师通过三个情境的创设，通过学生个体—学生小组—全体学生的操练形式。充分让学生在相对自由的空间和时间内去练习英语，在学中练、练中学，为培养学生的英语学习能力创造了必要条件，从而更好地培养学生英语学习的能力。

情境创设与培养学生英语学习能力是英语教学中一个永恒的话题，如何在课堂教学中创设一个既比较真实、具体，又符合"人文主义"精神。从中又能体现以"学生为主体，以学生发展为本"的教育理念的情境，使学生在这一情境中发展英语学习能力，也是值得我们广大教师今后在教学中继续深入研究和实践的。

总之，甲、乙教师不同的教学课例，也呈现了"同课异讲"中各自的优势。充分体现了"少教多学"，并把课堂还给学生，注重培养学生的创造思维与实践能力，也较好地凸显高职学生注重技能学习的特点。因此，在教师的专业成长中，学会课例比较，善于借鉴吸收、不断充实自己，是教师修炼教学的有效途径之一。

第三节 教案改革在英语教学中的应用研究

随着高职英语基础课程改革的推进，我们本着"解放思想、实事求是""与时俱进、求真务实"的原则，以"学生的发展"为根本，并从课程改革倡导的"促进教师发展"的评价理念出发。希望通过改革教案的形式和调整评价重心，将英语教师从繁琐、费时、低效的劳动中解脱出来，积极引导教师将主要精力转移到对教材的把握、学情的调研、教法的改进、教学的反思上来以教师灵活、自主、多样、实用的个性化教案，切实提高备课质量和课堂教学实效，真正促进教师的专业化成长。

一、教案改革情况分析

备课作为教学工作的一个重要环节，其地位和作用完全没有显现出来，课堂教学不是教师行为模式化的场所，而是教师智慧充分展现的场所。

这种创造性首先体现在对教材的处理上，因此教师只有通过精心的设计，才能体现课改"用教材教，而不是教教材"的要求，才能让学生在主动探究的过程中轻松地掌握教材知识。因此，要适应课程改革的变化并改变教师行为的模式化，就必须改革传统教学模式下的教案。

（一）应该重视教案的针对性

教案是与教学大纲相配套的备课形式，而随着英语课程改革的推进，与之相对应的备课形式是教学设计，因为它更能突出教师对课程标准的把握，对教材的分析、加工和处理，而不是不经思考地照抄照搬，使课程改革对教师备课这一环节的要求更明晰。重视"教学设计"更能体现备课作为一种创造性劳动的实质，其蕴义更为准确、深远。

（二）教案设计要激发学生的学习积极性

课程改革的目标之一就是要改变课程过于注重知识传授的倾向，强调形成积极主动的学习态度。课程倡导促进学生全面、和谐的发展，因此，教师在进行教学设计时，应以人为本，并改变过去备教案从应试需要出发，重视传授书本知识的做法，充分考虑学生的认知水平、心理特征，关注学生的成长需要和生活体验，尊重学生学习与发展的规律，重视学生学习兴趣的培养，不断丰富学生的思想情感以促进学生身心健康发展。

（三）教案设计要注重实践性

课程改革特别强调与学生专业接轨并联系学生日常生活、联系社会实际。高职英语新教材在编写时都大大增加了与当今社会生活联系紧密的学习内容。教师在进行教学设计时，也应从学生的生活实际出发，开发和利用学生已有的生活经验。从学生日常生活和社会生活实际中引出对新内容的学习，从而激发学生的求知欲望，帮助学生理解教材内容；并在此过程中培养学生把具体问题抽象成理论问题、运用所学知识解决实际问题的能力。

（四）教案设计应突出学生的主体地位

教学设计是一个创造性的过程，而教师是课程的开发者，因此在进行教学设计时，教师应充分考虑学生的年龄、心理、认知等方面的特点，把学生置于教学的出发点和核心地位，并思索、寻求最有利于调动学生学习积极性、促成学生主动学习的教学方案。

（五）思维和能力训练应具有目的性、探究性

我们主要倡导自主、合作、探究的学习方式，培养学生获取新知识的能力、分析和解决问题的能力以及交流与合作的能力。教师的教学设计应体现并完成这些要求。对学生思维和能力的训练和培养是一个循序渐进的过程，必须通过精心设计教学活动，通过学生有效的学习才能获得。因此活动和问题不能流于形式，应根据教材内容和学生特点，有针对性地设置，科学而巧妙地创设问题情景，去激发学生的探究欲望，使学生在主动探究的过程中，提高自己分析、解决问题的能力。

二、教学设计的内容

教学设计指运用系统方法对各种课程资源进行有机整合，并对教学过程中相互有联系的各个部分做出整体安排的一种构想，即为达到教学目标，对"教什么？怎样教？达到什么结果？"进行的策划。而它与传统的教案最大的区别在于它有着教师创造性的思考。

但教学设计又并不是对教案的全盘否定，故对教案一些可吸收的要素，如教学目标、重难点的分析、各个教学环节的设置等，我们应批判地继承，只是在具体的操作要求上与教案不同。如果认为改革就是要否定一切，教学设计可以完全随心所欲、信马由缰，那只会从一个极端走向另一个极端，绝不是我所希望得到的结果。

（一）教学目标的制定

教学目标是整个课堂教学的灵魂，所有的教学活动都是围绕教学目标设置的，这是教学设计首先要明确的问题。我们应从情感、态度、价值观方面的目标，能力目标，知识目标的维度来考虑并通过教师的精心设计，将其有机整合在教学过程中。

教学目标关注知识点和能力点的确定并关注学习方式、方法、工具的确定，关注目标的可操作性与可检测性，强调教学目标确定的合理性，目标指向是学生的预期学习结果，行为的主体是全体学生，要将学生行为的实现程度具体化，尊重学生差异。

这种表达方式强调了实现教学目标的手段与途径，使教师教学环节预设的时候不仅考虑"要教什么，培养什么能力，培养什么样的情感、态度与价值观"，还要充分考虑"用什么方法、手段、途径去达成目的"，并全方

位预设将对提高课堂教学效率大有裨益。

（二）教学环节设置的有效性

教学环节设置点关注的是提出问题环节，教师应注意创设提出问题的情境要符合教学内容及要求，体现学生的主体性；问题解决环节要合理运用教学组织方式，凸显解决问题的过程；在得出结论环节，引导学生自主得出结论，教师不要越俎代庖，允许不同结论的存在；交流反馈环节，注意就学生结论本身开展发散性交流讨论；在课堂训练的环节，注意单项能力和多向能力兼顾训练、理论性题目和实践性题目兼顾训练、规定性题目和自我表现型题目兼顾训练。

（三）师生双边活动

师生双边活动具体表现为与每个环节特定教学内容或任务相适应的教学组织方式、学习方式、学习工具的具体运用和操作，探索师生双边活动设计的时效性、生成性资源的选择性、学科素养的个性化。提倡在每个教学环节中，教师灵活有效地运用教学组织方式；在发挥学生主体作用学习方式选择上，着重探索眼看、耳听、口说、手做等基本学习方式的合理使用及其内在联系，并强化说、做的运用；在每个环节知识点的处理上，提倡教师至少要渗透一种思维方法并让学生感悟这一方法；在教和学工具的选择上，强调必需性和有效性。

好的备课只是一种框架，一种指向，一种优化，并而它是一种粗放、机动、可变的教学设计。我们提倡教师撰写板块教案，求活、求实、求简、求精，形式多样、不拘一格，变教案为学案。

我们提倡教师注重过程评价，发挥教案的使用价值。学校采用课前说课、领导随堂听课、教研组听课、常规推门听课不同形式，对教师课前准备、课间追记、课后教学反思、写教案心得等方式进行管理评价，引导教师用教案把课上活，避免备课与上课脱节，促使教师在互动交流中提高教学水平；另一方面，提倡教师注重阶段性集体评议，增强教师的反思意识。学校每月至少对教师的教案进行检查评议一次。把同年级同学科的优秀教案选出来，供其他教师参考，以引导教师对下阶段的教案进行调整、修改和完善。

运用多元评价理论评价教师的教案。教育行政管理者对教师工作的评价要多元化，而教案仅仅是教学常规的一个部分，更多的关注应该放在有没有培养学生的创造能力、有没有培养学生的情感、态度与价值观，是否注重学生的自主探究学习。书写内容可简化，格式可不拘一格。教案是教师对所授书本知识创造的结晶，教案的成果体现在教学效果上，教案评价也要结合教学效果来进行。要相信教师积极参与、精心准备的教学设计一定会有助于提高教学效果。

第四节 高职教师掌握信息化教学能力

一、高职教师信息化教学能力知能结构

（一）信息化教学能力的概念和内涵

教学能力是指教师从事教学活动所应具有的各种能力的总和，包括教学有关的组织、协调、监控、传播知识以及对学生学习做出正确评定等方面的能力。同时，教学能力是教师信息化教学能力的上位概念，随着时代的进步与科技的发展，教师信息化教学能力的内涵不断演进发展。

21世纪初，诸多学者从信息技术建构教学环境的视角对原有教师教学能力的内涵进行了扩展，提出了五维信息化教学能力和国际培训、绩效与教学标准委员会（IBSTPI）提出的教师能力标准（Instructor Competencies）最具代表性。因此21世纪初，世界各国政府要纷纷出台国家教育信息化发展战略，促使教师信息化教学能力逐渐扩展为面向教育教学系统资源的设计、开发、利用、管理和评价的教育技术能力，其间成果以美国推出的国家教育技术能力标准（NETS）和我国的中小学教师教育技术能力标准（CETS）最为典型。由于教育技术能力视野下的教师信息化教学能力范畴过于宽泛，造成教师能力的标准实施与研究过程往往不够聚焦，部分学者从信息技术与课程整合的视角来进行界定。TPACK（Technological Pedagogical Content Knowledge）基于"技术—教学法—内容—知识"为框架，因此，这一理论框架又被称为整合技术的学科教学知识。

近年来，随着互联网技术的不断发展，数字时代教师教学能力的变革与创新开始受到关注。教师信息化教学能力的研究开始更加注重教师理解驾驭信息、利用信息技术开展高效学习和展现数字化公民道德意识与责任。

（二）教师信息化教学能力的知识结构

依据教学中对教师教学能力的不同要求，让教师信息化教学能力的知识分为三个层次。

1. 第一层次知识

第一层次的知识包括学科知识、一般教学法知识、学科教学法知识和教学技术知识，这四类知识是教师信息化教学能力的知识基础。

学科知识，主要指教师所从事学科的专业的知识、概念、理论、方法以及相关联的学科理论内容等，是教师从事学科教学的专业知识准备。

一般教学法知识，主要指适合教学的一般性原理、策略和方法等，可以完成教学的准备、教学的实施、教学的管理、教学的评价以及对教学目标和教学过程的认识等，以促进教师教学和学生学习的一般性的教育教学知识。

学科教学法知识，是学科知识和一般教学法的综合，其涉及对学科知识的表达、传输以及呈现等，以方便教与学的过程。

教学技术知识，主要指广义上教学媒体和手段的教学应用知识，既包括教科书、粉笔、黑板、模型、教具等使用的技能，当然也包括幻灯、投影、广播、电视、计算机、互联网等应用的硬件知识与技能。

2. 第二层次知识

第二层次的知识包括信息化学科知识和信息化教学法知识。这两类知识是教师信息化教学能力的知识主体。

信息化学科知识，主要指教学技术与学科知识相互融合后的知识，教学技术使学科知识以信息化的方式更方便、更灵活地表达、呈现与扩展。当然，也可以根据具体的学科内容选择合适恰当的教学技术。

信息化教学法知识，主要指教学技术与一般教学法融合后产生的新知识。教学技术介入教学过程后教学中的要素发生了变化，在教学技术的作用下，既是对原有教学法的巩固拓展，也会因此产生一些新的教学方法，如网络环境下的探究式教学、协作教学以及基于信息技术环境下的情境教学等。

3. 第三层次知识

第三层次的知识包括信息化学科教学法知识是教师信息化教学能力的最高知识要求。

信息化学科教学法，主要指教学技术与学科知识、一般教学法融合后产生的一类特殊的知识，是教师信息化教学能力的最高知识要求，也是教师信息化教学能力发展中，让教师获得知识的最高境界与追求。这类知识已超越了学科知识、教学法知识、教学技术知识的各自内涵，是三类知识的融合与动态平衡。可以在具体的学科教学中，运用合理恰当的教学技术，创设适合于学生学习的信息化教学情景，拓展教师的信息化教学，以更好地促进教师信息化教学能力的发展，促进学生信息化学习能力的发展。

（三）信息化教学的能力结构

信息化教学能力结构框架分为六种子能力，即信息化教学迁移能力、信息化教学融合能力、信息化教学交往能力、信息化教学评价能力、信息化协作教学能力和促进学生信息化学习能力。

1. 信息化教学迁移能力

迁移是教育心理学中的概念。即迁移是一种学习对另一种学习所产生的影响，这一观点得到人们的广泛认可。迁移能力是把在一个情境中学到的东西迁移到新情境中的能力。而教师信息化教学迁移力的实质主要有两个方面：一是不同信息化教学情景中的教学适应能力迁移，即横向迁移；二是信息化教学知识技能的转化迁移，即纵向迁移。教师信息化教学迁移能力是教师信息化教学能力的基础能力，也是教师信息化教学能力可持续发展的重要条件。

（1）信息化教学纵向迁移能力

主要指教师将学习获得的知识技能应用于解决信息化教学中的实际问题，应用于现实的信息化教学活动中的能力。并且教师通过学习所获得的信息化教学知识与技能，需要将其应用于实际的信息化教学情景中，解决现实中的各种信息化教学问题。而对于信息化问题的有效解决，需要通过迁移，从这个意义上，迁移也是信息化教学知识技能向信息化教学能力转化的关键。通俗地说，近似于人们常说的学以致用。

（2）信息化教学横向迁移能力

一种信息化情景下的教学活动，在另外一种新的信息化教学情境中未必适用。信息化教学横向迁移能力主要指教师在信息化教学情境中的教学经验创造性地应用于其他新的信息化教学情境中的能力，也是教师对原有信息化教学能力结构的拓展与延伸。在信息化教学情境中，教师对教学情境的把握、教学活动和教学方式的策略选择、教学媒体的应用、教学活动的程序等，都要依据自身的相关教学经验和借鉴他人的成功做法，在新的信息化教学情景中创造性地有效教学。通俗地说，就是举一反三、触类旁通。

2. 信息化教学融合能力

信息化教学融合能力具体包括三个方面的子能力：

第一，信息化学科知识能力，即信息技术与学科知识的融合能力。信息技术与学科知识相互融合会形成学科知识的新形态，是原有学科知识形式的新呈现、内容的新拓展，也是需要教师将学科知识信息化的一种能力要求。

第二，信息化教学法能力，即信息技术与一般教学法的融合能力，是信息技术与一般教学法相互融合后形成的一类新的知识类型，需要教师具备将信息技术与一般教学法融合的能力。同时需要教师能够驾驭信息化情景中的一些基本的教学原理、方法与策略等。

第三，信息化学科教学法能力，即信息技术学科教学法的融合能力，是信息技术与学科知识、一般教学法相互作用、相互综合形成的一种特殊知识形态，是需要教师具备教学技术的知识、学科教学法知识，当然更需要教师将教学技术与学科教学法进行融合的能力。只有将信息技术与学科内容知识、教学法相互融合，才能发挥各类知识内容与各种方法策略的优势，使教师在新的学科知识形态和新的学科教学方法与策略的基础上，实现教师教学的效率和效果的有效提高，使教师信息化教学能力得以有效提升，从而促进信息化社会中不同学生学习能力的全面发展。

3. 信息化教学交往能力

信息化教学交往能力是指教师和学生在信息化教学情景中，彼此交换思想与感情，促进师生间的交流与沟通，以实现学生能力发展为重要目标的一种教学能力形式。信息化教学交往能力是教师开展信息化教学过程中表现出的能力要求，它是教学活动中师生的信息化互动，也是信息化的教学交往实践，体现了教学中教师与学生之间的关系。信息化社会的教学既是学习知识、技能的传授，更是学生学习能力的发展和学生生命的成长，因此，需要教师与学生间能够有效地交往。信息化社会中的教学方式体现出了选择化和互动化的特点，相应地，学生的学习方式也走向了合作、对话、交流、探究与实践等。因此教师的信息化教学交往能力包括信息化课堂教学交往能力和信息化媒介教学交往能力。

（1）课堂信息化教学交往能力

这是指在课堂信息化教学情景中师生之间的教学交往能力。在课堂信息化教学情景中，需要实现师生之间的多元化教学交往，也需要定位师生之间新的教学交往关系与角色。教师是信息化情景中学习过程的设计者，学习资源的开发者、学习活动的组织者、引导者和管理者学生是积极主动的学习者。在课堂信息化教学情景中，教师要与学生实现信息化的交流与沟通，以实现与学生的平等对话。教师也要对学生的信息化学习过程进行指导，让学生在信息化环境中学会学习；教师还要对课堂的信息化教学活动合理协调，保证课堂信息化教学活动的有序、顺利开展，既有对学生学习的协调，也有对教学活动序列的协调。信息化的教学协调能力是教师课堂信息化教学交往得以有效进行的保障。而教师的课堂信息化教学交往能力，是促进教师有效教学和学生有效学习的重要能力指标。

（2）虚拟信息化教学交往能力

这是指在虚拟的信息化教学情境中，师生之间的教学交往能力。信息化社会中的教学交往能力，更多意义上指的是虚拟信息化教学交往能力，在虚拟的学习环境中，师生之间的有效教学交往是保障学生学习顺利开展的前提条件。

在内容上，虚拟信息化教学交往能力，主要教师提供学生虚拟学习环境中的学习支持以及监控学生在虚拟学习环境中的学习行为，对学生学习中遇到的各种问题，能够通过虚拟的学习环境提供尽可能的帮助。在形式上，虚拟信息化教学交往能力，主要有教师与学生个体之间的虚拟信息化教学交往，也有教师与学生群体之间的虚拟信息化教学交往，还包括学生与学生之间的虚拟的对话交流与合作交往等。既有教生之间、学生之间的虚拟信息化教学交往，也有师生与学习内容、学习活动的虚拟信息化教学交往，实现了多元化的信息化教学交往。

4.信息化教学评价能力

教师的信息化教学评价能力，主要是指对教师的信息化教学和学生的信息化学习做出合理的价值判断，调适信息化情景中教师的教学行为，规范指导学生的学习行为，以实现教学过程的优化。同时信息化社会的教学评价，既关注教师的教学评价，更强调针对学生的发展和学生整体素质提高的评价；既关注结果的评价，更强调过程的动态评价。由于信息化社会中的教学评价体现出了发展的、全面的、多元的、动态的评价特点。教师的信息化教学评价能力可以分为两类：评价学生信息化学习的能力和教师信息化教学评价能力。

（1）评价学生信息化学习的能力

信息化社会中的教学评价要关注学生个体的发展和个体的差异，也要关注信息化情景中学生创造性的学习能力和综合素质的提高；既要关注学生信息化学习中知识技能的评价，也要关注学生信息化学习中实践性能力发展和信息化学习中情感培养的评价，从而实现由单一的评价方式向促进学生全面发展的全面评价方式的转变。学生信息化学习的评价具有很强的导向性，强调以促进学生信息化学习能力的发展、学生的信息化创造性实践能力的提高为评价的主要价值取向。

（2）教师信息化教学的评价能力

信息化社会既关注教师信息化教学能力的评价，也关注以促进教师有效教学为目的的教师信息化教学质量评价，是相对注重结果的评价，也要更加强调以促进教师专业发展为出发点的发展性教师信息化教学评价，以帮助教师不断提高自身的信息化教学能力素质和相关业务水平，以实现针对教师信息化教学的过程性动态评价。并且教师信息化教学的评价是以信息化社会中教师的专业发展为核心，注重教师的未来发展，重视教师的信息化教学能力、主体意识与创造性能力的培养，实现以教师为核心、以教师个体为理念的发展性动态教学评价。

5. 信息化协作教学能力

传统意义上的教师协作教学，一般是指教师在备课、教学观摩、教学活动、科学研究等方面集体的有效协作。信息化社会为教师协作教学提供了可能，也拓展和延伸了教师协作教学的能力。联合国教科文组织发布的《信息和传播技术教师能力标准》在"知识深化办法"模块中，提出"教师应能够运用网络资源来帮助学生开展协作、获取信息和与外部专家进行沟通，以分析和解决特定问题"；在教师的职业发展方面，强调"教师必须具备技能和知识，以创设和管理复杂的项目，并与其他利用网络来获取资料的教师、同事和外部专家合作，促进自身的职业发展"。同时，《信息和传播技术教师能力标准》在"知识创造办法"模块中，进一步强调"教师必须能够打造基于信息和传播技术的知识团体，并运用信息和传播技术来支持培养学生的知识创造技能及其持续不断的反思型学习"。而对于教师的职业发展，进一步提出了"教师应能够发挥领导作用、训练同事，并建立和执行一个关于其学校的远景：一个以创新和持续学习为基础、并因信息和传播技术而更加丰富多彩的社区"。

从以上分析和关注的问题可以看出，信息化社会中，教师需要发展信息化协作教学能力与信息化教学集体智慧，也需要利用数字化网络资源与同事、专家合作，去打造基于信息和传播技术的集体教学知识和多元化的集体教学能力，以支持学生的有效学习和创新能力的发展，同时促进教师自身的职业发展。有关教师信息化协作教学能力的相关研究，各个国家目前已逐步开始广泛关注，是当前教师信息化教学能力发展研究的新领域，也是各国对教师相关教育技术能力的新要求，值得我们进一步去关注研究的未来发展。

6. 促进学生信息化学习能力

信息化社会对教师的教学能力提出了新要求，故学生相应的学习能力也发生了变化。以往的相关研究注重信息化环境中教师有效教学能力的提升和对于教师专业发展的促进，目前，人们更多地把研究的问题聚焦于学生的能力发展方面。也就是说，教师教学能力的发展是为了促进学生学习能力的发展，从各个国家的有关教师教育技术能力标准的要求中，就能看到这种变化趋势。教师信息化教学能力的发展是为了促进不同学习风格和策略的学生信息化学习能力的发展，因此，在教师信息化教学能力的结构关系图中，将"促进学生信息化学习能力"的要求放在了教师信息化教学系列子能力中间，是为了促进学生信息化学习能力发展，也是为了促进具有生命活力的人的全面和谐发展，这是信息化教学能力对教师提出的新要求。

知识是能力的基础，知识需要转化为能力；能力是知识的目的，是运用知识解决问题的能力。能力的体现既要综合运用知识，又要分析解决具体问题。教师的信息化教学能力是信息化教学能力知识体系与信息化教学实践的有机统一。

二、高职英语教师信息化教学能力现状及对策

（一）高职英语教师信息化教学能力现状分析

高职教师信息化教学能力的知能结构由知识结构和能力结构组成。教师信息化教学能力的知识结构由三个层次知识组成：第一层次的知识包括学科知识、一般教学法知识、学科教学法知识和教学技术知识，这四类知识是教师信息化教学能力知识基础；第二层次的知识包括信息化学科知识和信息化教学法知识，这两类知识是教师信息化教学能力的知识主体；第三层次的知识包括信息化学科教学法知识，是教师信息化教学能力的最高知识要求。而教师的信息化教学能力结构框架分为六种子能力，即信息化教学迁移能力、信息化教学融合能力、信息化教学交往能力、信息化教学评价能力、信息化协作教学能力以及促进学生信息化学习能力。我们根据上述研究，来逐步分析高职英语教师信息化教学能力现状。

1.教师信息化教学能力的知识结构分析

当前，各高职引进的英语教师基本上是英语专业硕士毕业，一些非硕士学历的中年以上教师通过在职学习获取了相关硕士学位，甚至研究生学历。因此，可以认为高职教师在整体上拥有比较扎实的学科知识、一般教学法知识、学科教学法知识和教学技术知识。通常情况下，信息化学科知识和信息化教学知识的学习是通过学校组织的培训、英语教师的自学来获取的。但从目前来看，学校组织的信息化学科知识和信息化教学法知识培训数量有限，且时间较短，而高职英语教师对此两类知识的学习因人而异，兴趣、动力不一。因此，整体来说，高职英语教师这方面的知识需要大力夯实。

信息化学科教学法知识涉及如何在本学科教学中运用信息化教学。基于信息化的英语教学法相对其他教学法，为近年来出现系统性、完整性的研究不多。加之，信息技术迭代较快，英语教学法必须随之发生变化、改进、完善。基于信息化的英语教学法是随着信息化的发展变化而发展变化，在进度上落后后者。而高职英语教师基本上是文科出身，对信息技术的认识主要处于了解这一层次。因此，信息化学科教学法知识是当前高职英语教师知识结构的薄弱之处，最需要大力加强。

2. 教师信息化教学能力的结构分析

（1）信息化教学迁移能力

一般而言，在高职英语教师群体中，教师越年轻其对信息化教学兴趣越高，动机越强，其信息化教学迁移能力越强，如教师对配音 App 感兴趣，能熟练使用，就会在教学中使用该软件激发学生学习英语口语。教师能使用 Camtasia Studio 软件进行视、音频编辑后，也能在口语教学时指导学生拍摄英语微电影，激发学生学习英语的动机。总体而言，高职英语教师群体中，中、青年教师有较强的信息化教学迁移能力。

（2）信息化教学融合能力

信息化教学融合意识不属于信息化教学融合能力范畴，但是如果无意识或意识不足，那么能力强就是空中楼阁。整体而言，高职英语教师普遍对信息化教学有较强意识，希望通过信息化教学减轻教学负担、通过信息化教学促进专业发展、通过信息化教学提高工作效率、通过网络了解自身专业发展动向。但是，高职英语教师对信息化的认识低于高职院校其他教师的认识。这说明高职英语教师这个群体仍需提升信息化教学融合意识。

调查表明，高职英语教师使用信息化产品的频度排名从高至低依次是：PPT、QQ、微信等软件，多媒体教学，网络学习平台，交互式电子白板，电子书包。从中可以发现，基于 PPT 的多媒体教学是使用频度最高的信息化教学手段，也是教师们使用最为娴熟的。交互式电子白板和电子书包使用较少一方面表明教师们对此了解较少、应用不足，相应的在此方面的信息化教学能力相对不足，可能导致一些问题，如交互式教学效果不理想；另一方面，了解甚少，应用不足，可能在认识上会导致认为该软件或工具功能有限，从而在教学行为上更少地使用此类软件或工具，形成非良性循环。而在使用软件进行信息化制作的频率方面，得分从高至低依次是文字处理、图片处理、视频处理、音频处理、网页制作、动画制作。这样的排序与软件的学习使用难度基本上保持一致，这说明英语教师对教学软件处于最基本的文字和图片处理阶段，对于难度较高的内容学习不足且能力不足。

根据调查，在基于信息化的高职英语教学方法中，根据使用频率，排名从高至低依次是合作学习教学法、任务驱动式教学法、基于项目教学法、探究式教学法、基于问题教学法、虚拟仿真实践教学法。可以发现，英语教师所使用的英语教学方法与高职的教情、学情紧密相关。而合作学习教学法、任务驱动教学法等是高职课程教学中常采用的教学方法，具有较强针对性。在信息化教学中，与信息化元素进行整合、重组，能生成出基于信息化的合作学习教学法、任务驱动式教学法。虚拟仿真实践教学法对软件的应用性、课程的适用度、教师的信息使用能力有较高要求，因此该教学法使用频率低在情理之中。

（3）信息化教学交往能力

信息化教学交往能力包括课堂信息化教学交往能力和虚拟信息化教学交往能力。故整体而言，高职英语教师课堂信息化教学交往能力较强，因为他们普遍意识到英语课堂教学必须有很强的互动性，才有可能吸引学生参与到课堂中来，也才有可能提高教学效果。因此，在信息化课堂教学中，英语教师非常注重学生的参与度，注重学生的反馈并及时进行调整。高职英语的虚拟信息化教学交往能力主要体现在英语教师们通过微信、QQ向学生布置学习任务，答疑解惑，进行生活和学习上的沟通。就整体而言，无论是在实体教室，还是在虚拟网络环境下，英语教师们愿意与学生们进行平等对话、交流、沟通，展示出了较强的信息化教学交往能力。

（4）信息化教学评价能力

在信息化教学评价方面，教师们使用较多的是学生自评和互评，但教师本人评价反而少，使用电子档案跟踪学生学习的情况更少，说明高职院校英语教师更愿意发动学生使用信息化手段进行同行间的评价，自身使用信息化手段评价学生并不积极。这说明英语教师在整体上对自身信息化教学评价能力关注不足，而此方面能力需要通过实践来补齐。

（5）信息化协作教学能力

目前，进行信息化协作主要是通过项目、课题来进行，如在线英语课程资源建设、关于英语信息化教学改革的课题，其特点是由行政部门或负责教师来组织，以某项任务的完成为具体目标，有一定的经费支持。

（6）促进学生信息化学习能力

网络条件下的大学英语教学特点之一是时间和空间上的灵活性丰富多样的教学软件和网络资源，可以让教师不再局限在教室里面与学生面对面进行教学。因为互联网的便捷性为高职英语的教学在时间和空间上提供了极大的自由性、灵活性。在没有教师在场的情况下，学生能够根据自身的特点和时间地点，合理地安排适合自己的训练。但问题是，自控能力差的学生能在教师的视野之外认真学习吗？因此，教师促进学生信息化学习能力显得尤为重要。从目前来看，高职英语教师促进学生信息化的学习能力主要体现在作业、任务监控上，通过后台获取的数据催促学生完成作业和任务，对学生的信息化作业或任务给予评分、评价，向学生传授系统的信息化学习策略不足，以促进学生养成良好的信息化学习习惯及自主学习能力不足。

（二）高职英语教师信息化教学能力的发展策略

为推动高职英语教师专业发展及教师信息化教学能力发展的要求，需要通盘整合考虑教师的职前培养和在职培训，实现教师职前培养和在职培训的一体化发展，以形成并完善教师信息化教学能力终身发展体系。虽然教师信息化教学能力的发展，符合能力发展的一般规律，但也有其自身发展的特殊性，教师信息化教学能力的发展是动态的、实践的、系统的。

1.高职英语教师信息化教学能力发展的特征

（1）信息化教学能力发展的动态性

教育的发展和教学的改革需要教师的不断成长，教师的专业发展需要教师能力素质的不断提高。而作为介入教师信息化教学能力中的教学技术，更是具有发展的时代性。因此，教师信息化教学能力并非是固定不变的，而处于一种动态变化的状态。在不同的历史时期社会背景、教育背景下，教师信息教学能力的要求是动态的、变化的、不确定的，但也是有指向的。且教师必须适应这种动态变化的不确定性要求，相应地，其信息化教学能力的发展也是动态的。这种动态性是教师信息化教学能力不断发展、不断完善、不断提升的过程，也是在信息化社会中为了适应社会的变化，教师信息化教学能力不断更新知识和能力素质、追求新知的过程。因此，在教师的学习、工作和实践中，信息化教学能力永远处于一种动态的发展状态。动态发展的动力既来自学习、教学实践和协作教学等，也来自教师信息化教学能力发展的自主性，就需要教师具有自主学习、终身学习的意识与能力。

（2）信息化教学能力发展的系统性

教师信息化教学能力的发展应该有"源头活水"。

首先，教师信息化教学能力的发展不能仅仅依靠职前教师的知识技能学习，也不能单一地依靠在职参与的一些能力发展项目。教师信息化教学能力的发展，既有知识技能方面的结构要求，也有其自身能力方面的素质要求，是知识技能与能力素质的一体发展。

其次，教师信息化教学能力的发展在不同发展阶段，也有不同的发展侧重。职前教师的能力发展更加侧重知识的积累和技能的模仿体验，在职教师的能力发展，更加侧重不同信息化教学情景的迁移融合和具体的信息化教学实践。而职前能力发展和在职能力发展既有不同侧重，又占发展的一体化紧密衔接。

最后，教师信息化教学能力的发展不仅仅是教师个体的专业化成长，而是关乎学生的成长、教育的发展和社会的发展。教师的信息化是教育信息化的关键环节，教育信息化也是社会信息化的重要组成部分。并且教师信息化教学能力的发展已经不再是单一的个体内部成长，而是关乎个体外部的诸多美联要素。教师个体成长到促进学生、教育和社会的发展，体现出了发展的系统性。

（3）信息化教学能力发展的指向性

教师信息化教学能力发展是一个有目的、有指向的过程。从教师信息化教学能力发展的知识结构看，寻求教师的信息化学科教学法知识是其归宿，而教师整体知识体系的发展指向了教师信息化教学智慧的创造；从教师信息化教学能力发展的结构看，教师自身信息化教学能力的提高，实现教师的专业发展是其归宿，而教师自身能力素质的发展指向了学生信息化学习能力的发展和学生的成长。因此，教师信息化教学能力的知识结构和能力素质发展，都有着明确的指向性。

2.高职英语教师信息化教学能力发展的促进策略

基于对教师信息化教学能力的知识和结构的分析探讨，统筹考虑教师信息化教学能力发展的内部系统和外部环境，高职英语教师信息化教学能力发展的促进策略，可以从组织策略和个人策略两方面进行分析。其中，组织策略立足于中观，优化或创造外部条件是促进其发展的方法论；个人策略则立足于微观，是促进其发展的内部动力。

（1）组织策略

①学校支持

学校是教师的群体组织归宿，也是教师个体社会属性的体现；学校是教师教育教学活动的场所，也是教师教学能力发挥的平台。在促进教师信息化教学能力发展的所有外部条件中，学校是最直接的促进因素。

教师信息化教学能力的发展，需要在一定的信息化教学情景中完成。信息化社会中，学校信息化基础设施建设是教师信息化教学能力发展的基本保障条件。因此，学校的信息化教学基础设施建设、教育信息化资源的设计、开发与准备是必不可少的。故学校既要完善基本的教学设施建设，也要加大对信息化教学基础设施的配备力度。

在职教师的相关信息技术应用培训是教师信息化教学能力发展阶段性促进的重要环节。学校可以鼓励，有计划地安排教师参与相关的信息技术能力发展项目培训，或专门针对本校英语学科教师的实际情况并积极组织教师参与校本培训。世界各国的相关经验，是在国家层面或者是学校层面，对于教师相关能力培训给予时间保障和经费支持。在职教师的培训，是促进教师信息化教学能力发展的重要方式和渠道，所以学校应给予足够的重视与支持。

学校有责任引导、组织学科教师开展信息化教学的教学研讨、教学观摩，开展教师间的信息化协作教学，包括信息化教学集体备课、集体讨论、集体教学研究等。而学校既可以组织教师面向本校教师的信息化协作教学交流，也可以利用网络等方式，促进不同学校、不同地区甚至是不同国家的相关学科教师开展教学交流与对话；既可以是教师间的协作交流，也可以是教师与学生、教师与专家的交流对话。充分的教学协作与交流，有利于教师信息化教学能力发展的经验共享。

学校对教师信息化教学能力应有正确认识和有效认可。学校对于教师信息化教学能力的认识正确与否，直接影响了教师信息化教学能力的有效发挥。同时，教师信息化教学能力的发展需要来自学校层面的理解、支持、引导、帮助，既包括学校给予教师的精神鼓励，也包括必要时的物质激励手段。并且学校对教师信息化教学能力的认可，要在学校形成一种能力发展的氛围，这样才会有利于促进教师信息化教学能力的发展。

②基于促进学生发展的教学组织

世界范围内的教师相关信息技术能力培训，也经历了一些阶段性的演变。最初，教师的相关信息技术能力培训，更多关注的是技术本身的培训。相应地，教师的教学评价也就自然将教师应用信息技术的能力水平作为衡量评价的指标。

但当前教育改革的趋势已经显示，教师教学能力的提升就是为了促进学生的学习发展。将教师相关信息技术能力培训的价值取向，定位于促进信息化社会中学生的学习发展，这种现象在教师相关信息技术能力培训中尤为突出。如美国和新加坡教师信息技术能力培训标准就体现了这种价值取向变化，它们的培训标准强调了教师信息化教学能力发展的目的是要促进学生信息化学习能力的发展。所以，应该把相关教师能力标准的规范、教师的相关教学评价以及相关科学研究的目光，及时转向于英语信息化教学中学生的发展。因此，建立指向信息化教学中学生发展的评价与引导已迫在眉睫。

③成长性培训

所谓"成长性培训"，是指对英语教师的信息化教学能力培训不是一成不变的，而是一个多元、开放、动态的体系。其特点是职前培养与在职培训相结合，传统方式与网络在线相结合，技术知识与实践应用相结合。

职前培养与在职培训相结合。职前教师和在职教师在能力发展方面侧重点一样。职前教师要以技术知识、技能的学习和模仿为主，虽然也有一些教学实践环节，如教学实习等，但总体上要以教师信息化教学知识和技能的获得为主。在职教师主要以知识、技能在新情景中的动态应用实践为主，当然也包括一些技术知识、技能的学习，但要以教师信息化教学的应用实践为主。因此，教师信息化教学能力的知识体系，是教师信息化教学能力的基础，而后者又是前者的目的。

传统方式与网络在线相结合。传统的面对面的培训仍然是有效的培训方式，除此之外，教师可以通过其他媒介渠道，包括网络媒介，以获取自身信息化教学能力发展的相关知识与技能。信息化社会中，获取学习信息资源的渠道已经多元化，教师信息化教学能力发展的知识获取、教学经验分享、教学研讨、协作教学，等等，都可以通过网络在线的方式来实现，实现与传统方式的有机结合。

技术知识与实践应用相结合。教师信息化教学能力的技术知识，职前教师主要通过系统学习的方式获得，并在职教师则主要通过自主学习、参与培训等方式获得零散的教学技术知识。教学技术知识需要转变为教学应用能力，就需要重视教师的实践教学环节。如职前教师可以在学习中体验模仿，通过积极参与教学实习，强化对技术知识的实践应用转化。在职教师的教学实践是将所学教学技术知识转化为实践应用的重要环节，也是技术知识得以及时转化的有效方式；在职教师的教学实践应用，也体现在教师能力培训的项目中，需要结合自身的英语学科教学实际，有针对性地开展教学技术学习，并将所学技术知识与教学实践应用有效结合，是教师培训的可行方式选择。在职教师培训时，要积极倡导体验式、参与式的培训方式，实现技术知识与实践应用的无缝衔接，增强培训的针对性、示范性和实践性。因此，技术知识通过教学实践应用转化为教师的信息化教学能力。动态的教学实践应用又是对技术知识的进一步丰富与完善，是技术知识的深化与表现形式；在职教师的教学实践应用，集中体现在学科教学中，也体现在教师信息化协作教学中，如教学观摩、教学交流研讨等环节。同时，在教师信息化教学交往能力发展中，也是将所学教学技术知识进行实践应用转化的重要环节。

（2）个人策略

个人策略立足于高职英语教师个人发展，旨在充分发挥个体主观能动性，有效实现内、外部的条件、因素有效地融合从而有效促进个人信息化教学能力的发展。

①自主内驱

高职英语教师信息化教学能力的发展，外因是条件，内因是根本，其发展的最终内驱力，则来自教师本身。因此，教师信息化教学能力的自信心、正确的态度、时间保证、知识的准备等都是教师信息化能力发展的直接内部促进力量。同时，信息化社会教师的专业成长需要，直接促进了教师信息化教学能力的发展。

教师信息化教学知识体系和能力素质的发展，是基于教师信息化教学情意的，这种情意是教师态度和自信心生成的直接促进因素。只有教师本人愿意，并在信息化教学能力发展方面有信心，其能力才有可能得以发展。信息化社会中教师的专业发展，也要求教师信息化教学能力的理性提升。信息技术与教师专业发展的关联从外部看，信息技术不同程度地促进了教师的专业发展；从内部看，信息技术已不仅仅是教师专业发展中知能结构的一部分，它已经渗透到教师专业发展中知能结构的各方面。而教师成长的动力，还包括直接来自教师的自主学习，以促进教师的专业发展。信息化教学能力发展过程中，教师的自主学习贯穿始终。在这个意义上，教师的信息化教学能力发展既是自主的，也是终身的。

只有教师对自身信息化教学能力发展有信心也有兴趣，并愿意为此做出努力，这种能力才会有更大的促进。否则，其他一切外部因素知识发展的环境条件是不会直接产生重要促进作用的。

②自主学习

高职英语教师的自主学习是职业发展生涯中必不可少的，是促进教师信息化教学能力可持续发展的基础条件和动力源泉，也是教师专业发展的内驱力。教师自主学习的目的就是要实现技术知识积累，促进有效信息化教学，促进信息化社会中学生的发展，做到学以致用。职前教师学历教育的系统化学习中，需要学习理论知识；在职教师的阶段性培训中，需要学习并能够实践应用，以实现教学能力的提升；教师的协作化教学中，同样需要交流对话、相互学习、共同提高。将教师在重要环节获得的教学技术知识贯穿于始终的，自然是教师的自主学习。而信息化社会中教师的自主学习，是一种过程，也是一种方式，更是一种能力。只有教师一贯的自主学习，才能使得教师在信息化教学能力不同发展阶段获得的零散知识更具系统化，使得信息化社会中教师的专业发展更具动态化、可持续、终身化。因此，教师的信息化教学能力的可持续发展，需要教师实现以自主学习为主的知识积累。

③自主实践

自主实践是指高职英语教师要通过以教学实践为主的应用迁移来提高自身信息化教学能力。如新西兰将教师使用信息技术的熟练程度分为关注、学习过程、过程的理解与应用、熟练与自信、应用于其他情境、创造性地应用于新情境。教师获得的教学技术知识、技能，要实现在其他信息化教学情境中的应用转变，尤其在职教师的信息化教学实践是信息化教学能力的重要体现。因此，信息化社会中的教师要实现以教学实践应用为主的信息化教学在新情境中的应用迁移。

教师的信息化教学实践，绝非简单的技术性教学实践，而是实践中有反思，反思中有智慧。正如前面所论述的，这种教学实践指向了教师信息化教学智慧的创造与生成。在形式上，虽然教师信息化教学实践似乎仅仅是"躯体的"，但它显然是教师教学技术知识、技能在具体情境迁移应用中的体现，更是教师信息化教学理论知识的"头脑"，它是教师信息化教学能力知识的转化，也是一种"理论化的实践"。教师信息化教学知识体系与能力素质的"理论化实践"，实现了在"行动中反思"，并转向了"实践中理论"的生成。

因此，教师要以教学实践为主并在不同的信息化教学情景中，实现信息化教学融合与信息化教学交往。在实践中反思，在反思中成长，最终实现教师信息化教学智慧的生成与创造。

④协作交流

高职英语教师的信息化协作教学能力，是其信息化教学能力的重要子能力。其协作化教学能力，集中体现在教学观摩、教学研讨、协作交流、协作科研等方面，有利于促进教师信息化教学能力的整体提升与发展。

教师的信息化协作教学，实现教师间的相互交流、相互促进、相互提高，有助于教学经验交流、教学资源共享、取长补短，以促进教师信息化教学能力的发展。教师的信息化协作教学能力，既包括了教师同行间的协作交流，也包括了教师与专家、教师与学生的交流对话等。但也不仅仅是指面对面的交流对话，也更突出了信息化环境中的协作教学与对话交流。在信息化社会中，强调教师以协作教学为主的对话交流的发展策略，则更具发展的时代性。

参 考 文 献

[1] 贺华.英语理论与英语教学研究[M].成都：电子科技大学出版社，2017.

[2] 邓婧.英语课堂教学与思维创新[M].延吉：延边大学出版社，2017.

[3] 孙常丽，王红香，刘纯.大学英语多元互动教学模式研究[M].北京/西安：世界图书出版公司，2017.

[4] 方燕芳.英语思维与英语教学[M].成都：电子科技大学出版社，2017.

[5] 王亚非.现代大学英语教学改革的多元视角探索[M].北京：九州出版社，2017.

[6] 王翠英，孟坤，段桂湘.大学英语生态课堂与生态教学模式构建研究[M].西安：西安交通大学出版社，2017.

[7] 卢昕，马春线，宋凯.高校英语教学的基础理论与应用研究[M].北京：九州出版社，2017.

[8] 郑静.概念隐喻理论下的英语教学研究[M].西安：西安交通大学出版社，2017.

[9] 郝晶晶.商务英语教学理论与改革实践研究[M].成都：电子科技大学出版社，2017.

[10] 王二丽.英语教学论[M].北京：新华出版社，2018.

[11] 薛燕.基于教学改革的大学英语教学实践[M].延吉：延边大学出版社，2018.

[12] 夏忠丽.英语教学模式改革与创新[M].延吉：延边大学出版社，2018.

[13] 李国金.大学英语教学基础理论及改革探索[M].北京：北京理工大

学出版社，2018.

[14] 宫玉娟 . 大学英语教学模式改革创新研究 [M]. 长春：吉林出版集团股份有限公司，2018.

[15] 张业春，陈佳欣，李海燕 . 英语课程理论及其教学实践探索 [M]. 北京：九州出版社，2018.

[16] 曾大立 . 信息化教育与英语教学 [M]. 北京：九州出版社，2018.

[17] 吴雨宁 . 英语教学与评价 [M]. 北京：九州出版社，2018.

[18] 黄燕鹍 ."互联网 +"背景下大学英语教学体系的反思与重建 [M]. 成都：电子科技大学出版社，2018.

[19] 谭钦菁 . 大学英语理论与教学研究 [M]. 北京：北京工业大学出版社，2018.

[20] 刘政元 . 大学英语教学改革与创新实践 [M]. 长春：吉林出版集团股份有限公司，2019.

[21] 王岚，王洋 . 英语教学与英语思维 [M]. 长春：吉林人民出版社，2019.

[22] 邓金娥 ."互联网 +"背景下商务英语教学研究 [M]. 长春：吉林文史出版社，2019.

[23] 朱婧，焦玉彦，唐菁蔚 . 大学英语多元互动教学模式研究 [M]. 长春：吉林大学出版社，2019.

[24] 杨洋，倪兆学，徐岩 . 英语课堂设计与微课教学模式 [M]. 长春：吉林人民出版社，2019.

[25] 刘蕊 . 大学英语教学的发展思考与创新 [M]. 北京：九州出版社，2019.

[26] 钟丽霞，任泓璇 . 翻转课堂模式下的大学英语教学改革及创新优化 [M]. 长春：吉林大学出版社，2019.

[27] 杨雪静 . 高校英语教学模式创新研究 [M]. 长春：吉林人民出版社，2019.

[28] 郑丹，张春利，刘新莲 . 当代大学英语教学体系建构与实践研究 [M]. 北京：中国纺织出版社，2019.

[29] 徐雪元 . 大学英语教学改革实践 [M]. 长春：吉林出版集团股份有限

公司，2020.

[30] 韩楠.大学英语教学体系构建与创新性研究 [M].长春：吉林大学出版社，2020.

[31] 刘广宇，王运华.英语课程体系构建与教学改革研究 [M].长春：吉林人民出版社，2020.

[32] 王秋.高职英语课堂混合式教学研究 [M].长春：吉林人民出版社，2020.

[33] 赵常花.媒体融合视角下的大学英语教学理论与实践研究 [M].北京：企业管理出版社，2020.

[34] 何冰，陈雪莲，王慧娟.语言学应用与英语课堂教学研究 [M].郑州：黄河水利出版社，2020.

[35] 杨淑玲，李卉琼，高绪华.英语教学研究 [M].天津：天津科学技术出版社，2020.

[36] 资灿.高职英语教学的发展与创新研究 [M].成都：西南交通大学出版社，2020.

[37] 李双军，魏芳，周采玉.中学英语教学研究与实践 [M].长春：吉林人民出版社，2020.